NE능률 영어교과서

대한민국 고등학생 **10**명 중 **4.7**명이 보는 교과서

영어 고등 교과서 점유율 1위

[7차, 2007 개정, 2009 개정, 2015 개정]

KB124446

리딩튜터

그동안 판매된
리딩튜터 1,900만 부
차곡차곡 쌓으면 19만 미터

에베레스트 21배 높이

190,000m

에베레스트 8,848m

능률보카

그동안 판매된
능률VOCA 1,100만 부

대한민국 박스오피스
천만명을 넘은 영화 단 28개

VO CA

그래머존

그동안 판매된 450만 부의 그래머존을 바닥에 쭉 ~ 깔면

1000km 서울 - 부산 왕복가능

서울

부산

MIDDLE SCHOOL ENGLISH 1-2
내신평정 평가문제집

지은이	김성곤, 서성기, 이석영, 최동석, 강용구, 김성애, 최인철, 양빈나, 조유람
연구원	은다나
영문교열	August Niederhaus
디자인	BLaunch Graphics
맥편집	이인선
삽화	박응식

NE능률이
미래를
창조합니다.

건강한 배움의 고객가치를 제공하겠다는 꿈을 실현하기 위해
40년이 넘는 시간 동안 열심히 달려왔습니다.

앞으로도 끊임없는 연구와 노력을 통해
당연한 것을 멈추지 않고

고객, 기업, 직원 모두가 함께 성장하는 NE능률이 되겠습니다.

NE 능률

Middle School

English 1-2

내신평정
평가문제집

김성곤 ㅣ 서성기 ㅣ 이석영 ㅣ 최동석 ㅣ 강용구
김성애 ㅣ 최인철 ㅣ 양빈나 ㅣ 조유람

NE 능률

이 책의 구성과 특징

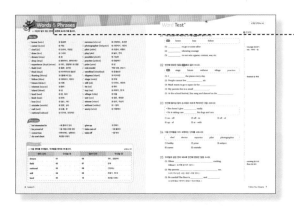

Words & Phrases

단원의 주요 어휘를 한눈에 볼 수 있게 제시합니다.
어휘 앞 체크 박스에 표시를 하면서 자신이 아는 어휘를 점검해 보고, Check up과 Word Test를 풀며 학습한 어휘를 확인합니다.

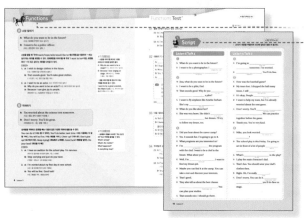

Functions / Script

단원의 의사소통 기능의 핵심 내용과 유사 표현을 제시합니다. 다양한 표현을 익히고 Functions Test를 풀며 학습한 내용을 확인합니다.

Script 코너에서는 교과서 듣기 대본의 빈칸을 채워 보면서 핵심 어휘와 표현을 확인합니다.

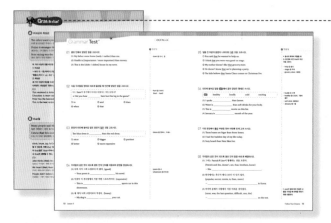

Grammar

단원의 핵심 문법을 재미있는 예문과 함께 자세하게 설명합니다.

Grammar Test를 풀며 학습한 내용을 점검합니다.

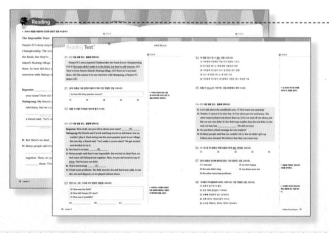

Reading

교과서 읽기 지문의 빈칸을 채워 보면서 핵심 어휘와 표현을 확인합니다.

Reading Test를 풀며 본문 내용을 잘 이해했는지 점검하고, 독해 실력을 키웁니다.

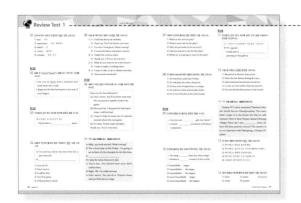

Review Test

단원에서 학습한 내용을 이해했는지 종합적으로 점검해 볼 수 있는 1, 2회의 단원평가를 제공합니다. 주관식을 포함한 다양한 문제를 풀며 단원 학습을 마무리합니다.

서술형 평가

단원 내용을 다양한 유형의 서술형 문제를 풀며 확인합니다. 서술형을 집중적으로 연습하여 실제 학교 시험에 대비할 수 있습니다.

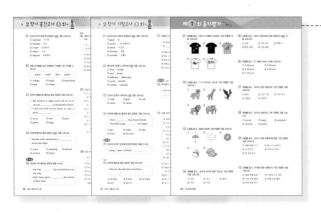

중간고사·기말고사·듣기평가

내신에 대비할 수 있는 실전형 문제를 제공합니다. 중간고사와 기말고사 문제를 풀며 학교 시험에 대한 자신감을 높이고, 듣기평가로 실전 듣기평가에 대비합니다.

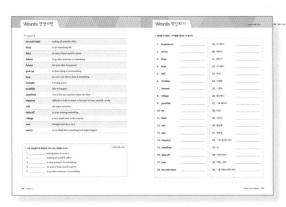

부록

각 단원의 내용을 다시 한번 점검할 수 있는 부록을 제공합니다. 어휘 영영풀이, 단어 쓰기, 교과서 지문 빈칸 넣기 등을 통해 교과서 내용을 철저히 학습할 수 있습니다.

Contents

Follow Your Dreams

Functions

소망 말하기
I **want to be** a scientist.

격려하기
Don't worry. You'll do fine.

Forms

- The other team's players ran **faster than** us.
- Many people **said that** it was impossible.

Words & Phrases

● 자신이 알고 있는 단어와 표현에 표시(V)해 봅시다.

Words

☐ brave [breiv]	형 용감한	☐ nervous [nə́:rvəs]	형 긴장하는, 초조한
☐ career [kəríər]	명 직업	☐ photographer [fətágrəfər]	명 사진작가, 사진사
☐ chef [ʃef]	명 요리사, 주방장	☐ pilot [páilət]	명 조종사, 비행사
☐ draw [drɔ:]	동 그리다	☐ play [plei]	명 놀이, 연극
☐ dream [dri:m]	명 꿈	☐ possible [pásəbl]	형 가능한
☐ drop [drɑp]	동 떨어지다, 떨어뜨리다	☐ practice [præktis]	동 연습하다
☐ experience [ikspí(:)əriəns]	동 겪다, 경험하다 명 경험	☐ prize [praiz]	명 상
☐ field [fi:ld]	명 들판, 경기장	☐ role model	역할 모델, 본보기
☐ final [fáinəl]	형 마지막의 명 결승전	☐ semifinal [sèmifáinəl]	명 준결승전
☐ floating [flóutiŋ]	형 (물에) 떠 있는	☐ slippery [slípəri]	형 미끄러운
☐ follow [fálou]	동 뒤따르다, 따르다	☐ stage [steidʒ]	명 무대
☐ future [fjú:tʃər]	명 미래	☐ still [stil]	부 아직도, 여전히
☐ interest [íntərəst]	명 흥미	☐ tie [tai]	동 묶다
☐ island [áilənd]	명 섬	☐ top [tɑp]	명 꼭대기, 맨 위
☐ land [lænd]	명 땅, 육지	☐ village [vílidʒ]	명 마을
☐ limit [límit]	명 한계	☐ wet [wet]	형 젖은, 축축한
☐ lose [lu:z]	동 잃다, 지다	☐ winner [wínər]	명 승자, 우승자
☐ mistake [mistéik]	명 잘못, 실수	☐ without [wiðáut]	전 ～없이
☐ nail [neil]	명 손톱, 못	☐ worry [wə́:ri]	동 걱정하다
☐ national [nǽʃənəl]	형 국가의, 전국적인		

Phrases

☐ be interested in	～에 흥미가 있다	☐ give up	포기하다
☐ be proud of	～을 자랑스러워 하다	☐ take care of	～을 돌보다
☐ come true	이루어지다, 실현되다	☐ take off	～을 벗다
☐ do one's best	최선을 다하다		

Check up

● 다음 영어를 우리말로, 우리말을 영어로 써 봅시다.   ▶정답 p.142

영어 단어	우리말 뜻	영어 단어	우리말 뜻
dream	01	06	겪다, 경험하다
field	02	07	한계
national	03	08	긴장하는
still	04	09	꼭대기, 맨 위
land	05	10	최선을 다하다

Word Test *

▶정답 및 해설 p.142

01 다음 영영풀이에 해당하는 단어를 보기 에서 골라 쓰시오.

> 보기   brave   lose   follow

(1) _____ : to go or come after

(2) _____ : showing courage

(3) _____ : to not win a game, contest, war, etc.

02 빈칸에 알맞은 말을 보기 에서 골라 쓰시오.

> 보기   stage   future   without   village   practice

(1) I _____ the piano every day.

(2) People cannot live _____ air.

(3) Mark wants to go to space in the _____ .

(4) My parents live in a small _____ .

(5) At the school festival, Jina sang and danced on the _____ .

03 빈칸에 들어갈 말이 순서대로 바르게 짝지어진 것을 고르시오.

> • She doesn't give _____ easily.
> • He is taking care _____ his dogs and cats.

① on - off   ② off - in   ③ off - of

④ up - of   ⑤ at - with

04 다음 단어들을 모두 포함하는 단어를 고르시오.

> chef   doctor   reporter   pilot   photographer

① hobby   ② prize   ③ subject

④ career   ⑤ mistake

05 우리말과 같은 뜻이 되도록 빈칸에 알맞은 말을 쓰시오.

(1) Oliver _____ _____ _____ cooking.
(Oliver는 요리에 흥미가 있다.)

(2) My parents _____ _____ _____ me.
(나의 부모님은 나를 자랑스러워 한다.)

(3) Be careful! The floor is _____ and _____ .
(조심하세요! 바닥이 젖었고 미끄러워요.)

Functions

A 소망 말하기

> **A:** What do you want to be in the future?
> (너는 미래에 무엇이 되고 싶니?)
>
> **B:** I want to be a police officer.
> (나는 경찰관이 되고 싶어.)

소망을 말할 때 「주어+want/hope/wish/would like to+동사원형」을 이용하여 '~하고 싶다'라는 의미를 표현할 수 있다. 장래희망을 이야기할 때 주로 「I want to be+직업」 표현을 써서 '~이 되고 싶다'는 의미를 나타낼 수 있다.

예시 대화

1. **A:** I wish to design clothes in the future.
   (나는 미래에 옷을 디자인하고 싶어.)
   B: That sounds good. You'll make great clothes.
   (그거 좋다. 너는 멋진 옷을 만들 거야.)

2. **A:** I want to be an actor. (나는 연기자가 되고 싶어.)
   B: Why do you want to be an actor? (너는 왜 연기자가 되고 싶니?)
   A: Because I can give joy to people.
   (왜냐하면 나는 사람들에게 기쁨을 줄 수 있거든.)

표현 Plus

▶ 소망을 이야기할 때 왜 그것을 바라는지 이유를 말하면 좋다.
A: Why do you want to be a singer? (너는 왜 가수가 되고 싶니?)
B: Because I love singing on stage. (왜냐하면 나는 무대에서 노래하는 것을 사랑해.)

▶ 꿈을 이야기할 때 본보기가 되는 인물을 예시로 들 수 있다.
I want to be a great scientist, like Marie Curie. (나는 마리 퀴리 같은 훌륭한 과학자가 되고 싶다.)

B 격려하기

> **A:** I'm worried about the science test tomorrow.
> (나는 내일 과학 시험이 걱정돼.)
>
> **B:** Don't worry. You'll do great.
> (걱정하지 마. 너는 잘할 거야.)

상대방을 격려하고 응원할 때는 다음과 같은 다양한 격려의 말을 쓸 수 있다.

You can do it! (너는 할 수 있어!), You'll do better next time. (너는 다음에는 더 잘할 거야.), You will be fine. (너는 괜찮을 거야.), Cheer up! (기운 내!), Don't give up! (포기하지 마!), Keep trying! (계속해서 노력해!), Good luck! (행운을 빌어!), Do your best! (최선을 다 해!)

예시 대화

1. **A:** I have an audition for the school play. I'm nervous.
   (학교 연극을 위한 오디션이 있어. 나는 초조해.)
   B: Stop worrying and just do your best.
   (걱정은 그만두고 그저 최선을 다 해.)

2. **A:** I'm worried about my first day at new school.
   (나는 새 학교에서의 첫 날이 걱정돼.)
   B: You will be fine. Good luck!
   (너는 괜찮을 거야. 행운을 빌어!)

표현 Plus

▶ 상대방이 힘들어 보이면 '무슨 일 있어?'라고 안부를 물어볼 수 있다.
What's wrong?
What's the matter?
What happened?
Is everything okay?

Functions **Test**

TIPS

01 괄호 안에서 알맞은 말을 고르시오.

(1) A: I want (building / to build) a shelter for sick animals someday.

B: That's a wonderful dream.

(2) A: I'm (worried / happy) about my speech tomorrow.

B: Don't worry. You (did / will do) fine.

• build ⑧ 짓다
• shelter ⑲ 보호소, 쉼터
• sick ⑲ 아픈
• speech ⑲ 연설

02 대화의 각 빈칸에 들어갈 말로 알맞은 것을 [보기]에서 고르시오.

> A: _____(A)_____
>
> B: I hope to be a pianist.
>
> A: Wow, that's great. Do you practice the piano every day?
>
> B: Yes, I do. I want to play better. But it's not easy.
>
> A: _____(B)_____

> [보기] ⓐ Thank you. I'm fine.
>
> ⓑ What did you do last night?
>
> ⓒ Don't give up. Just keep trying!
>
> ⓓ What do you want to be in the future?

(A) _____   (B) _____

• pianist ⑲ 피아니스트
• practice ⑧ 연습하다
• better 더 잘

03 다음 대화에서 흐름상 어색한 것을 고르시오.

> A: You look worried. ① What's wrong?
>
> B: I have troubles with my grade. ② I study hard, but my grades aren't good enough.
>
> A: ③ Cheer up. ④ Keep studying hard, and you'll do better next time.
>
> B: ⑤ Of course you can.

• wrong ⑲ 틀린, *잘못된
• trouble ⑲ 문제, 곤란
• grade ⑲ 등급, *성적
• enough ⑨ 충분히

04 우리말과 같은 뜻이 되도록 빈칸에 알맞은 말을 쓰시오.

(1) A: I _____ _____ _____ an inventor like Edison.

(나는 에디슨 같은 발명가가 되고 싶어.)

B: Your dream will _____ _____. (네 꿈은 이루어질 거야.)

(2) A: I'm nervous about the tennis game tomorrow.

(나는 내일 테니스 경기가 긴장돼.)

B: You'll do great. Just _____ _____ _____.

(너는 잘할 거야. 그저 최선을 다 해.)

• inventor ⑲ 발명가

Script

교과서 내용을 떠올리며 빈칸에 알맞은 말을 써 봅시다.

Listen & Talk 1

1

G What do you want to be in the future?

B I want to be a photographer. I _____
<small>사진들을 찍는 것을</small>
_____ _____ _____ .
<small>아주 좋아해</small>

2

M Jina, what do you want to be in the future?

G I want to be a pilot, Dad.

M That sounds good. Why do you _____
<small>되고 싶니</small>
_____ _____ a pilot?

G I want to fly airplanes like Amelia Earhart.
She's my _____ _____ .
<small>역할 모델</small>

M What do you like about her?

G She was very brave. She didn't _____
<small>~을 포기하다</small>
_____ _____ her dream. I'll try
to follow my dream, too.

3

G Did you hear about the career camp?

B Yes. It sounds fun. I'm going to go to it.

G What programs are you interested in?

B I'm _____ _____ the program
<small>~에 관심이 있다</small>
with the chef. I want to be a chef in the
future. What about you?

G Well, I'm _____ _____ . I want to
<small>확신이 없어</small>
find my dream job.

B Maybe you can find it at the camp. You can
take a test and discover your interests.

G That's good.

B They also tell us about the best classes
_____ _____ _____ . You
<small>우리의 진로를 위한</small>
can plan your studies.

G That sounds nice. I should go there.

Listen & Talk 2

1

G I'm going to _____ _____
<small>연설을 하다</small>
_____ tomorrow. I'm worried.

B _____ _____ . You'll do fine.
<small>걱정하지 마</small>

2

G How was the baseball game?

B My team lost. I dropped the ball many
times. I still _____ _____ .
<small>기분이 좋지 않다</small>

G It's okay. People _____ _____ .
<small>실수를 하다</small>

B I want to help my team, but I'm already
worried about the next game.

G Don't worry. You'll _____
<small>다음 번에는 더 잘하다</small>
_____ _____ . We can practice
together before the game.

B Thank you. You're very kind.

3

G Mike, you look worried. _____
<small>무슨 문제라도 있니</small>
_____ ?

B The school play is this Friday. I'm going to
act in front of a lot of people _____
<small>처음으로</small>
_____ _____ _____ .

G What's _____ _____ in the play?
<small>너의 역할</small>

B I play the main character's dad.

G That's fun. You should wear your dad's
clothes then.

B Right. Oh, I'm really _____ .
<small>초조해</small>

G Don't worry. You can do it. _____
<small>연습을 더 해, 그러면</small>
_____ , _____ you'll do fine on
stage.

10 Lesson 5

Grammar

A 비교급과 최상급

The other team's players ran **faster than** us.
(다른 팀 선수들은 우리보다 빨리 달렸다.)
Hojun is **stronger than** his brother.
(호준이는 그의 형보다 더 힘이 세다.)
Boat racing was **the most popular** sport in our village.
(보트 경주가 우리 마을에서 가장 인기 있는 스포츠였다.)

두 가지 이상의 것을 비교할 때는 비교급과 최상급 표현을 써서 나타낸다.

1) 비교급
'~보다 더 …한/하게'의 뜻을 나타낼 때는 「비교급+than」을 써서 나타낸다. 비교급은
「형용사/부사 + -er」 또는 「more +형용사/부사」의 형태로 만든다.

2) 최상급
세 가지 이상의 대상을 비교하여 '가장 …한/하게'의 뜻을 나타낼 때는 「the+최상급」을 써서
나타낸다. 최상급은 「형용사/부사 + -est」 또는 「most +형용사/부사」의 형태로 만든다.

예문
This weekend is **hotter than** last weekend. (이번 주말은 지난 주말보다 더 덥다.)
Chocolate is **more delicious than** candy. (초콜릿이 사탕보다 더 맛있다.)
Peter has **the heaviest** backpack. (Peter가 가장 무거운 가방을 가지고 있다.)
This is **the best** restaurant in the town. (이것이 도시에서 가장 좋은 식당이다.)

Grammar Plus
▶ **비교급의 강조**
비교급 앞에 much, far, a lot 등을
써서 '훨씬 더 …한'이라는 뜻을 나타
낸다.
My hair is **much** *longer than*
Jane's. (내 머리카락은 Jane의 머리카락
보다 훨씬 더 길다.)

▶ **비교급의 불규칙 변화**
good/well – better – best
bad – worse – worst
many/much – more – most
little – less – least

B that절

Many people said **that** it was impossible.
(많은 사람들이 그것은 불가능하다고 말했다.)
I know **that** this store is closed on Sundays.
(나는 이 가게가 일요일에는 닫는다는 것을 안다.)

think, know, say, believe, hear 등의 동사 뒤에 접속사 that을 사용하여 문장을 연결
할 수 있는데, 이때 that 뒤에 쓰인 문장을 절이라고 한다.
이 that절은 「that+주어+동사~」 어순이며 명사처럼 동사의 목적어 역할을 한다. 이때 접속
사 that은 생략할 수 있다.

예문
Jake thinks (**that**) his parents will buy him a new bike.
(Jake는 부모님이 그에게 새 자전거를 사주실 거라 생각한다.)
We heard (**that**) there was an accident yesterday.
(우리는 어제 사고가 있었다고 들었다.)
People didn't believe (**that**) the dog saved the boy.
(사람들은 그 개가 소년을 구했다는 것을 믿지 않았다.)

Grammar Plus
▶ that절은 단독으로 쓰일 수 없고 문
장의 일부로만 쓰인다.
That Jimmy is kind. (×)
I think that Jimmy is kind. (○)
(나는 Jimmy가 친절하다고 생각한다.)

Grammar Test *

▶정답 및 해설 p.143

01 괄호 안에서 알맞은 말을 고르시오.

(1) My father came home (early / earlier) than me.

(2) Health is (importanter / more important) than money.

(3) This is the (older / oldest) house in my town.

02 다음 우리말을 영어로 바르게 옮겼을 때 빈칸에 알맞은 말을 고르시오.

> 너는 Sam이 경기에서 다리를 다쳤다는 것을 들었니?
>
> → Did you hear _____ Sam hurt his leg in the game?

① to   ② and   ③ than

④ when   ⑤ that

03 문장의 빈칸에 들어갈 말로 알맞지 <u>않은</u> 것을 고르시오.

> The blue dress is _____ than the red dress.

① nicer   ② bigger   ③ prettiest

④ better   ⑤ more expensive

04 우리말과 같은 뜻이 되도록 괄호 안의 단어를 이용하여 문장을 완성하시오.

(1) 너의 시가 그의 소설보다 더 좋다. (good)

→ Your poem is _____ _____ his novel.

(2) 이것이 이 전시장에서 가장 비싼 스포츠카이다. (expensive)

→ This is _____ _____ _____ sports car in this showroom.

(3) 내 개가 너의 고양이보다 무겁다. (heavy)

→ My dog is _____ _____ your cat.

TIPS

- town ⑲ 도시, 읍

- hurt ⑧ 다치다
  (hurt − hurt)

- dress ⑲ 원피스, 드레스

- poem ⑲ 시
- showroom ⑲ 전시장

05 밑줄 친 부분의 용법이 나머지와 다른 것을 고르시오.

① Ron said <u>that</u> he wanted to help us.

② I think <u>that</u> you were very good on stage.

③ My mother doesn't like <u>that</u> grocery store.

④ He doesn't know <u>that</u> we're planning a party.

⑤ The kids believe <u>that</u> Santa Claus comes on Christmas Eve.

◑ TIPS

▶ 동사의 목적어 역할을 하는 절 앞에 쓰인 that이 아닌 것을 고른다.

· help ⑧ 돕다
· stage ⑲ 무대
· grocery store 식품점

06 빈칸에 들어갈 말을 **보기**에서 골라 알맞은 형태로 쓰시오.

보기	healthy	loudly	cold	exciting

(1) I spoke _____ than James.

(2) Water is _____ than soft drinks for your body.

(3) This is _____ movie on this list.

(4) January is _____ month of the year.

· loudly ⑨ 크게
· healthy ⑲ 건강한, *몸에 좋은
· soft drink 청량음료
· January ⑲ 1월

07 다음 문장에서 틀린 부분을 찾아 어법에 맞게 고쳐 쓰시오.

(1) These boxes are biger than those boxes.

(2) I had the baddest day of my life today.

(3) Suzy heard than Nate likes her.

08 우리말과 같은 뜻이 되도록 괄호 안의 말을 바르게 배열하시오.

(1) 그녀는 Patrick과 Jim이 형제라는 것을 모른다.

(Patrick and Jim, doesn't, are, that, brothers, know)

→ She _____.

(2) 한국에서는 축구가 테니스보다 더 인기 있다.

(popular, soccer, tennis, is, than, more)

→ _____ in Korea.

(3) 마지막 문제가 시험에서 가장 어려운 것이었다.

(most, was, the last question, difficult, one, the)

→ _____ on the test.

▶ one은 앞에 이미 언급한 사물을 가리킬 때 반복을 피하기 위해 사용한다.

● 교과서 내용을 떠올리며 빈칸에 알맞은 말을 써 봅시다.

The Impossible Team

Panyee FC's story surprised Thailand after the Youth Soccer
Championship. The team didn't _____ _____ _____
~에 도달하다, 진출하다
the finals, but they're _____ _____. They're from Panyee
여전히 승자들
Island's floating village. There _____ _____ _____
어떠한 땅도 없다
there. So how did they practice soccer? The answer is in our
interview with Nattapong, a Panyee FC player.

Reporter: _____ _____ _____, can you tell us about
우선
your team? How did Panyee FC start?

Nattapong: My friends and I _____ _____ _____ on
축구 보는 것을 정말 좋아했다
television, but we couldn't play it. Boat racing was _____
_____ _____ _____ in our village. But one day,
가장 인기 있는 스포츠
a friend said, "Let's make a soccer team!" We got excited and
_____ _____ _____ it.
시도해 보기로 결정했다

R: But there's no land. _____ _____ it _____?
어떻게 가능했는가
N: Many people said that it was impossible. But we _____
생각이 있었다
_____ _____! First, we tied some old fishing boats
together. Then, we put old wood _____ _____
~의 맨 위에
_____ them. This became our field.

TIPS

• surprise 동 놀라게 하다
• youth 명 *청소년, 청춘
• championship 명 선수권
　　　　　　　　대회
• final 형 마지막의
　　　　명 *결승전
• island 명 섬
• floating 형 (물 위에)
　　　　　떠 있는
• village 명 마을

• racing 명 경주
• one day 어느 날

• impossible 형 불가능한
• tie 동 묶다
• wood 명 나무
• become 동 …이 되다,
　　　　　…해지다
• field 명 경기장

R: That's interesting! How was the field?

N: It had some problems. The field moved a lot and had some

nails. It was also _____ _____ _____, so we played
젖어있었고 미끄럽다

_____ _____.
신발 없이

R: Let's talk about the semifinals now. Your team was amazing!

N: Thanks. It rained a lot that day. Our shoes got wet and heavy.

The other team's players ran _____ _____ _____.
우리보다 더 빨리

So we _____ _____ our shoes, just like on our own
벗었다

field. _____ _____ _____, we lost, but we were
결국

happy. We _____ _____ _____.
최선을 다했다

R: Do you have a final message for our readers?

N: Many people said that we couldn't do it. But we didn't

_____ _____. Follow your dreams! We believe that
포기하다

they can _____ _____.
실현되다

Reading Test *

▶정답 및 해설 p.143

[01~02] 다음 글을 읽고, 물음에 답하시오.

Panyee FC's story surprised Thailand after the Youth Soccer Championship. (①) ⓐ The team didn't make it to the finals, but they're still winners. (②) They're from Panyee Island's floating village. (③) There isn't any land there. (④) The answer is in our interview with Nattapong, a Panyee FC player. (⑤)

01 글의 흐름상 다음 문장이 들어가기에 가장 적절한 곳을 고르시오.

So how did they practice soccer?

①   ②   ③   ④   ⑤

▶ 주어진 문장의 바로 다음에 이어지기에 자연스러운 내용을 본문에서 찾아본다.

02 밑줄 친 ⓐ를 우리말로 바르게 옮겨 쓰시오.

[03~05] 다음 글을 읽고, 물음에 답하시오.

Reporter: First of all, can you tell us about your team? _____(A)_____

Nattapong: My friends and I loved watching soccer on television, but we couldn't play it. Boat racing was the most popular sport in our village. But one day, a friend said, "Let's make a soccer team!" We got excited and decided to try it.

R: But there's no land. _____(B)_____

N: Many people said that it was impossible. But we had an idea! First, we tied some old fishing boats together. Then, we put old wood on top of them. This became our field.

R: That's interesting! _____(C)_____

N: It had some problems. The field moved a lot and had some nails. It was also wet and slippery, so we played without shoes.

03 빈칸 (A), (B), (C)에 각각 알맞은 질문을 고르시오.

ⓐ How was the field?
ⓑ How did Panyee FC start?
ⓒ How was it possible?

(A) _____   (B) _____   (C) _____

▶ 이어지는 나타퐁의 답변이 어떤 질문에 해당하는 내용인지 확인하며 답을 고른다.

04 위 글을 읽고 알 수 <u>없는</u> 것을 고르시오.

① 나타퐁의 마을에서 가장 인기 있었던 스포츠

② 축구팀을 만드는 것에 대한 사람들의 의견

③ 나타퐁과 친구들이 축구 경기장을 만든 방법

④ 축구 경기장을 만드는 데 걸린 기간

⑤ 나타퐁과 친구들이 경기장에서 신발을 벗고 연습한 이유

05 밑줄 친 <u>them</u>이 가리키는 것을 본문에서 찾아 쓰시오.

▶ 앞 문장의 복수형 어휘를 찾아보고 흐름을 살핀다.

[06~08] 다음 글을 읽고, 물음에 답하시오.

R: Let's talk about the semifinals now. ① Your team was amazing!

N: Thanks. It rained a lot that day. ② Our shoes got wet and heavy. The other team's players ran faster than us. ③ So we took off our shoes, just like on our own field. ④ Our field was smaller than the real field. In the end, we lost, but _____. We did our best.

R: Do you have a final message for our readers?

N: ⑤ Many people said that we couldn't do it. But we didn't give up. Follow your dreams! We believe that they can come true.

06 ①~⑤ 중 위 글에서 전체 흐름과 관계 <u>없는</u> 문장을 고르시오.

①   ②   ③   ④   ⑤

07 글의 흐름상 빈칸에 들어갈 말로 가장 알맞은 것을 고르시오.

① I was sad   ② we were happy

③ the rain didn't stop   ④ our shoes were wet

⑤ the other team had problems

▶ 내용을 연결하는 접속사의 의미를 파악한다.

08 나타퐁이 독자들에게 하려는 이야기로 가장 적절한 것을 고르시오.

① 결과가 좋으면 다 좋다.

② 꿈을 위해 끊임없이 노력하라.

③ 실패에 좌절하지 말고 감사하라.

④ 실제 경기는 연습과 많이 다르다.

⑤ 승리를 위해서는 뛰어난 전략이 필요하다.

▶ 나타퐁의 마지막 메시지의 핵심 내용에 맞는 것을 찾는다.

01 단어의 뜻이 바르게 연결되지 <u>않은</u> 것을 고르시오.

① lose – 지다
② experience – 겪다, 경험하다
③ island – 섬
④ career – 해결책
⑤ mistake – 잘못, 실수

주관식

02 밑줄 친 these[These]가 공통으로 가리키는 단어를 쓰시오.

> • You can hit <u>these</u> with a hammer and push them into a wall.
> • <u>These</u> are the thin hard parts at the end of your fingers.

주관식

03 우리말과 같은 뜻이 되도록 빈칸에 알맞은 말을 쓰시오.

> 내 남동생은 우주에 관심이 있다.
> → My brother is _____ _____ space.

04 대화의 빈칸에 들어갈 말로 적절하지 <u>않은</u> 것을 고르시오.

> A: I'm nervous about my interview for a part-time job.
> B: _____

① Good luck!
② Don't worry.
③ It will be fine.
④ You'll do great.
⑤ I'll keep that in mind.

05 다음 중 짝지어진 대화가 <u>어색한</u> 것을 고르시오.

① A: I feel bad about my mistake.
　 B: Cheer up. You'll do better next time.
② A: You don't look good. What's wrong?
　 B: I'm worried about my piano concert.
③ A: I failed the science exam.
　 B: Thank you. I'll try to do my best.
④ A: What do you want to do in the future?
　 B: I wish to make a cooking robot.
⑤ A: I want to take a trip to Alaska someday.
　 B: That sounds wonderful.

주관식

06 대화가 자연스럽게 이어지도록 (A)~(D)를 바르게 배열하시오.

> How was the baseball game?
> (A) Don't worry. You'll do better next time. We can practice together before the game.
> (B) My team lost. I dropped the ball many times. I still feel bad.
> (C) I want to help my team, but I'm already worried about the next game.
> (D) It's okay. People make mistakes.
> Thank you. You're very kind.

[07-08] 다음 대화를 읽고, 물음에 답하시오.

> A: Mike, you look worried. What's wrong?
> B: The school play is this Friday. I'm going to act in front of a lot of people for the first time.
> A: _____
> B: I play the main character's dad.
> A: That's fun. You should wear your dad's clothes then.
> B: Right. Oh, I'm really nervous.
> A: Don't worry. You can do it. Practice more, and you'll do fine on stage.

07 대화의 빈칸에 들어갈 말로 알맞은 것을 고르시오.

① When is the school play?

② What's your role in the play?

③ Why do you want to be an actor?

④ Did you practice a lot for the play?

⑤ What are you going to wear in the play?

08 위 대화의 Mike에 관한 내용과 일치하는 것을 고르시오.

① He watched a play last Friday.

② He will play the main character.

③ He has a lot of experience on stage.

④ He will act in the school play today.

⑤ He is worried about the school play.

09 빈칸에 공통으로 들어갈 알맞은 말을 쓰시오.

> • Can you see _____ girl over there?
> • I heard _____ you know well about computers.

10 빈칸에 들어갈 말이 바르게 짝지어진 것을 고르시오.

> • He sang _____ than the other singer.
> • Russia is _____ country in the world.

① beautifully – larger

② beautifullier – the larger

③ beautifullier – the largest

④ more beautifully – larger

⑤ more beautifully – the largest

11 우리말과 같은 뜻이 되도록 괄호 안의 말을 이용하여 문장을 완성하시오.

> 나는 이것이 이 미술관에서 가장 좋은 그림이라고 생각해. (good)
> → I think this is _____ _____ painting in this gallery.

12 다음 중 어법상 어색한 문장을 고르시오.

① My pencil is shorter than yours.

② Peter ran the fastest during the race.

③ Juliet believed that Romeo loved her.

④ I woke up very earlier than my parents.

⑤ You are the kindest person in the world.

[13-14] 다음 글을 읽고, 물음에 답하시오.

> Panyee FC's story surprised Thailand after the Youth Soccer Championship. The team didn't make it to the finals, but they're still winners. They're from Panyee Island's floating village. There isn't any _____ there. So how did they practice soccer? The answer is in our interview with Nattapong, a Panyee FC player.

13 위 글의 내용과 일치하지 <u>않는</u> 것을 고르시오.

① 판이 FC는 태국을 놀라게 했다.

② 판이 FC는 청소년 축구 선수권 대회에 출전했다.

③ 판이 FC는 대회의 우승팀이었다.

④ 판이 FC 선수들은 수상 마을에 산다.

⑤ 나타퐁은 판이 FC의 선수이다.

14 글의 흐름상 빈칸에 들어갈 말로 알맞은 것을 고르시오.

① land   ② water   ③ soccer

④ news   ⑤ people

Reporter: First of all, can you tell us about your team? How did Panyee FC start?

Nattapong: My friends and I loved <u>watching</u> soccer on television, but we couldn't play ⓐ<u>it</u>. Boat racing was the most popular sport in our village. But one day, a friend said, "Let's make a soccer team!" We got excited and decided to try ⓑ<u>it</u>.

R: But there's no land. How was it possible?

N: <u>많은 사람이 그건 불가능하다고 말했어요.</u> But we had an idea! First, we tied some old fishing boats together. Then, we put old wood on top of ⓒ<u>them</u>. This became our field.

R: That's interesting! How was the field?

N: ⓓ<u>It</u> had some problems. The field moved a lot and had some nails. ⓔ<u>It</u> was also wet and slippery, so we played without shoes.

15 밑줄 친 <u>watching</u>과 다른 용법으로 쓰인 것을 고르시오.

① Jaden likes <u>taking</u> pictures.
② My hobby is <u>playing</u> piano.
③ Elliot and I are <u>making</u> dinner.
④ Mr. Kim started <u>drawing</u> on a paper.
⑤ Lucy enjoys <u>taking</u> a walk in the morning.

16 밑줄 친 ⓐ~ⓔ가 가리키는 것으로 알맞지 <u>않은</u> 것을 고르시오.

① ⓐ: soccer
② ⓑ: to make a soccer team
③ ⓒ: fishing boats
④ ⓓ: the field
⑤ ⓔ: the nail

주관식

17 밑줄 친 우리말과 같은 뜻이 되도록 괄호 안의 말을 바르게 배열하시오.

(impossible, that, was, many people, it, said)

18 위 글의 내용과 일치하지 <u>않는</u> 것을 <u>모두</u> 고르시오.

① 판이 FC는 나타퐁과 친구들이 만들었다.
② 나타퐁은 처음에 판이 FC를 만드는 것이 불가능하다고 생각했다.
③ 판이 FC는 낡은 고기잡이배를 이용하여 축구 경기장을 만들었다.
④ 판이 FC가 만든 경기장은 문제가 있었다.
⑤ 판이 FC는 가난해서 신발을 살 수 없었다.

R: Let's talk about the semifinals now. Your team was amazing!

N: Thanks. It rained a lot that day. Our shoes got wet and heavy. The other team's players ran faster than us. So we took off our shoes, just like on our own field. ____(A)____, we lost, but we were happy. We did our best.

R: Do you have a final message for our readers?

N: Many people said that we couldn't do it. ____(B)____ we didn't give up. Follow your dreams! We believe that they can come true.

19 빈칸 (A)와 (B)에 들어갈 말이 바르게 짝지어진 것을 고르시오.

(A)	(B)	(A)	(B)
① Then	– So	② Therefore	– And
③ Because	– But	④ Luckily	– So
⑤ In the end	– But		

20 위 글을 통해 알 수 <u>없는</u> 것을 고르시오.
① 준결승날의 날씨
② 판이 FC의 상대팀 이름
③ 준결승의 경기 결과
④ 경기 후 판이 FC 선수들이 느낀 기분
⑤ 나타퐁이 독자들에게 전달하고 싶은 말

서술형 평가

▶정답 및 해설 p.146

01 대화의 밑줄 친 우리말을 영어로 바르게 옮기시오.

> A: How was the school play last night?
> B: It didn't go well. I forgot my lines many times. (1) <u>나는 기분이 안 좋아.</u>
> A: It's okay. People make mistakes.
> B: I want to do well on stage, but I'm already worried about tonight's show.
> A: (2) <u>걱정하지 마.</u> (3) <u>넌 다음에 더 잘할 거야.</u> We can practice together this afternoon before the show.
> B: Thank you. You're very kind.

(1) _____

(2) _____

(3) _____

02 다음 글을 읽고, 보기의 단어를 이용하여 문장을 완성하시오.

> Jihyun, Minsu, and Chanho have rulers.
> Jihyun's ruler is 10 cm long.
> Minsu's ruler is 15 cm long.
> Chanho's ruler is 30 cm long.

> 보기   short   long

(1) Jihyun's ruler is _____ Minsu's ruler.

(2) Chanho's ruler is _____ Jihyun's ruler.

(3) Chanho has _____ of the three rulers.

03 축구팀 선수들의 소원을 보고, 문장을 완성하시오.

이름	소원
Julie	지금보다 더 빨리 달리기
Mike	다음 경기에서 우승하기

(1) Julie wants _____ than now.

(2) Mike hopes _____ the next game.

04 우리말과 같은 뜻이 되도록 괄호 안에 주어진 말을 이용하여 문장을 완성하시오.

(1) Holly는 우리 반에서 가장 재미있는 소녀이다. (funny, girl)
  → Holly is _____ in my class.

(2) Frodo는 그가 팀에서 가장 잘했던 선수라고 말했다. (say, good, player)
  → Frodo _____ in the team.

05 사진을 보고, 괄호 안의 말과 접속사 that을 이용하여 문장을 완성하시오. (현재시제로 쓸 것)

(know, he, a famous singer)

I _____.

Follow Your Dreams **21**

Review Test 2

▶정답 및 해설 p.146

01 단어의 뜻이 바르게 연결되지 <u>않은</u> 것을 고르시오.

① national - 국가의, 전국적인

② slippery - 미끄러운

③ tie - 묶다

④ field - 경기장

⑤ semifinal - 결승전

02 빈칸에 공통으로 들어갈 말로 알맞은 것을 고르시오.

> • It's hot in here. I'll _____ off my jacket.
> • My parents won't be at home today, so I need to _____ care of my dog.

① make   ② take   ③ put

④ get   ⑤ have

주관식

03 빈칸에 공통으로 들어갈 알맞은 동사를 쓰시오.

> • A: Did Jack's team _____ the basketball game yesterday?
>   B: No, they won.
> • I didn't _____ my pocket money. I spent it on some snacks.

04 밑줄 친 말과 의미가 가장 가까운 것을 고르시오.

> Don't give up. Then your dreams will come true.

① Cheer up.   ② Don't try.

③ Keep trying.   ④ Stop worrying.

⑤ Start right now.

[05-06] 대화의 빈칸에 들어갈 말로 가장 적절한 것을 고르시오.

05
> A: _____
> B: I want to be a baseball player.

① What are you looking at now?

② Who is your favorite baseball player?

③ What do you want to be in the future?

④ Do you like watching baseball games?

⑤ What are you going to do this Sunday?

06
> A: I need to fly in an airplane tomorrow, but I'm afraid of flying. I'm nervous.
> B: _____

① That sounds interesting!

② Tomorrow will be sunny.

③ Don't worry. You'll be fine.

④ I hope to meet you tomorrow.

⑤ Of course you can. Go ahead.

07 다음 중 짝지어진 대화가 <u>어색한</u> 것을 고르시오.

① A: I'm nervous about the test.

   B: Just do your best.

② A: What's wrong? You look worried.

   B: Stop worrying.

③ A: Why do you want to be an animal doctor?

   B: Because I like to take care of animals.

④ A: What do you want to do for your birthday?

   B: I hope to watch a musical.

⑤ A: I'm worried about my presentation tomorrow.

   B: Don't worry. You'll do great.

[08-09] 다음 대화를 읽고, 물음에 답하시오.

> A: Did you hear about the career camp?
> B: Yes. It sounds fun. I'm going to go to it. (①)
> A: What programs are you interested in? (②)
> B: I'm interested in the program with the chef. I want to be a chef in the future. What about you?
> A: Well, I'm not sure. I want to find my dream job. (③)
> B: Maybe you can find it at the camp. (④)
> A: That's good. (⑤)
> B: They also tell us about the best classes for our career. You can plan your studies.
> A: That sounds nice. I should go there.

08 위 대화의 흐름상 다음 문장이 들어가기에 가장 적절한 곳을 고르시오.

> You can take a test and discover your interests.

①   ②   ③   ④   ⑤

09 위 대화의 내용과 일치하지 <u>않는</u> 것을 고르시오.

① 두 사람은 직업체험캠프에 대해 이야기하고 있다.
② B는 캠프에 참가할 예정이다.
③ 캠프에는 요리사와 함께 하는 프로그램이 있다.
④ 캠프에서 학생들의 진로에 맞는 수업을 알려준다.
⑤ A는 요리사가 되고 싶어 한다.

주관식

10 괄호 안의 말을 이용하여 빈칸에 알맞은 말을 쓰시오.

> Your suitcase is 10 kilograms. Mine is 15 kilograms.
> My suitcase is _____ _____ yours. (heavy)

11 다음 중 어법상 <u>어색한</u> 문장을 고르시오.

① Hallasan is more tall than Jirisan.
② I think that Amy is a good student.
③ Pies are much more delicious than cakes.
④ Michael uses the largest room in his house.
⑤ We know that the Korean War ended in 1953.

12 다음 문장을 영어로 바르게 옮긴 것을 고르시오.

> 그것은 올해의 최악의 영화이다.

① It is the bad movie of the year.
② It is the worse movie of the year.
③ It is the worst movie of the year.
④ It is the baddest movie of the year.
⑤ It is the most worst movie of the year.

[13-14] 다음 글을 읽고, 물음에 답하시오.

> ⓐPanyee FC's story surprised Thailand after the Youth Soccer Championship. ⓑThe team didn't make it to the finals, but they're still (A) [losers / winners]. ⓒThey're from Panyee Island's floating village. There isn't any land there. So how did ⓓthey (B) [practice / watch] soccer? The answer is in our (C) [interview / report] with ⓔNattapong, a Panyee FC player.

13 (A), (B), (C)의 각 네모 안에서 문맥에 맞는 표현으로 가장 적절한 것을 고르시오.

	(A)	(B)	(C)
①	losers	practice	interview
②	losers	watch	interview
③	winners	practice	interview
④	winners	practice	report
⑤	winners	watch	report

14 밑줄 친 ⓐ~ⓔ가 가리키는 대상이 나머지와 <u>다른</u> 것을 고르시오.

① ⓐ   ② ⓑ   ③ ⓒ   ④ ⓓ   ⑤ ⓔ

15 다음 밑줄 친 우리말과 같은 뜻이 되도록 괄호 안의 말을 이용하여 문장을 완성하시오.

> **Reporter:** First of all, can you tell us about your team? How did Panyee FC start?
> **Nattapong:** My friends and I loved watching soccer on television, but we couldn't play it. <u>보트 경주가 우리 마을에서 가장 인기 있는 스포츠였어요.</u> But one day, a friend said, "Let's make a soccer team!" We got excited and decided to try it.

→ Boat racing was _____ _____ _____ _____ in our village.
(popular, sport)

[16-17] 다음 글을 읽고, 물음에 답하시오.

> **R:** But there's no land. How was it possible?
> **N:** Many people said that it was impossible. But we had an idea! First, we tied some old fishing boats together. Then, we put old wood on top of them. This became our _____.
> **R:** That's interesting! How was the field?
> **N:** It had some problems. The field moved a lot and had some nails. It was also wet and slippery, so we played without shoes.

16 빈칸에 알맞은 말을 위 글에서 찾아 쓰시오. (1단어)

17 위 글의 경기장에 관한 내용과 일치하지 않는 것을 고르시오.

① 나타퐁과 친구들이 고안해냈다.
② 물 위에 떠 있는 경기장이다.
③ 오래된 집과 나무를 이용하여 만들었다.
④ 못들이 좀 튀어나와 있었다.
⑤ 젖어있어서 미끄러웠다.

[18-20] 다음 글을 읽고, 물음에 답하시오.

> **R:** Let's talk about the semifinals now. Your team was amazing!
> **N:** Thanks. <u>It</u> rained a lot that day. Our shoes got wet and heavy. <u>다른 팀 선수들은 우리보다 더 빨리 달렸어요.</u> So we took off our shoes, just like on our own field. In the end, we lost, but we were happy. We did our best.
> **R:** Do you have a final message for our readers?
> **N:** Many people said that we couldn't do it. But we didn't give up. Follow your dreams! We believe that they can come true.

18 위 글의 내용과 일치하지 않는 것을 고르시오.

① 준결승 날에 비가 많이 내렸다.
② 판이 FC는 경기 중 신발을 벗었다.
③ 판이 FC는 결승 진출에 실패했다.
④ 판이 FC는 경기 결과에 슬퍼했다.
⑤ 판이 FC는 포기하지 않고 꿈을 따랐다.

19 밑줄 친 우리말과 같은 뜻이 되도록 괄호 안의 말을 바르게 배열하시오.

> (The other team's players, faster, ran, us, than)

20 밑줄 친 It과 같은 용법으로 쓰인 것을 고르시오.

① <u>It</u> is not my notebook.
② <u>It</u> was nice to meet you.
③ <u>It</u> is a really beautiful poem.
④ <u>It</u> is going to be sunny all week.
⑤ <u>It</u> is wonderful that you came to the party.

서술형 평가

01 다음 우리말을 괄호 안의 말을 이용하여 영어로 바르게 옮기시오.

> A: (1) 너는 미래에 뭐가 되고 싶니?
> (want, future)
> B: (2) 나는 위대한 과학자가 되고 싶어.
> (want, a great scientist)

(1) _____

(2) _____

02 대화의 빈칸에 들어갈 수 있는 말을 2개 이상 쓰시오.

> A: Michael, you look worried. What's wrong?
> B: I'm nervous about the music test. I'm going to sing in front of the class.
> A: _____
> B: Thank you. You're so kind.

03 괄호 안의 말과 접속사 that을 이용하여 다음 문장을 영어로 옮기시오.

(1) 나는 Dan이 한국음식을 좋아하는 것을 몰랐다.
(know, Korean food)

→ _____

(2) 너는 TDC몰이 좋다고 생각하니?
(think, good)

→ _____

04 다음 그림을 보고, 괄호 안의 말을 이용하여 문장을 완성하시오.

$5,000 $3,000 $1,000

(1) The white car is _____ the blue car. (big)

(2) The red car is _____ the white car. (expensive)

(3) The blue car is _____ one of all. (small)

05 다음 대화에서 어법상 틀린 부분을 찾아 바르게 고쳐 쓰시오. (2개)

> A: It's really hot.
> B: Yes, today is more hot than yesterday! Let's stay inside and watch a movie.
> A: Okay. What movie do you want to watch?
> B: The new *Spider Man* has very better reviews than other movies.
> A: Then let's watch that.

_____ → _____

_____ → _____

세계의 이색 직업을 소개합니다.

전문 TV 시청자

TV를 보며 돈을 받는 직업이 있다. 일반인이 볼 영화나 TV 프로그램에 대한 범주와 장르를 분석하고 만드는 전문 TV 시청자이다. 시청자들에게 어떤 종류의 영상을 볼지 추천할 수 있어야 하므로 단순히 TV를 보는 것이 아니라 프로그램에 대한 깊은 이해와 분석 능력이 요구된다.

애완동물 변호사

미국에는 애완동물의 권리를 전문적으로 보호하고 관련된 법률에 대해 상담을 하는 애완동물 변호사가 있다. 미국 인구의 60퍼센트 이상이 애완동물과 함께 살고 있고, 그 애정이 남달라서 이런 직업이 생겨났다고 한다. 애완동물 변호사가 되려면 일반 변호사와 똑같은 과정을 거쳐 변호사 시험을 합격해야 한다.

악취 감식가

대부분의 사람이라면 악취에 대한 거부감이 있겠지만, 악취 맡는 것을 직업으로 하는 사람들이 있다. 치약이나 껌, 방취 제품을 만드는 회사에서 제품의 효과를 확인하는 역할을 한다. 힘든 일인 만큼 상대적으로 높은 수익을 보장받는다.

골프공 다이버

골프장 연못에 빠진 골프공을 전문적으로 회수하는 사람들이 있다. 일 년에 약 3억여 개의 골프공이 연못으로 빠지는데, 이 공들을 찾아서 다시 되파는 일을 하는 직업이 골프공 다이버이다. 골프공 다이버가 되려면 스킨스쿠버 자격증이 있어야 하고 체력이 좋아야 한다.

Lesson

6 The Joy of Art

Functions

의견 묻고 답하기

A: **What do you think of** this painting?
B: **I think** it's beautiful.

금지하기

You must not take pictures here.

Forms

- He went to college **to study** law.
- **When** he was 30, an opera changed his life.

Words & Phrases

● 자신이 알고 있는 단어와 표현에 표시(V)해 봅시다.

Words

☐ **artist** [áːrtist] — 몡 예술가, 화가
☐ **behind** [biháind] — 뷔 뒤에
☐ **canvas** [kǽnvəs] — 몡 캔버스 천
☐ **carry** [kǽri] — 됨 나르다, 가지고 다니다
☐ **college** [kálidʒ] — 몡 대학
☐ **create** [kriéit] — 됨 만들다, 창조하다
☐ **emotion** [imóuʃən] — 몡 감정
☐ **everywhere** [évrihwὲər] — 뷔 모든 곳에, 어디나
☐ **express** [iksprés] — 됨 표현하다
☐ **famous** [féiməs] — 혭 유명한
☐ **gallery** [gǽləri] — 몡 미술관, 화랑
☐ **grade** [greid] — 몡 등급, 학년, 성적
☐ **inside** [insáid] — 뷔 안에 젼 ~안에 몡 안
☐ **instrument** [ínstrəmənt] — 몡 기구, 악기
☐ **joy** [dʒɔi] — 몡 기쁨, 환희
☐ **law** [lɔː] — 몡 법, 법학
☐ **leave** [liːv] — 됨 ~을 두고 오다, 떠나다
☐ **loudly** [láudli] — 뷔 큰 소리로
☐ **match** [mætʃ] — 됨 어울리다, 연결시키다
☐ **melt** [melt] — 됨 녹다, 녹이다

☐ **mix** [miks] — 됨 섞다
☐ **museum** [mju(ː)zí(ː)əm] — 몡 박물관, 미술관
☐ **object** [ábdʒikt] — 몡 물체, 물건
☐ **outside** [àutsáid] — 뷔 밖에 몡 밖, 바깥쪽
☐ **paint** [peint] — 됨 그리다 몡 물감
☐ **painting** [péintiŋ] — 몡 그림
☐ **photograph** [fóutəgrὲf] — 몡 사진
☐ **print** [print] — 됨 인쇄하다 몡 판화
☐ **receive** [risíːv] — 됨 받다
☐ **rule** [ruːl] — 몡 규칙
☐ **scary** [skέ(ː)əri] — 혭 무서운
☐ **serious** [sí(ː)əriəs] — 혭 심각한
☐ **shape** [ʃeip] — 몡 모양
☐ **shout** [ʃaut] — 됨 외치다
☐ **stay** [stei] — 됨 그대로 있다, 머무르다
☐ **strange** [streindʒ] — 혭 이상한
☐ **touch** [tʌtʃ] — 됨 만지다, 건드리다
☐ **tour** [tuər] — 몡 여행, 관광 됨 여행하다
☐ **warm** [wɔːrm] — 혭 따뜻한

Phrases

☐ **both A and B** — A와 B 둘 다
☐ **grow up** — 성장하다
☐ **in this way** — 이러한 방식으로
☐ **look at** — ~을 보다

☐ **make a song** — 작곡하다
☐ **make a sound** — 소리를 내다
☐ **take a picture** — 사진을 찍다
☐ **take a walk** — 산책하다

Check up

● 다음 영어를 우리말로, 우리말을 영어로 써 봅시다.

▶정답 p.149

영어 단어	우리말 뜻	영어 단어	우리말 뜻
create	01	06	표현하다
emotion	02	07	심각한
receive	03	08	물체
match	04	09	이상한
inside	05	10	나르다, 가지고 다니다

Word Test *

▶정답 및 해설 p.149

01 다음 영영풀이에 해당하는 단어를 보기에서 골라 쓰시오.

> 보기   shout   artist   emotion

(1) _____ : a strong feeling such as love, hate, anger

(2) _____ : someone who makes paintings, drawings, etc.

(3) _____ : to say something very loudly

02 빈칸에 들어갈 말이 순서대로 바르게 짝지어진 것을 고르시오.

> • Emily wants to be a movie star when she grows _____.
> • I will look _____ the full moon tonight.

① on - to   ② up - at   ③ up - in

④ over - up   ⑤ with - at

03 빈칸에 알맞은 말을 보기에서 골라 쓰시오.

> 보기   shape   touch   serious   melt

(1) The snow begins to _____ in spring.

(2) Dana made cookies in the _____ of trees.

(3) The situation in this photograph looks _____.

(4) Don't _____ your eyes with dirty hands.

04 다음 중 밑줄 친 단어와 뜻이 반대되는 단어를 고르시오.

> What did you <u>give</u> to your sister for her birthday?

① borrow   ② carry   ③ exercise

④ receive   ⑤ match

05 우리말과 같은 뜻이 되도록 빈칸에 알맞은 말을 쓰시오.

(1) I want to _____ _____ _____ about my childhood.
    (나는 나의 어린 시절에 대해 작곡하고 싶다.)

(2) He _____ _____ _____ in front of the palace.
    (그는 궁전 앞에서 사진을 찍었다.)

TIPS

• anger 명 화, 분노
• drawing 명 그림

• movie star 영화 배우
• full moon 보름달

• spring 명 봄
• situation 명 상황
• dirty 형 더러운

• childhood 명 어린 시절

Functions

A 의견 묻고 답하기

> **A:** Look at this painting. What do you think of it?
> (이 그림을 봐. 너는 이걸 어떻게 생각하니?)
>
> **B:** I think it's beautiful. I like those trees.
> (나는 그것이 아름답다고 생각해. 나는 저 나무들이 좋아.)

◆ **상대방에게 의견 묻기**

상대방의 의견을 물을 때는 '너는 ~에 대해 어떻게 생각하니?'라는 의미의 What do you think of[about] ~?라는 표현을 쓴다. 비슷한 의미로 How do you feel about~? (~에 대해 어떻게 느끼니?)를 쓸 수 있다.

◆ **자신의 의견 말하기**

의견을 묻는 말에 대답할 때는 I think (that) ~, I feel (that) ~ 등의 표현을 쓴다.

예시 대화

1. A: What do you think of the movie *Beauty and the Beast*?
   (너는 영화 〈미녀와 야수〉에 대해 어떻게 생각하니?)

   B: I think it's interesting.
   (나는 그게 재미있다고 생각해.)

2. A: What do you think about this photograph?
   (너는 이 사진에 대해 어떻게 생각하니?)

   B: I think it looks strange. I don't like it.
   (나는 이상해 보인다고 생각해. 나는 그것이 마음에 들지 않아.)

표현 **Plus**
▶ 자신의 의견을 말할 때 '내 생각에는, ...'이라는 의미의 In my opinion[view], ...를 쓸 수도 있다.
In my opinion, this picture is great.
(내 생각에는, 이 그림은 멋지다.)

B 금지하기

> **A:** You must not take pictures inside the gallery.
> (미술관 안에서는 사진을 찍으면 안 됩니다.)
>
> **B:** Oh, I didn't know that. I'm sorry.
> (아, 몰랐어요. 죄송합니다.)

You must not ~은 '~해서는 안 된다'라는 의미로 어떤 행동이나 행위를 금지할 때 사용한다. 특히, 강한 금지나 규칙에 대해서 말할 때 must not을 쓴다. should not 또는 cannot으로 바꿔 쓸 수 있는데 must not보다 약한 금지를 나타낸다.

예시 대화

1. A: Wow! Those flowers are so beautiful. I want to pick them.
   (우와! 저 꽃들 정말 아름다워. 나 저것들을 꺾고 싶어.)

   B: No. You must not pick flowers here.
   (안돼. 너는 여기 꽃들을 꺾어서는 안돼.)

2. A: You should not use your phone in the classroom.
   (교실 안에서 전화를 사용해서는 안 된다.)

   B: I'm sorry. I won't do it again.
   (죄송합니다. 다시 그것을 하지 않을게요.)

표현 **Plus**
▶ must는 '~해야 한다, ~하지 않으면 안 된다'라는 뜻으로 강한 필요 또는 의무를 나타낸다.
You must wear a seat belt.
(너는 안전벨트를 매야 한다.)

Functions **Test** *

▶정답 및 해설 p.149

TIPS

01 대화의 빈칸에 들어갈 말로 적절한 것을 고르시오.

> A: What do you think of the book *War and Peace*?
>
> B: _____

① No, I don't think so.

② Yes, I want to be a writer.

③ Sure. I can bring it to you.

④ I think it's boring. It's too long.

⑤ I'm sorry, but I will go to the library.

- War and Peace 「전쟁과 평화」 (톨스토이의 소설)
- bring 동 가져오다
- boring 형 지루한

02 밑줄 친 우리말과 같은 뜻이 되도록 괄호 안의 말을 바르게 배열하시오.

> A: You should turn off your smartphone.
>
> <u>영화관 안에서는 스마트폰을 사용하면 안 됩니다.</u>
>
> B: Oh, I see.

(in the theater, must, use, you, your smartphone, not)

→ _____

- turn off (전기 · 기계 등을) 끄다

03 대화가 자연스럽게 이어지도록 (A)~(D)를 바르게 배열하시오.

> (A) Yes, I did. What do you think of it?
>
> (B) I think it's beautiful.
>
> (C) Kate, did you take this photo?
>
> (D) Thank you. I took it on Jeju Island.

04 우리말과 같은 뜻이 되도록 빈칸에 알맞은 말을 쓰시오.

(1) A: What _____ _____ _____ of the school festival?

    (너는 학교 축제에 대해 어떻게 생각하니?)

  B: I think it is fun.

    (나는 그것이 재미있다고 생각해.)

(2) A: Can I eat some food here?

    (제가 여기서 음식을 좀 먹어도 될까요?)

  B: No. You _____ _____ _____ any food inside the museum.

    (아뇨. 박물관 안에서는 어떠한 음식도 먹어서는 안 됩니다.)

- festival 명 축제
- fun 형 재미있는

Script

▶정답 및 해설 p.149

● 교과서 내용을 떠올리며 빈칸에 알맞은 말을 써 봅시다.

Listen & Talk 1

①

G _____ _____ _____
어떻게 생각하니
_____ of this painting?

B I think it's _____. The clocks are
이상한
melting!

②

G Look at this painting. What do you think of it?

B _____ _____ it's beautiful. I like
나는 ~고 생각해
those flowers.

G Yes, they _____ _____ in the
멋지게 보인다
vase. I love the colors of the painting, too.

B Me, too. I think the yellow is nice.

G Yes. It looks warm.

③

G Jake, look at this. _____ _____
~이 있다
three art shows at the Victoria Art Gallery
right now.

B That's great. _____ _____ going
~하는 게 어때
there?

G Sure. Which one do you want to see?

B I'm _____ _____ Monet. I want
~에 관심있는
to see his paintings.

G But I went to his art show last month. How
about Picasso?

B Well, I don't really _____ Picasso.
이해하다

G Then what do you think of this one, Stuart
Davis?

B I think his painting looks interesting. Let's
go to his show.

Listen & Talk 2

①

W Stay behind the line, please. You _____
~해서는 안 된다
_____ touch the paintings.

②

B Excuse me. Where is the special art show?

W It's in Gallery 2. It's _____ _____
~옆에
the gift shop.

B Oh, it's right there. Thank you.

W You're welcome. But you should
_____ your backpack in a locker. You
~을 두고 가다
must not bring bags inside the gallery.

B Oh, I see. Where _____ _____
제가 ~할 수 있나요?
find the lockers?

W You can find them _____ _____
~옆에
the gallery café.

B Thanks. I should go there _____.
먼저

③

M Okay, everyone! This is the City Art Museum.
Now it's 10 a.m. You can look around here
_____ _____ _____.
두 시간 동안
There are some _____ in the museum.
규칙들
First, you _____ _____ talk
~해서는 안 된다
loudly. Second, you must not _____
만지다
the paintings. Finally, you must not eat or
drink inside. We'll meet again at the main
gallery _____ _____ and then
정오에
have lunch for an hour. Okay? Let's go.

Grammar

A 목적을 나타내는 to부정사

He went to college **to study** law.
(그는 법학을 공부하기 위해 대학교에 갔다.)

I turned on my computer **to send** an email.
(나는 이메일을 보내기 위해서 내 컴퓨터를 켰다.)

To get a taxi, she raised her hand.
(택시를 잡기 위해서 그녀는 손을 들었다.)

to부정사는 부사처럼 동사나 형용사 등을 꾸며주는 역할을 할 수 있다. 부사 역할을 하는 to부정사가 목적을 나타낼 때에는 '~하기 위해서, ~하려고'라고 해석한다.

예문

I will study hard **to pass** the test.
(나는 시험에 합격하기 위해서 열심히 공부할 것이다.)

My parents went to the market **to buy** some fruit.
(우리 부모님은 과일을 사기 위해 시장에 가셨다.)

She called her friend **to talk** about the news.
(그녀는 그 소식에 대해 말하려고 그녀의 친구에게 전화를 걸었다.)

Grammar Plus

▶ 부사적 용법의 to부정사는 목적 외에도 원인, 결과, 이유·판단의 근거 등을 나타낼 수 있다.
[원인] I'm so happy **to meet** you.
(너를 만나서 나는 정말 즐겁다.)
[결과] Andrew grew up **to be** a doctor.
(Andrew는 자라서 의사가 되었다.)
[이유·판단의 근거] He must be angry **to say** like that.
(그런 말을 하다니 그는 화가 난 게 틀림없다.)

B 때를 나타내는 접속사 when

When he was 30, an opera changed his life.
(그가 서른 살이었을 때, 오페라가 그의 인생을 바꾸었다.)

I go to bed early **when** I'm tired.
(나는 피곤할 때 일찍 자러 간다.)

when은 때를 나타내는 접속사로 '~할 때'라는 의미이다. 「when+주어+동사」의 어순이며 when이 이끄는 절은 문장의 앞이나 뒤에 모두 위치할 수 있다. 단, 주절 앞에 when절을 쓸 때는 절 끝에 쉼표(,)를 쓴다. 때를 나타내는 부사절에서는 현재형 동사로 미래를 나타낸다.

예문

When I woke up, it was 11 o'clock.
(내가 일어났을 때, 11시 정각이었다.)

Emily listens to music **when** she exercises.
(Emily는 운동할 때 음악을 듣는다.)

I will travel around the world **when** I become twenty years old.
(나는 스무 살이 되면 세계를 여행할 것이다.)

Grammar Plus

▶ 때를 나타내는 접속사에는 before(~전에), after(~후에), while(~동안에) 등이 있다.
• I came home **before** it rained.
(비가 오기 전에 나는 집에 왔다.)
• Josh cried **after** he watched the movie.
(Josh는 영화를 본 후에 울었다.)
• My parents met **while** they were in college.
(우리 부모님은 대학에 있는 동안에 만났다.)

Grammar Test*

▶정답 및 해설 p.149

01 괄호 안에서 알맞은 말을 고르시오.

(1) (When / What) I came home, my mom opened the door.

(2) (Solve / To solve) this problem, we should work together.

(3) I missed my family and friends (when / that) I studied abroad.

02 괄호 안의 동사를 알맞은 형태로 고쳐 쓰시오.

(1) I want to go to Australia (see) a kangaroo.

(2) You need a membership card (borrow) books from the library.

(3) Julie saved her pocket money (buy) a skateboard.

03 빈칸에 들어갈 알맞은 말을 보기에서 골라 to부정사 형태로 써서 문장을 완성하시오.

> 보기
> buy some magazines
> win the game
> take pictures of the stars

(1) Our team is practicing hard _____.

(2) Tom stopped by the bookstore _____.

(3) I brought a camera _____.

04 우리말과 같은 뜻이 되도록 괄호 안의 단어를 바르게 배열하시오.

(1) 네가 전화했을 때, 나는 화장실에 있었다.

(you, in the bathroom, called, I, was)

→ When _____, _____.

(2) 할머니는 슬픈 이야기를 들었을 때 울기 시작하셨다.

(she, the sad story, started, cry, to, when, heard)

→ My grandmother _____.

(3) 내가 일을 끝내면, 나는 너에게 이메일을 보낼 것이다.

(finish, I, will, you, the work, an email, I, send)

→ When _____, _____.

TIPS

- solve ⑧ 해결하다
- miss ⑧ 그리워하다
- abroad ㉮ 해외에(서)

- membership ⑨ 회원
- borrow ⑧ 빌리다
- pocket money 용돈

- magazine ⑨ 잡지
- win ⑧ 이기다
- stop by (~에) 잠시 들르다

▶ 접속사 when이 이끄는 부사절은 '~할 때'의 의미를 나타낸다.

05 다음 문장을 영어로 바르게 옮긴 것을 고르시오.

> 좋은 자리를 잡기 위해서 너는 일찍 와야 한다.

① You should come early get a good seat.

② You should come early getting a good seat.

③ You should come early get to a good seat.

④ You should come early to get a good seat.

⑤ You should come early to getting a good seat.

06 다음 중 어법상 <u>어색한</u> 문장을 고르시오.

① I went out to look for my dog.

② We had a party to celebrate a new year.

③ When I was young, I was afraid of animals.

④ Don't forget to lock the door when you left.

⑤ Yuna arrived at the airport early to exchange money.

• celebrate ⑧ 기념하다
• be afraid of ~을 무서워하다
• lock ⑧ 잠그다
• exchange money 환전하다

07 다음 문장에서 <u>틀린</u> 부분을 찾아 어법에 맞게 고쳐 쓰시오.

(1) My sister studies hard be to a judge.

(2) Janet stayed at home to watching the news.

(3) When I will see Adam, I will tell you.

08 우리말과 같은 뜻이 되도록 괄호 안의 말을 이용하여 문장을 완성하시오.

(1) 몇 가지 질문을 묻기 위해서, 나는 수업 후에 선생님에게 찾아갔다. (ask)

→ _____ _____ some questions, I visited my teacher after

class.

(2) 비가 오기 시작할 때 우리는 역에 있었다. (it, start, rain)

→ We were at the station _____ _____ _____

_____.

(3) 그 사진을 봤을 때 나는 충격을 받았다. (see, the photo)

→ _____ _____ _____ _____ _____,

I was shocked.

Reading

▶정답 및 해설 p.150

● 교과서 내용을 떠올리며 빈칸에 알맞은 말을 써 봅시다.

Painting Sounds

Wassily was a good boy. _____ _____ _____ _____
그는 음악과 미술을 사랑했다
_____. One day, he received a box of paints.
_____ _____ _____ _____ the colors, Wassily
그가 섞기 시작했을 때
heard some strange sounds. "The colors are making sounds!" he
shouted. Then he _____ _____ paint the sounds of the
~하려고 했다
colors.

Wassily grew up, and he went to college _____ _____
법학을 공부하기 위해
_____. But _____ _____ _____ _____, an
그가 서른이었을 때
opera changed his life. He felt strong emotions from the music.
Then they became colors before his eyes! He _____ _____
표현하고 싶었다
_____ them on a canvas. So Wassily Kandinsky started to
paint in his own way.

TIPS

- receive ⑧ 받다
- hear ⑧ 듣다
- shout ⑧ 외치다

- grow up 성장하다, 자라다
- go to college 대학에 들어가다
- emotion ⑲ 감정
- become ⑧ ~이 되다
- canvas ⑲ 캔버스 천
- in one's own way 자신만의 방식으로

He didn't try to paint real objects. _____, he expressed
                                        대신에
emotions _____ _____ _____. He used yellow
            다른 색깔들을 가지고
_____ _____ warm and exciting feelings and blue to show
  표현하기 위해서
deep and serious feelings. To him, each color showed a different
emotion.

TIPS
- real (형) 진짜의, 실제의
- use (동) 사용하다
- warm (형) 따뜻한
- deep (형) 깊은
- each (형) 각각의

He also used colors to express the sounds of _____ _____.
                                                  악기들
Yellow was the trumpet, and blue was the cello.

_____ _____ _____, he matched colors and music.
      이런 방식으로
_____ _____ _____ was like making a song to him.
    그림을 그리는 것

- trumpet (명) (악기) 트럼펫
- match (동) 연결시키다

Here are some of Kandinsky's paintings. They are _____
                                                    ~이상이다
_____ colors and shapes. The idea of music and emotion
is everywhere. You should use _____ _____ _____
                                여러분의 눈과 귀를 모두
_____ _____ to understand his art.

Look at his paintings. What do you feel?

- shape (명) 모양, 형태
- everywhere (부) 모든 곳에
- understand (동) 이해하다

Reading **Test**

▶정답 및 해설 p.150

[01~02] 다음 글을 읽고, 물음에 답하시오.

> One day, Wassily received a box of paints. <u>그가 색깔들을 섞기 시작했을 때</u>, he heard some strange sounds. "The colors are making sounds!" he _____. Then he tried to paint the sounds of the colors.

01 밑줄 친 우리말과 같은 뜻이 되도록 괄호 안의 말을 바르게 배열하시오.
(started, the colors, he, mixing, when)

▶ 시간을 나타내는 접속사 when이 이끄는 절의 어순을 생각해 본다.

02 글의 흐름상 빈칸에 들어갈 말로 가장 알맞은 것을 고르시오.
① touched   ② changed   ③ tasted
④ watched   ⑤ shouted

[03~04] 다음 글을 읽고, 물음에 답하시오.

> Wassily grew up, and he went to college ⓐ <u>study</u> law. (①) But when he was 30, an opera changed his life. (②) Then they became colors before his eyes! (③) He wanted to express them on a canvas. (④) So Wassily Kandinsky started ⓑ <u>paint</u> in his own way. (⑤)

03 글의 흐름상 다음 문장이 들어가기에 가장 적절한 곳을 고르시오.

He felt strong emotions from the music.

①   ②   ③   ④   ⑤

▶ 본문에서 흐름이 자연스럽지 않은 부분이 있는지 파악한다.

주관식

04 밑줄 친 ⓐ와 ⓑ를 알맞은 형태로 쓰시오.
ⓐ _____
ⓑ _____

[05~08] 다음 글을 읽고, 물음에 답하시오.

Kandinsky didn't try ⓐ to paint real objects. Instead, he expressed emotions ⓑ with different colors. He used yellow ⓒ to express warm and exciting feelings and blue ⓓ showing deep and serious feelings. To him, each color ⓔ showed a different emotion.

He also used colors to express the sounds ____(A)____ musical instruments. Yellow was the trumpet, and blue was the cello. ____(B)____ this way, he matched colors and music. Painting a picture was like making a song to him.

05 위 글의 칸딘스키에 관한 내용과 일치하는 것을 고르시오.

① 사물을 실제 그대로 그렸다.

② 노란색과 파란색을 사용하지 않았다.

③ 심각한 감정만을 그림으로 표현하였다.

④ 색깔을 이용하여 악기의 소리를 표현했다.

⑤ 트럼펫과 첼로를 연주하는데 재능이 있었다.

▶ 보기에 해당하는 내용을 찾아 하나씩 소거해가며 답을 찾는다.

06 밑줄 친 ⓐ~ⓔ 중 어법상 어색한 것을 고르시오.

① ⓐ   ② ⓑ   ③ ⓒ   ④ ⓓ   ⑤ ⓔ

07 빈칸 (A)와 (B)에 들어갈 말이 바르게 짝지어진 것을 고르시오.

(A)   (B)   (A)   (B)

① to – Of   ② in – For

③ of – In   ④ to – With

⑤ for – To

08 밑줄 친 문장을 우리말로 바르게 옮기시오.

▶ 문장의 주어와 전치사 like 의 목적어로 쓰인 v-ing의 용법을 생각해 본다.

01 단어의 뜻이 바르게 연결되지 <u>않은</u> 것을 고르시오.

① melt – 녹다

② express – 섞다

③ vase – 꽃병

④ famous – 유명한

⑤ everywhere – 모든 곳에

02 대화의 빈칸에 들어갈 말로 적절한 것을 고르시오.

> A: What do you think of this painting?
>
> B: _____

① You'll do fine.

② I don't think so.

③ I think it's strange.

④ I didn't know that.

⑤ I'm sorry but I can't.

주관식

03 우리말과 같은 뜻이 되도록 빈칸에 알맞은 말을 쓰시오.

> I want to be a firefighter when I _____
> _____.
>
> (내가 자랐을 때 나는 소방관이 되고 싶다.)

04 빈칸에 들어갈 말로 가장 알맞은 것을 고르시오.

> In a _____, you can see many paintings, prints, and sculptures.

① café   ② library   ③ college

④ theater   ⑤ gallery

주관식

05 대화가 자연스럽게 이어지도록 (A)~(D)를 바르게 배열하시오.

> (A) What do you think of it?
>
> (B) Did you watch the movie *Frozen*?
>
> (C) I think it's fun. It's my favorite movie.
>
> (D) Yes, I did.

06 다음을 읽고, 미술관의 규칙으로 언급되지 <u>않은</u> 것을 고르시오.

> Welcome to our gallery. Now I will tell you some rules. First, you cannot bring any food inside the gallery. Second, you must not touch the paintings. Third, do not take pictures in the gallery. Finally, you must not run inside the gallery.

① 미술관 안으로 음식물을 가져갈 수 없다.

② 미술관의 작품을 만져서는 안 된다.

③ 미술관 안에서 휴대전화를 사용할 수 없다.

④ 미술관 안에서 사진을 찍어서는 안 된다.

⑤ 미술관 안에서 뛰어다녀서는 안 된다.

07 다음 중 짝지어진 대화가 <u>어색한</u> 것을 고르시오.

① A: You must not swim in this river.

   B: Really? I'm not good at swimming.

② A: How do you feel about this song?

   B: I think it's sad.

③ A: What do you think about this drawing?

   B: I think it's a great picture.

④ A: What do you think about this picture?

   B: In my opinion, it's scary.

⑤ A: Excuse me, you must not speak loudly inside the theater.

   B: Oh, I see. I won't do that.

주관식

08 우리말과 같은 뜻이 되도록 괄호 안의 말을 이용하여 문장을 완성하시오.

> 우리는 버스를 잡기 위해 뛰었다. (run, catch)
>
> → We _____ _____ _____
>   the bus.

09 대화의 흐름상 아래 문장이 들어가기에 가장 적절한 곳을 고르시오.

> A: Look at this painting. (①)
> B: I think it's beautiful. (②) I like those flowers. (③)
> A: Yes, they look wonderful in the vase. (④) I love the colors of the painting, too. (⑤)
> B: Me, too. I think the yellow is nice.

> What do you think of it?

①   ②   ③   ④   ⑤

10 다음 중 어법상 어색한 문장을 고르시오.

① When I saw him, he smiled.
② She borrowed a pen write a note.
③ When I have free time, I listen to music.
④ I was five when my sister went to Canada.
⑤ Kimmy called me to ask about homework.

11 밑줄 친 to부정사의 용법이 나머지와 다른 것을 고르시오.

① I use soap to wash my hands.
② We did our best to win the game.
③ He visited the store to buy some fruit.
④ I promised to go to the movies with her.
⑤ Dana went to the restaurant to eat curry.

12 다음 문장을 영어로 바르게 옮긴 것을 고르시오.

> 내가 공원에 갔을 때 나는 민서를 보았다.

① I saw Minseo so I went to the park.
② I saw Minseo after I went to the park.
③ I saw Minseo when I went to the park.
④ I saw Minseo before I went to the park.
⑤ I saw Minseo because I went to the park.

[13-15] 다음 글을 읽고, 물음에 답하시오.

> Wassily ⓐwas a good boy. He loved music and art. One day, he ⓑreceived a box of paints. When he started mixing the colors, Wassily ⓒhears some strange sounds. "The colors are making sounds!" he shouted. Then he tried ⓓto paint the sounds of the colors.
>
> Wassily grew up, and 그는 법학을 공부하기 위해 대학교에 갔다. But when he was 30, an opera changed his life. He felt strong emotions from the music. Then they ⓔbecame colors before his eyes! He wanted to express them on a canvas. So Wassily Kandinsky started to paint in his own way.

13 위 글의 내용과 일치하는 것을 고르시오.

① Wassily wasn't interested in art.
② Wassily made a box of paints.
③ Wassily decided to be a painter when he was a boy.
④ Wassily saw an opera when he was 30.
⑤ Wassily didn't feel any emotions from the music.

14 밑줄 친 ⓐ~ⓔ 중 어법상 어색한 것을 고르시오.

① ⓐ   ② ⓑ   ③ ⓒ   ④ ⓓ   ⑤ ⓔ

주관식

15 밑줄 친 우리말과 같은 뜻이 되도록 괄호 안의 단어를 바르게 배열하시오.

> (to, law, went, study, he, college, to)

[16-18] 다음 글을 읽고, 물음에 답하시오.

Wassily didn't try to paint real objects. (①) Instead, he expressed emotions with different colors. (②) He used yellow to express warm and exciting feelings and blue to show deep and serious feelings. (③) To him, each color showed a different emotion.

He also used colors to express the sounds of musical instruments. (④) Yellow was the trumpet, and blue was the cello. (⑤) Painting a picture was <u>like</u> making a song.

16 글의 흐름상 다음 문장이 들어가기에 가장 적절한 곳을 고르시오.

In this way, he matched colors and music.

①   ②   ③   ④   ⑤

주관식

17 빈칸에 알맞은 말을 위 글에서 찾아 쓰시오.

Kandinsky used _____ to express emotions and music.

18 밑줄 친 <u>like</u>와 같은 의미로 쓰인 것을 고르시오.

① I <u>like</u> to ride a skateboard.

② I don't <u>like</u> to wear this hat.

③ My brother is cute <u>like</u> a puppy.

④ Why do you <u>like</u> watching movies?

⑤ Some children don't <u>like</u> to eat vegetables.

[19-20] 다음 글을 읽고, 물음에 답하시오.

Here (A) is / are some of Kandinsky's paintings. They are (B) more / much than colors and shapes. The idea of music and emotion is everywhere. You should use both your eyes and ears (C) understanding / to understand his art. Look at his paintings. What do you feel?

19 (A), (B), (C)의 각 네모 안에서 어법에 맞는 표현으로 알맞은 것을 고르시오.

	(A)		(B)		(C)
①	is	–	more	–	understanding
②	is	–	much	–	understanding
③	are	–	more	–	understanding
④	are	–	much	–	to understand
⑤	are	–	more	–	to understand

주관식

20 위 글의 내용을 바탕으로 다음 질문에 알맞은 대답을 쓰시오.

What should I use when I look at Kandinsky's paintings?

→ _____

서술형 평가

01 접속사 when을 이용하여 두 문장을 한 문장으로 연결하시오.

(1)
- It rains.
- I want to drink a cup of hot cocoa.

→ _____

(2)
- Ally was seven.
- Ally moved to London.

→ _____

02 다음 대화의 빈칸에 들어갈 수 있는 말을 <u>2개</u> 이상 쓰시오.

A: What are you doing, Mina?
B: I'm reading my favorite writer's new book.
A: Oh, really? _____?
B: I think it's fun.

03 다음 글에서 어법상 <u>틀린</u> 부분을 찾아 바르게 고쳐 쓰시오. (2개)

Robbie is interested in music. He is good at singing and playing musical instruments. He makes songs express his emotions. He wants to be a singer when he will grow up.

_____ → _____

_____ → _____

04 다음 경고 표시를 보고, must not과 괄호 안의 말을 이용하여 금지하는 문장을 완성하시오.

(1) You _____ _____ in the park. (pick flowers)

(2) You _____ _____ here. (walk on the grass)

(3) You _____ _____ in the river. (go fishing)

05 우리말과 같은 뜻이 되도록 괄호 안의 말을 바르게 배열하시오.

(1) 내가 학교에 도착했을 때, 수업종이 울렸다.
(the bell, arrived, I , when, rang, at school)
→ _____

(2) Andrea는 케이크를 사기 위해 빵집에 갔다.
(buy, Andrea, to, a cake, to, went, the bakery)
→ _____

01 짝지어진 단어의 관계가 나머지와 <u>다른</u> 것을 고르시오.

① stay – leave

② warm – cold

③ touch – smell

④ behind – front

⑤ receive – give

02 대화의 빈칸에 들어갈 말로 적절하지 <u>않은</u> 것을 고르시오.

> A: What do you think of this music?
>
> B: _____

① I can play the piano.

② I think it's beautiful.

③ It sounds good to me.

④ In my opinion, it's boring.

⑤ I like it. The melody is nice.

주관식

03 다음 빈칸에 공통으로 들어갈 말을 쓰시오.

> • The weather is beautiful. Let's _____ a walk after lunch.
> • People _____ pictures with their smartphone these days.

04 다음 영영풀이에 해당하는 단어를 고르시오.

> to make an effort to do something

① mix   ② try   ③ hear

④ paint   ⑤ match

05 다음 중 짝지어진 대화가 <u>어색한</u> 것을 고르시오.

① A: You must not tell lies.

  B: I'm sorry. I won't do it again.

② A: You cannot bring your dog inside.

  B: Oh, I'm sorry. I didn't know that.

③ A: What do you think about this opera?

  B: I feel it's wonderful.

④ A: You should not eat food from outside.

  B: Okay, I will remember that.

⑤ A: Do not use your phone in the classroom.

  B: I think your phone is in the bathroom.

주관식

06 대화가 자연스럽게 이어지도록 (A)~(D)를 바르게 배열하시오.

> (A) That looks interesting. Let's watch that.
> (B) What do you think about this movie?
> (C) Okay. How about this comedy movie?
> (D) I think it looks scary. I won't like it.

07 밑줄 친 부분과 바꿔 쓸 수 있는 말을 고르시오.

> <u>What do you think about</u> this picture?

① Do you know

② Why do you like

③ When did you take

④ How do you feel about

⑤ What are you going to think of

08 다음 문장을 영어로 바르게 옮긴 것을 고르시오.

> 우리는 배드민턴을 치기 위해 공원에 갔다.

① We went to the park play badminton.
② We went to the park playing badminton.
③ We went to the park to play badminton.
④ We went to the park to playing badminton.
⑤ We went to the park when play badminton.

09 다음 중 어법상 어색한 문장을 고르시오.

① I think this opera is great.
② Inho listens to music when he feels sad.
③ Ryan took a test to join the soccer team.
④ Dan saw the bike when he arrived home.
⑤ Lily was surprised when she opens the door.

10 다음 문장의 밑줄 친 부분과 같은 용법으로 쓰인 것을 고르시오.

> I keep a spending diary to save money.

① Tina gave a pen to me.
② Ethan wants to buy a new coat.
③ Aram is going to the supermarket.
④ Sora plans to visit Greece this summer.
⑤ Jihyo went home to see her grandparents.

[11-12] 다음 글을 읽고, 물음에 답하시오.

> Wassily was a good boy. He loved music and art. One day, he received a box _____ paints. When he started ⓐmix the colors, Wassily heard some strange sounds. "The colors are making sounds!" he shouted. Then he tried to paint the sounds _____ the colors.

11 빈칸에 공통으로 들어갈 말로 알맞은 것을 고르시오.

① in   ② on   ③ of
④ for   ⑤ from

12 밑줄 친 ⓐmix의 알맞은 형태를 모두 고르시오.

① mix   ② mixes   ③ to mix
④ mixing   ⑤ to mixing

[13-16] 다음 글을 읽고, 물음에 답하시오.

> Wassily grew up, and he went to college to study law. But when he was 30, an opera ⓐchanged his life. He felt strong emotions _____(A)_____ the music. Then they became colors ⓑbefore his eyes! He wanted to express them on a canvas. So Wassily Kandinsky started to paint ⓒin his own way.
> He didn't try to paint ⓓreal objects. ⓔInstead, he expressed emotions _____(B)_____ different colors. He used yellow to express warm and exciting feelings and blue to show deep and serious feelings. To him, 각각의 색깔은 서로 다른 감정을 나타냈다.

13 위 글의 바실리에 관한 내용을 바르게 이해한 사람을 고르시오.

① 연정: 30살까지 법원에서 근무했어.
② 인곤: 오페라를 보고 음악을 배우기 시작했어.
③ 강건: 감정을 오페라로 표현하고 싶어했어.
④ 주연: 다양한 모양을 이용하여 감정을 표현했어.
⑤ 진수: 파란색으로 깊고 진지한 감정을 표현했어.

14 밑줄 친 ⓐ~ⓔ 중 우리말 뜻이 바르게 연결되지 않은 것을 고르시오.

① ⓐ: 변화시켰다   ② ⓑ: ~앞에
③ ⓒ: 그만의 방식으로   ④ ⓓ: 실제의
⑤ ⓔ: 게다가

15 빈칸 (A)와 (B)에 들어갈 말이 바르게 짝지어진 것을 고르시오.

(A)	(B)	(A)	(B)
① to	– with	② from	– with
③ from	– without	④ about	– of
⑤ about	– before		

16 밑줄 친 우리말과 같은 뜻이 되도록 괄호 안의 단어를 바르게 배열하시오.

> (a different / showed / each / emotion / color)

[17-18] 다음 글을 읽고, 물음에 답하시오.

> Kandinsky also used colors to express the sounds of _____. Yellow was the trumpet, and blue was the cello. In this way, he matched colors and music. Painting a picture was like making a song to him.

17 위 글의 칸딘스키에 관한 내용과 일치하는 것을 고르시오.

① 뛰어난 청력을 갖고 있었다.

② 트럼펫과 첼로를 즐겨 그렸다.

③ 여러 재료로 그림을 그렸다.

④ 색깔과 음악을 연결시켰다.

⑤ 그림 그리기와 작곡을 좋아했다.

18 글의 흐름상 다음 글자로 시작하는 빈칸에 들어갈 말을 쓰시오. (2단어)

m_____ i_____

[19-20] 다음 글을 읽고, 물음에 답하시오.

> Here are some of Kandinsky's paintings. ⓐ They are more than colors and shapes. The idea of music and emotion (A) $\boxed{\text{is / are}}$ everywhere. You should (B) $\boxed{\text{using / use}}$ both your eyes and ears to understand his art. Look (C) $\boxed{\text{at / to}}$ his painting. What do you feel?

19 밑줄 친 ⓐ를 바르게 해석한 것을 고르시오.

① 색이 모양보다 많다.

② 색과 모양이 중요하다.

③ 색과 모양보다 빈 공간이 많다.

④ 색과 모양 그 이상의 것을 담고 있다.

⑤ 색과 모양으로 가득 차 있다.

20 (A), (B), (C)의 각 네모 안에서 어법에 맞는 표현으로 알맞은 것을 고르시오.

(A)	(B)	(C)
① is	– use	– at
② is	– using	– to
③ are	– use	– at
④ are	– using	– to
⑤ are	– use	– to

01 괄호 안의 말을 이용하여 우리말을 영어로 옮기시오.

(1) 나는 책을 좀 빌리기 위해 도서관에 간다.
(go to the library, borrow some books)

→ _____

(2) 내 남동생은 살을 빼기 위해 농구를 한다.
(play basketball, lose weight)

→ _____

02 다음 대화의 빈칸에 들어갈 수 있는 말을 2개 이상 쓰시오. (단, 괄호 안의 단어를 이용할 것)

A: What do you think of this book?
B: _____ (serious)

03 그림을 보고 괄호 안의 말을 이용하여 금지하는 문장을 완성하시오.

→ _____ to
the café. (bring pets)

04 다음 글에서 어법상 어색한 부분을 찾아 바르게 고쳐 쓰시오. (2개)

I went to the aquarium to watching a dolphin show. I like dolphins a lot. I felt excited when the dolphins jump high. I took pictures with the dolphins. It was amazing.

_____ → _____

_____ → _____

05 다음 표를 보고, 문장을 완성하시오.

이름	하는 일	목적
Yena	study English	make friends from all around the world
Dean	get up early in the morning	go jogging

(1) Yena studies English _____

_____.

(2) Dean _____

_____.

내가 보고 싶은 그 작품은 어디에 있을까요? 세계의 유명 미술관을 소개합니다.

메트로폴리탄 미술관, 미국

뉴욕에 위치한 메트로폴리탄 미술관은 330만 점에 이르는 막대한 소장품을 자랑하는 미국 최대의 미술관이다. 선사 시대부터 현대에 이르는 폭넓고 다양한 미술품과 공예품을 전시하고 있다. 특히 고흐, 고갱 등의 세계적인 수준의 유럽 회화를 많이 보유하고 있으며 매년 500만 명이 방문하는 인기 관광지이다.

프라도 미술관, 스페인

프라도 미술관은 마드리드에 있는 세계적인 미술관이다. 스페인 왕실이 수집한 회화와 조각 컬렉션에서 시작되었으며, 12세기~19세기까지의 유럽 작품들로 유명하다. 특히 스페인의 거장인 엘 그레코, 벨라스케스, 고야의 주요 작품들은 프라도 미술관의 대표적인 소장품이다.

루브르 박물관, 프랑스

세계에서 가장 유명한 박물관 중 하나인 루브르 박물관은 파리의 랜드마크로서 매년 많은 관광객을 끌어들이는 곳이다. 이집트 유물에서부터 19세기 유럽 미술까지 모든 분야의 예술품을 소장하고 있으며, 특히 〈모나리자〉를 비롯한 이탈리아 르네상스 회화 작품은 최고의 컬렉션으로 평가되고 있다.

에르미타주 미술관, 러시아

러시아 제2의 도시 상트 페테르부르크에 위치한다. 약 300만 점에 이르는 소장품이 7개 부문으로 나뉘어 1020개의 방에 전시되고 있으며, 유럽 회화 및 조각들로 유명하다. 에르미타주의 각 작품을 1분씩만 감상해도 모든 작품을 감상하는 데 8년이 걸린다는 계산이 있을 정도로 방대한 컬렉션을 자랑하는 거대한 미술관이다.

Lesson 7 Time for Stories

Functions

권유하기

Why don't you try interesting books?

확인 요청하기

A: The story is from Korea, **isn't it**?
B: **No, it isn't.** It's from Germany.

Forms

- **How kind** these children **are**!
- It **makes them excited**.

Words & Phrases

● 자신이 알고 있는 단어와 표현에 표시(∨)해 봅시다.

Words

☐ **actually** [ǽktʃuəli]	및 실제로, 정말로	☐ **knock** [nɑk]	동 (문을) 두드리다
☐ **back** [bæk]	명 뒤쪽 형 뒤쪽의	☐ **loud** [laud]	형 시끄러운, 큰 소리의
☐ **bored** [bɔːrd]	형 지루해하는	☐ **lovely** [lʌ́vli]	형 사랑스러운
☐ **borrow** [bárou]	동 빌리다	☐ **luck** [lʌk]	명 행운
☐ **bring** [briŋ]	동 가져오다, 데려오다	☐ **marry** [mǽri]	동 (~와) 결혼하다
☐ **broomstick** [brúː(:)mstìk]	명 빗자루	☐ **mean** [miːn]	동 ~라는 의미이다
☐ **camel** [kǽməl]	명 낙타	☐ **myth** [miθ]	명 신화
☐ **cheerful** [tʃíərfəl]	형 발랄한, 쾌활한	☐ **popular** [pápjələr]	형 인기 있는
☐ **chimney** [tʃímni]	명 굴뚝	☐ **present** [prézənt]	명 선물
☐ **coal** [koul]	명 석탄	☐ **put** [put]	동 놓다, 두다
☐ **during** [djúː(:)riŋ]	전 ~동안	☐ **quickly** [kwíkli]	및 빨리
☐ **festival** [féstivəl]	명 축제	☐ **rainy** [réini]	형 비가 오는
☐ **front** [frʌnt]	명 앞쪽 형 앞쪽의	☐ **rice cake**	떡
☐ **full** [ful]	형 배부른, 가득한	☐ **solve** [sɑlv]	동 풀다, 해결하다
☐ **garlic** [gáːrlik]	명 마늘	☐ **suddenly** [sʌ́dnli]	및 갑자기
☐ **goat** [gout]	명 염소	☐ **thunder** [θʌ́ndər]	명 천둥
☐ **god** [gɑːd]	명 신	☐ **title** [táitl]	명 제목
☐ **grass** [græs]	명 풀, 잔디	☐ **try** [trai]	동 노력하다, 시도하다
☐ **holiday** [hálədèi]	명 휴일, 공휴일	☐ **volunteer** [vàləntíər]	명 자원 봉사자 동 자원 봉사하다
☐ **join** [dʒɔin]	동 가입하다	☐ **welcome** [wélkəm]	동 맞이하다, 환영하다
☐ **joyful** [dʒɔ́ifəl]	형 기쁜, 기쁨을 주는	☐ **writer** [ráitər]	명 작가

Phrases

☐ **for example**	예를 들어	☐ **look for**	찾다, 구하다
☐ **have ... in common**	(생각 등을) 공통으로 지니다	☐ **wait for**	~을 기다리다

Check up

● 다음 영어를 우리말로, 우리말을 영어로 써 봅시다.   ▶정답 p.155

영어 단어	우리말 뜻	영어 단어	우리말 뜻
writer	01	06	인기 있는
suddenly	02	07	배부른
myth	03	08	자원 봉사하다, 자원 봉사자
joyful	04	09	풀다, 해결하다
broomstick	05	10	가져오다

Word Test*

▶정답 및 해설 p.155

01 단어의 관계가 같도록 빈칸에 알맞은 말을 쓰시오.

   (1) animal: camel = _____ : Christmas

   (2) quickly: slowly = hungry : _____

02 빈칸에 알맞은 말을 보기 에서 골라 쓰시오.

보기	bored	bring	during	join

   (1) You should _____ your umbrella. It's raining.

   (2) I feel _____ when I watch a documentary.

   (3) She will _____ the book club.

   (4) I went to Japan _____ the summer vacation.

03 빈칸에 공통으로 들어갈 말을 쓰시오.

   • Tina waited _____ the school bus this morning.

   • I am looking _____ my black shoes.

04 밑줄 친 단어와 바꿔 쓸 수 있는 것을 고르시오.

> This watch was a <u>gift</u> from my father.

   ① luck   ② myth   ③ title

   ④ present   ⑤ festival

05 우리말과 같은 뜻이 되도록 빈칸에 알맞은 말을 쓰시오.

   (1) Emily and I have many things _____ _____.

      (Emily와 나는 공통점이 많다.)

   (2) Our house has a _____.

      (우리 집에는 굴뚝이 있다.)

   (3) What does this word _____?

      (이 단어는 무슨 의미인가요?)

TIPS

• documentary ⑲ 다큐멘터리

• vacation ⑲ 방학

• this morning 오늘 아침

• watch ⑲ 시계

• word ⑲ 단어

Functions

A 권유하기

> **A:** Science homework is difficult. (과학숙제가 어려워요.)
>
> **B:** Why don't you do it with your friends? (친구들과 함께 하는 게 어때?)
>
> **A:** That's a good idea. (그거 좋은 생각이네요.)

◆ **권유하기**

상대방에게 권유할 때 '~하는 게 어때?'라는 뜻의 「Why don't you+동사원형 ~?」을 쓴다.

[예시 대화]

A: I'm tired. (나는 피곤해.)

B: Why don't you rest at home? (너는 집에서 쉬는 게 어때?)

◆ **권유에 대답하기**

1) 권유를 수락하는 표현에는 That's a good idea, That sounds good 등이 있다.

[예시 대화]

A: Why don't you go shopping with me? (나랑 쇼핑하러 가는 게 어때?)

B: That sounds good. (그거 좋겠다.)

2) 거절하는 표현에는 Thank you but~, I'm sorry but~ 등이 있다.

[예시 대화]

A: Why don't you join our jogging club? (우리 조깅 동아리에 가입하는 게 어때?)

B: Thank you but I don't like exercising. (고맙지만 나는 운동하는 것을 좋아하지 않아.)

> **표현 Plus**
>
> ▶ 제안, 권유할 때 다음과 같은 표현도 쓸 수 있다.
>
> How[What] about~?
> (~은 어때?)
>
> I think you should+동사원형~
> (네가 ~하는 게 좋다고 생각해.)
>
> ▶ 어떤 일을 함께 하자는 의미를 포함할 때는 다음과 같은 표현을 쓴다.
>
> Let's+동사원형~.
> (~하자.)
>
> Why don't we ~?
> (우리 ~하는 게 어때?)

B 확인 요청하기

> **A:** This painting is from Japan, isn't it?
> (이 그림은 일본에서 왔어요, 그렇지 않나요?)
>
> **B:** Yes, it is. / No, it isn't. It's from India.
> (네, 그렇습니다.) / (아니요, 그렇지 않아요. 그것은 인도에서 왔어요.)

◆ **확인 요청하기**

어떤 사실을 확인하거나 상대의 동의를 구할 때 '그렇지 않니?'라는 의미의 부가의문문을 쓸 수 있다. 부가의문문은 평서문 뒤에 덧붙이는 짧은 의문문으로 본 문장이 긍정문이면 부정형을, 부정문이면 긍정형을 사용한다. 부가의문문의 주어는 본 문장의 주어를 대명사로 바꿔 쓴다.

[예시 대화]

1. **A:** This book is on sale, isn't it? (이 책은 할인 중이죠, 그렇지 않나요?)

   B: Yes, it is. (네, 그렇습니다.) / No, it isn't. (아니요, 그렇지 않습니다.)

2. **A:** You are not a student, are you? (너는 학생이 아니지, 그렇지?)

   B: Yes, I am. (응, 맞아.) / No, I'm not. (아니, 나는 아니야.)

> **표현 Plus**
>
> ▶ 부가의문문에 대답할 때는 부가의문문의 형태와 상관없이 대답하는 내용이 긍정이면 Yes로, 부정이면 No로 대답한다.
>
> A: Angela isn't American, is she? (Angela는 미국인이 아니지, 그렇지?)
>
> B: Yes, she is. She is from LA. (응, 맞아. LA 출신이야.) / No, she isn't. She is English. (아니, 그렇지 않아. 영국인이야.)

◀ TIPS

• have ⑧ 가지다, *먹다

01 대화의 빈칸에 들어갈 말로 적절하지 <u>않은</u> 것을 고르시오.

> A: Why don't you have lunch with me?
> B: _____

① That sounds good.

② That's a good idea.

③ It's better than lunch.

④ Thank you but I'm not hungry.

⑤ I'm sorry but I already had lunch.

02 대화의 빈칸에 들어갈 말로 적절한 것을 고르시오.

> A: Today is your birthday, isn't it?
> B: _____

① Yes, I will.　　② Yes, it isn't.　　③ No, it didn't.

④ No, it isn't.　　⑤ Yes, it was.

03 대화가 자연스럽게 이어지도록 (A)~(C)를 바르게 배열하시오.

> (A) Why don't you keep a diary in English?
> (B) I want to be good at English.
> (C) That's a good idea.

• keep a diary 일기를 쓰다

04 우리말과 같은 뜻이 되도록 빈칸에 알맞은 말을 쓰시오.

(1)　A: It's cold outside, _____ _____?

　　　(밖에 춥지, 그렇지 않니?)

　　B: No, _____ _____. It's warm today.

　　　(아니야, 그렇지 않아. 오늘 따뜻해.)

(2)　A: I'm looking for a dress for my sister.

　　　(동생을 위한 원피스를 찾고 있어요.)

　　B: _____ _____ this blue one?

　　　(이 파란 것은 어떠세요?)

Script

 정답 및 해설 p.156

교과서 내용을 떠올리며 빈칸에 알맞은 말을 써 봅시다.

Listen & Talk 1

1

B This book is _____.
   어려운

G There is a movie of that story. _____
   ~하는 게 어때
   _____ _____ watch it first?

B That's a good idea. I'll try it.

2

B What are you reading?

G I'm reading Alice King's new book. She is
   my _____ writer.
   가장 좋아하는

B I heard that she _____
   ~할 예정이다
   _____ come to the book festival and
   talk about her books this Saturday. Are you
   going to go there?

G Yes, I am. _____
   ~하는 게 어때
   _____ come with me?

B I'm sorry, but I already have plans that day.
   I'm going to do volunteer work at the city
   library.

G Oh, I see.

3

B Hello. I'd _____ _____ borrow a
   ~하고 싶다
   book. I want to read a good story.

W Hi, Taeho. How about *The Last Leaf*? It's
   very popular.

B It doesn't _____ _____ a fun
   ~같아 보이다
   story. The title sounds sad.

W Yes, it's a sad story. Well, did you read the
   Harry Potter series?

B Yes. It's my favorite book.

W Then _____ _____ _____
   ~하는 게 어때
   try *Gulliver's Travels*? I think you'll like it.

B Okay. That sounds fun. I'll try that one.

Listen & Talk 2

1

B I read a story about a brother and sister.
   They go to a candy house.

G I know that story. It's from Germany,
   _____ _____? 그렇지 않니

B Yes, it is. It's *Hansel and Gretel*.

2

G I heard an old story about the moon. Some
   people _____ _____ a rabbit
   ~라고 믿나
   lives on the moon.

B Oh, I think I know that story, too. It's a
   _____ Chinese story, isn't it?
   전통적인

G No, it isn't. It's a Korean story. But I heard
   that people in China also have a story about
   a moon rabbit.

B I see. Well, what does the rabbit do on the
   moon?

G People believe that the rabbit makes rice
   cakes there. It's interesting, _____
   _____? 그렇지 않니

B Yes, it is. Maybe we should watch the moon
   carefully tonight!

3

M You know the Cinderella story, _____? 그렇지

G _____ _____, Dad. 물론이죠

M Well, actually there isn't just one Cinderella
   story. There are many Cinderella stories
   from around the world.

G I didn't know that. Are they _____
   _____? 모두 다른

M Some parts are different. _____ 예를 들어
   _____, in the story from China, a fish
   helps the girl, so she can go to the party.

G Oh, that's interesting.

M In the story from Egypt, a bird brings the
   girl's shoe to the king. Then the king finds
   the girl with that shoe.

G That's nice. What about the end? The end is
   _____ _____, isn't it? 같은

M Yes, it is. The girl in the stories marries the
   king and _____ _____.
   행복하게 산다

Grammar

A 감탄문

> **How kind these children are!** (이 아이들은 참 친절하구나!)
>
> **What a cute puppy it is!** (이 강아지는 정말 귀엽구나!)
>
> **How sweet these candies are!** (그 사탕들은 정말 달콤하구나!)

감정이나 느낌을 표현하는 문장을 감탄문이라고 한다. what과 how를 이용하여 놀람이나 감탄을 표현할 수 있으며 주어와 동사는 생략되기도 한다.

1) 「What+a/an+형용사+명사(+주어+동사)!」 어순으로 쓴다. 명사가 복수인 경우 a/an은 생략한다.

예문

What a large pizza this is! (이건 정말 큰 피자구나!)

What joyful people they are! (그들은 정말 유쾌한 사람들이야!)

2) 「How+형용사/부사(+주어+동사)!」 어순으로 쓴다.

예문

How small this shirt is! (이 셔츠는 정말 작구나!)

How wonderful the weather is! (날씨가 정말 좋구나!)

How fast the trees grow! (나무들이 정말 빨리 자라는구나!)

Grammar Plus

▶ What을 이용한 감탄문에서는 형용사가 생략되기도 한다.

What a game!
(엄청난 경기야!)

What a surprise!
(정말 놀라운 일이야!)

B make+목적어+형용사

> It **makes the children excited.** (그것은 아이들을 신나게 한다.)
>
> Exercise **makes me healthy.** (운동은 나를 건강하게 한다.)
>
> The story **made us sad.** (그 이야기는 우리를 슬프게 했다.)

어떤 대상에 대한 감정이나 느낌을 표현할 때, '~을 …하게 한다'라는 의미를 나타내는 「make+목적어+형용사」 구문을 쓴다. 목적어 뒤에 오는 형용사는 목적어의 성질이나 상태를 보충 설명하는 목적격 보어의 역할을 한다.

예문

Classical music **made her sleepy.**
(클래식 음악은 그녀를 졸리게 했다.)

My friends **make me happy.**
(내 친구들은 나를 행복하게 한다.)

Yoga **makes my body light.**
(요가는 내 몸을 가볍게 한다.)

Grammar Plus

▶ make의 목적격 보어의 자리에는 명사가 와서 '~을 …로 만들다'라는 의미를 나타낼 수 있다.

His song made him a star.
(그의 노래는 그를 스타로 만들었다.)

▶ make처럼 목적격 보어를 갖는 동사는 keep, call, find 등이 있다.

A cup of tea keeps me warm.
(차 한 잔은 나를 따뜻하게 유지헤준다.)

Grammar Test

▶정답 및 해설 p.156

01 괄호 안에서 알맞은 말을 고르시오.

(1) The result made (him / he) proud.

(2) (How / What) an amazing photograph this is!

(3) (How / What) cold the water is!

- result ⑲ 결과
- proud ⑲ 자랑스러운
- amazing ⑲ 놀라운, 멋진

02 다음 문장을 보기와 같이 바꾸어 쓰시오.

> 보기   It is an interesting story. → What an interesting story it is!

(1) This picture is scary. → How _____!

(2) They are kind people. → What _____!

(3) It is a difficult question. → What _____!

- scary ⑲ 무서운
- difficult ⑲ 어려운
- question ⑲ 질문

03 문장의 빈칸에 들어갈 말로 적절하지 <u>않은</u> 것을 고르시오.

> This letter makes me _____.

① happy   ② sadly   ③ joyful

④ surprised   ⑤ excited

04 다음 문장을 영어로 바르게 옮긴 것을 고르시오.

> 기말고사는 나를 긴장하게 해.

① The final exam makes nervous.

② The final exam makes nervously.

③ The final exam makes I nervous.

④ The final exam makes me nervous.

⑤ The final exam makes nervous me.

- final exam 기말고사

05 다음 중 어법상 어색한 문장을 고르시오.

① What a cute puppy!

② The stairs made me tired.

③ How great the concert is!

④ Exercise makes us strong.

⑤ This smell makes him happiness.

06 빈칸에 들어갈 말이 순서대로 바르게 짝지어진 것을 고르시오.

> • This blanket makes _____ warm.
> • The party made _____ excited.

① I - she   ② I – him   ③ he – she

④ me - they   ⑤ me – them

07 다음 밑줄 친 부분을 어법에 맞게 고쳐 쓰시오.

> I got a perfect score on my math test. What wonderful a day!

→ _____

08 우리말과 같은 뜻이 되도록 괄호 안의 말을 바르게 배열하시오.

(1) 정말 좁은 세상이야! (a / is / world / what / small / it)

→ _____

(2) 기차가 정말 빠르게 가는구나! (fast / goes / how / the train)

→ _____

(3) 이 영화는 나를 지루하게 해. (me / this movie / bored / makes)

→ _____

Reading

정답 및 해설 p.156

● 교과서 내용을 떠올리며 빈칸에 알맞은 말을 써 봅시다.

Who Brings the Gifts?

When the _____ _____ come, many children _____
(겨울 방학)   (~을 기다린다)
_____ presents. It makes them _____. But are they all
                                      (신나게)
waiting for Santa Claus? Actually, there are many other gift givers
around the world. Let's learn about them!

TIPS
• bring (동) 가져오다
• actually (부) 사실

In Italy, children hear stories about La Befana. She wears
_____ _____ and flies on a _____. She comes
(낡은 옷들)   (빗자루)
to children's houses on the night of January 5th. _____
                                                    (~처럼)
Santa Claus, La Befana goes down _____. She gives good
                                  (굴뚝들)
children toys, candies, and fruit. But bad children get _____,
                                                          (마늘)
_____, and _____.
(양파들)   (석탄)

• hear (동) 듣다
• wear (동) 입다
• go down 내려오다

On _____ _____ _____ in Puerto Rico, children put
   (같은 날 밤)
a box of _____ under their beds and _____ _____
         (잔디)   (자러 간다)
_____. During the night, the Three Kings visit them
_____ _____. The hungry camels eat the grass and feel
(낙타들을 타고)
full. That _____ _____ _____ _____. They think,
                    (왕들을 행복하게 만든다)
"_____ _____ these children are!" Then the kings put
  (정말 친절하다)
their gifts in the boxes for the children.

• put (동) 두다
• under (전) 아래
• during (전) ~동안
• feel full 배부르다고 느끼다

For the children of Finland, _____ _____ Joulupukki. His
　　　　　　　　　　　　　　　　 ~이 있다
name _____ "Christmas Goat." On Christmas Eve, Joulupukki
　　　 의미한다
goes to every house and _____ on the front door. Each family
　　　　　　　　　　　　　 두드리다
_____ him into their home. He asks, "Are there any nice
환영한다
children here?" Then he gives them presents.

On New Year's Eve, people in Japan wait for Hoteiosho, a god of
_____ _____. Like Santa Claus, he _____ a big bag of
　　　행운　　　　　　　　　　　　　　　　　　　　 가지고 다니다
gifts. _____ _____ nice children, he uses the eyes on the
　　　　　 찾기 위해서
back of his head. _____ _____ _____!
　　　　　　　　　　　 정말 놀라운 일이다

• goat 명 염소
• each 형 (단수 명사를 수식하여) 각각의

• eve 명 (축일, 명절 등의) 전날
• back 명 뒤쪽

Reading Test*

▶정답 및 해설 p.156

[01~02] 다음 글을 읽고, 물음에 답하시오.

> In Italy, children hear stories about La Befana. She wears old clothes and flies ___(A)___ a broomstick. She comes to children's houses ___(B)___ the night of January 5th. Like Santa Claus, La Befana goes down chimneys. <u>She gives good children toys, candies, and fruit.</u> But bad children get garlic, onions, and coal.

01 빈칸 (A)와 (B)에 공통으로 들어갈 말로 적절한 것을 고르시오.

① in　　② on　　③ with　　④ from　　⑤ under

02 밑줄 친 문장과 같은 뜻이 되는 문장을 고르시오.

① She gives toys, candies, and fruit good children.
② Good children give toys, candies, and fruit to her.
③ She gives toys, candies, and fruit to good children.
④ She gives toys, candies, and fruit for good children.
⑤ Good children give toys, candies, and fruit from her.

[03~04] 다음 글을 읽고, 물음에 답하시오.

> On the same night in Puerto Rico, children put a box of grass under their beds and go to sleep. During the night, the Three Kings visit them on camels. The hungry camels eat the grass and feel full. That makes the kings happy. They think, "<u>이 아이들은 정말 친절하구나!</u>" Then the kings put their gifts in the boxes for the children.

03 밑줄 친 우리말과 같은 뜻이 되도록 괄호 안의 단어를 바르게 배열하시오.

> (kind / are / these children / how)

→ _____

04 위 글의 내용을 요약할 때, 다음 빈칸에 각각 알맞은 말을 본문에서 찾아 쓰시오.

> The children in Puerto Rico put a box of _____ for the Three Kings and their camels. It makes the kings _____ and they give the children gifts.

[05~06] 다음 글을 읽고, 물음에 답하시오.

For the children of Finland, there is Joulupukki. (①) His name means "Christmas Goat." (②) On Christmas Eve, Joulupukki goes to every house and knocks on the front door. (③) Each family welcomes him into their home. (④) He asks, "_____ _____ any nice children here?" (⑤)

05 글의 흐름상 다음 문장이 들어가기에 가장 적절한 곳을 고르시오.

Then he gives them presents.

①   ②   ③   ④   ⑤

▶ 주어진 문장의 대명사가 어떤 것을 가리키는지 생각해 보고 흐름을 찾는다.

06 빈칸에 들어갈 말로 적절한 것을 고르시오.

① Are you   ② Is there   ③ There are

④ Are they   ⑤ Are there

▶ 의문문의 어순을 생각해 본다.

[07~08] 다음 글을 읽고, 물음에 답하시오.

On New Year's Eve, people in Japan wait for Hoteiosho, a god of good luck. Like Santa Claus, he carries a big bag of gifts. To find nice children, he uses the eyes on the back of his head. What a surprise!

07 위 글의 호테이오쇼에 관한 내용과 일치하는 것을 고르시오.

① 새해 전날에 찾아온다.

② 중국의 신이다.

③ 빗자루를 들고 다닌다.

④ 나쁜 아이들에게 벌을 준다.

⑤ 이마에도 눈이 있다.

08 밑줄 친 문장을 우리말로 바르게 옮겨 쓰시오.

→ _____

01 짝지어진 단어의 관계가 나머지와 <u>다른</u> 것을 고르시오.

① loud – quiet

② front – back

③ joyful – sad

④ quickly – slowly

⑤ nervous – worried

02 빈칸에 공통으로 들어갈 말로 알맞은 것을 고르시오.

> • I will _____ for the job.
>
> • She works as a _____ in a community center.

① try   ② knock   ③ present

④ volunteer   ⑤ welcome

03 대화의 빈칸에 들어갈 말로 적절하지 <u>않은</u> 것을 고르시오.

> A: Why don't you visit the library with me?
>
> B: _____

① That's a good idea.

② That sounds great.

③ Because I want to read books.

④ Thank you but I already have plans.

⑤ Sorry but I should go to the math club.

04 다음 중 짝지어진 대화가 <u>어색한</u> 것을 고르시오.

① A: Today is Sunday, isn't it?

   B: Yes, it is.

② A: The story is famous, isn't it?

   B: Yes, it is. Everyone knows it.

③ A: It's snowing outside, isn't it?

   B: Yes, it is. It's sunny today.

④ A: The market isn't closed, is it?

   B: No, it isn't. It closes at 7.

⑤ A: This flower is from Chris, isn't it?

   B: No, it isn't. I bought it.

주관식

05 대화가 자연스럽게 이어지도록 (A)~(D)를 바르게 배열하시오.

> (A) Yes, it is. Why don't you come with me?
>
> (B) I'm sorry, but I already have plans.
>
> (C) Really? The festival is on Saturday, isn't it?
>
> (D) My favorite writer is going to come to the book festival.

06 다음 대화를 읽고, 빈칸에 들어갈 말로 알맞은 것을 고르시오.

> A: Hello. I'd like to borrow a book. I want to read a good story.
>
> B: Hi, Taeho. How about *The Last Leaf*? It's very popular.
>
> A: It doesn't look like a fun story. The title sounds sad.
>
> B: Yes, it's a sad story. Well, did you read the *Harry Potter* series?
>
> A: Yes. It's my favorite book.
>
> B: Then _____?
>   I think you'll like it.
>
> A: Okay. That sounds fun. I'll try that one.

① what is your favorite book

② what do you think of *The Last Leaf*

③ why do you like *Harry Potter* series

④ why don't you try *Gulliver's Travels*

⑤ how about borrowing a library book?

주관식

07 우리말과 같은 뜻이 되도록 괄호 안의 단어를 바르게 배열하시오.

> 이 노래는 나를 졸리게 한다.
>
> (makes , sleepy , me , this song)

08 대화의 빈칸에 들어갈 말로 가장 적절한 것을 고르시오.

> A: How did you do on your exam?
> B: I got an A+!
> A: _____

① That's bad.
② Happy birthday!
③ What a terrible day!
④ How wonderful that is!
⑤ What great pens they are!

09 다음 중 어법상 어색한 문장을 고르시오.

① It's a new computer, isn't it?
② How about this yellow shirt?
③ Why don't you tried jogging?
④ I think you should watch this.
⑤ Soccer games make us excited.

주관식

10 다음 문장을 감탄문으로 바꾸어 쓰시오.

The painting is very interesting.

→ What _____!

11 밑줄 친 ⓐ~ⓔ 중 우리말 뜻이 바르게 연결되지 않은 것을 고르시오.

> ⓐWhen the winter holidays come, many children ⓑwait for presents. It ⓒmakes them excited. But are they all waiting for Santa Claus? ⓓActually, there are many other gift givers ⓔaround the world. Let's learn about them!

① ⓐ: 겨울 방학이 오면
② ⓑ: 선물을 기다린다
③ ⓒ: 그들을 신나게 한다
④ ⓓ: 사실
⑤ ⓔ: 세계가 돌면

[12-14] 다음 글을 읽고, 물음에 답하시오.

> In Italy, children hear (A) stories / news about La Befana. She wears old clothes and flies on a broomstick. She comes (B) from / to children's houses on the night of January 5th. Like Santa Claus, La Befana goes down chimneys. She gives good children toys, candies, and fruit. But bad children (C) give / get garlic, onions, and coal.

12 위 글을 읽고 라 베파나에 대해 답할 수 없는 질문을 고르시오.

① Where is she from?
② What does she wear?
③ When does she come?
④ What does she like to eat?
⑤ How does she get into children's houses?

13 (A), (B), (C)의 각 네모 안에서 문맥에 맞는 표현으로 가장 적절한 것을 고르시오.

	(A)		(B)		(C)
①	stories	–	from	–	get
②	news	–	from	–	give
③	stories	–	to	–	get
④	news	–	to	–	give
⑤	stories	–	to	–	give

14 밑줄 친 Like와 다른 용법으로 쓰인 것을 고르시오.

① It tastes like pizza.
② They are like twins.
③ He acts like a child.
④ We like English class.
⑤ John looks like his dad.

On the same night in Puerto Rico, children put a box of grass under their beds and go to sleep. During the night, the Three Kings visit them on camels. The hungry camels eat the grass and feel full. That makes the kings _____. They think, "How kind these children are!" Then the kings put their gifts in the boxes for the children.

15 위 글의 내용과 일치하는 것을 고르시오.

① 푸에르토리코 아이들은 사탕을 준비한다.
② 푸에르토리코 아이들은 침대 밑에 가방을 놓는다.
③ 세 명의 왕은 아침에 아이들을 찾아온다.
④ 세 명의 왕은 낙타를 타고 온다.
⑤ 세 명의 왕은 아이들에게 풀을 선물로 준다.

16 글의 흐름상 빈칸에 들어갈 말로 알맞은 것을 고르시오.

① sad   ② happy   ③ bored
④ popular   ⑤ worried

[17-18] 다음 글을 읽고, 물음에 답하시오.

ⓐFor the children of Finland, there is Joulupukki. His name means "Christmas Goat." On Christmas Eve, Joulupukki ⓑgoes to every house and knocks on the front door. Each family welcomes ⓒhim into their home. He asks, "Are there ⓓany nice children here?" Then he ⓔgives to them presents.

17 밑줄 친 ⓐ~ⓔ 중 어법상 어색한 것을 고르시오.

① ⓐ   ② ⓑ   ③ ⓒ   ④ ⓓ   ⑤ ⓔ

18 위 글의 내용을 바르게 이해한 사람을 고르시오.

① 세영: 핀란드에는 크리스마스가 없어.
② 두준: 요울루푸키라는 이름은 크리스마스 염소라는 뜻이야.
③ 소희: 요울루푸키는 굴뚝을 타고 모든 집에 들어가.
④ 나연: 요울루푸키는 새해에 아이들을 찾아가.
⑤ 찬열: 요울루푸키는 나쁜 아이들에게 벌을 줘.

[19-20] 다음 글을 읽고, 물음에 답하시오.

On New Year's Eve, people in Japan wait for Hoteiosho, a god of good luck. Like Santa Claus, he carries a big bag of gifts. _____ nice children, he uses the eyes on the back of his head. What a surprise!

19 위 글의 호테이오쇼에 관한 설명이 <u>아닌</u> 것을 고르시오.

① He comes on the day before New Year's.
② He is a god of good luck in Japan.
③ He wears red clothes like Santa Claus.
④ He carries a big bag of gifts.
⑤ He has eyes on the back of his head.

20 빈칸에 들어갈 말로 적절한 것을 고르시오.

① Find   ② Found   ③ To find
④ Finding   ⑤ Find from

01 밑줄 친 우리말을 괄호 안의 단어를 이용하여 영어로 바르게 옮기시오.

> A: Look! There is a pond. We can drink water.
> B: My face is changing!
> A: Wow! 이 연못이 우리를 젊게 만들었어!
> (make, young)

→ _____

02 다음 문장을 읽고 괄호 안의 단어를 이용하여 감탄문을 쓰시오.

(1) Your mom is good at cooking.

→ _____
(great cook)

(2) This skirt is 100 dollars.

→ _____
(expensive)

03 다음 대화 속 빈칸에 들어갈 알맞은 부가의문문을 쓰시오.

> A: The math test is next Wednesday,
> _____?
> B: No, it isn't. It's next Friday.

04 다음 친구들의 고민을 보고, 권유하는 말을 영어로 쓰시오.

(1)

I have trouble with a friend.

_____?

(2)
I want to sing and dance well.

_____?

05 다음은 요울루푸키에 관한 글이다. 괄호 안의 말을 이용하여 우리말과 같은 뜻이 되도록 문장을 완성하시오.

> Do you know the story of Joulupukki? Joulupukki is a gift giver in Finland. (1) 그의 이름은 "크리스마스 염소"를 의미합니다. Joulupukki comes on Christmas Eve. He visits every house and knocks on the front door. Then he asks, "Are there any nice children here?" Then he gives presents to nice children. (2) 정말 놀라운 이야기예요!

(1) → _____
(Christmas Goat)

(2) → _____
(what, amazing)

Review Test 2

▶정답 및 해설 p.159

01 단어의 성격이 나머지와 <u>다른</u> 것을 고르시오.

① nervous   ② sad   ③ glad
④ cheerful   ⑤ rainy

02 다음 영영풀이에 해당하는 단어를 고르시오.

> to greet someone in a warm and friendly way

① wear   ② carry   ③ knock
④ welcome   ⑤ bring

03 빈칸에 공통으로 들어갈 말로 알맞은 것을 고르시오.

> • Students wait _____ vacation.
> • Finn made a cake _____ his sister.

① to   ② on   ③ in
④ for   ⑤ with

04 대화의 빈칸에 들어갈 말로 적절하지 <u>않은</u> 것을 고르시오.

> A: I want to watch a good movie.
> B: _____

① Did you watch *Inside Out*?
② Let's go to the theater together.
③ How about joining a movie club?
④ The movie is from France, isn't it?
⑤ Why don't you read movie reviews?

05 다음 중 짝지어진 대화가 <u>어색한</u> 것을 고르시오.

① A: I'm tired.
    B: I think you should rest at home.
② A: This cup is yours, isn't it?
    B: Yes, it is.
③ A: Why don't you do yoga?
    B: That's a good idea.
④ A: The museum is open, isn't it?
    B: No, it isn't. It opens at 8 o'clock.
⑤ A: This book isn't for children, is it?
    B: Thank you but I can't read it.

[06-07] 다음 대화를 읽고, 물음에 답하시오.

> A: I heard an old story about the moon. Some people believe that a rabbit lives on the moon.
> B: Oh, I think I know that story, too. It's a traditional Chinese story, isn't it?
> A: _____ It's a Korean story. But I heard that people in China also have a story about a moon rabbit.
> B: I see. Well, what does the rabbit do on the moon?
> A: People believe that the rabbit makes rice cakes there. It's interesting, isn't it?
> B: Yes, it is. Maybe we should watch the moon carefully tonight!

06 위 대화의 주제로 가장 적절한 것을 고르시오.

① 달에 대한 잘못된 믿음
② 한국의 달 토끼 이야기
③ 인류 최초의 달나라 여행
④ 한국의 전통 떡 만드는 순서
⑤ 달을 관찰하기 위한 좋은 방법

07 위 대화의 빈칸에 들어갈 말로 알맞은 것을 고르시오.

① Yes, it is.　　② Yes, it isn't.

③ No, it is.　　④ No, it isn't.

⑤ No, this is.

08 문장의 빈칸에 들어갈 수 <u>없는</u> 말을 고르시오.

Christmas makes me _____.

① joyful　　② happy　　③ gifts

④ excited　　⑤ cheerful

09 다음 중 어법상 어색한 문장을 고르시오.

① What beautiful flowers!

② Exercise makes me healthy.

③ How wonderful the weather is!

④ Roller coasters make him nervous.

⑤ What a delicious cookies they are!

[10-11] 다음 글을 읽고, 물음에 답하시오.

When the winter holidays ⓐ<u>come</u>, many children ⓑ<u>wait for</u> presents. It makes ⓒ<u>they</u> excited. But are they all waiting for Santa Claus? Actually, ⓓ<u>there are</u> many other gift givers around the world. Let's ⓔ<u>learn</u> about <u>them</u>!

10 밑줄 친 ⓐ~ⓔ 중 어법상 <u>어색한</u> 것을 고르시오.

① ⓐ　　② ⓑ　　③ ⓒ　　④ ⓓ　　⑤ ⓔ

주관식

11 밑줄 친 <u>them</u>이 가리키는 것을 우리말로 쓰시오.

[12-13] 다음 글을 읽고, 물음에 답하시오.

In Italy, children hear stories about La Befana. She ⓐ<u>wears</u> old clothes and ⓑ<u>flies on</u> a broomstick. She comes to children's houses on the night of January 5th. ⓒ<u>Like</u> Santa Claus, La Befana goes down ⓓ<u>chimneys</u>. She gives good children toys, candies, and fruit. But bad children get garlic, onions, and ⓔ<u>coal</u>.

12 밑줄 친 ⓐ~ⓔ 중 우리말 뜻이 바르게 연결되지 <u>않은</u> 것을 고르시오.

① ⓐ: 입다　　② ⓑ: ~을 타고 날다

③ ⓒ: ~처럼　　④ ⓓ: 지붕

⑤ ⓔ: 석탄

13 위 글의 라 베파나에 대해 바르게 이해한 사람을 고르시오.

① 지효: 이탈리아의 이야기꾼이야.

② 다원: 화려한 옷을 입어.

③ 현우: 2월 5일에 아이들을 찾아가.

④ 인아: 빗자루를 타고 다녀.

⑤ 세연: 모든 아이들에게 사탕을 줘.

[14-16] 다음 글을 읽고, 물음에 답하시오.

ⓐ<u>On</u> the same night in Puerto Rico, children put a box of grass under their beds and go to sleep. (①) During the night, the Three Kings visit them on camels. (②) That makes the kings happy. (③) They think, "<u>How kind these children are!</u>" (④) Then the kings put their gifts in the boxes for the children. (⑤)

14 밑줄 친 ⓐOn과 같은 의미로 쓰인 것을 고르시오.

① I came on a train.

② Your tea is on the table.

③ My cat jumped on the bed.

④ Kurt put the picture on the wall.

⑤ Blaine promised to meet me on Friday.

17 (A), (B), (C)의 각 네모 안에서 문맥에 맞는 표현으로 가장 적절한 것을 고르시오.

	(A)		(B)		(C)
①	makes	–	and	–	gives
②	makes	–	but	–	gives
③	means	–	and	–	gives
④	means	–	but	–	receives
⑤	means	–	and	–	receives

15 글의 흐름상 다음 문장이 들어가기에 가장 적절한 곳을 고르시오.

> The hungry camels eat the grass and feel full.

①   ②   ③   ④   ⑤

18 빈칸에 들어갈 말로 알맞은 것을 고르시오.

① So   ② Then   ③ When

④ Because   ⑤ However

주관식

16 밑줄 친 문장을 what을 이용한 감탄문으로 바꿔 쓰시오.

→ _____

[19-20] 다음 글을 읽고, 물음에 답하시오.

> On New Year's Eve, people in Japan wait for Hoteiosho, a god of good luck. Like Santa Claus, he ____(A)____ a big bag of gifts. To find nice children, he ____(B)____ the eyes on the back of his head. ⓐWhat a surprise!

19 글의 흐름상 빈칸 (A)와 (B)에 들어갈 말로 바르게 짝 지어진 것을 고르시오.

	(A)		(B)			(A)		(B)
①	gives	–	has		②	carries	–	uses
③	leaves	–	needs		④	buys	–	opens
⑤	has	–	closes					

[17-18] 다음 글을 읽고, 물음에 답하시오.

> For the children of Finland, there is Joulupukki. His name (A) means / makes "Christmas Goat." On Christmas Eve, Joulupukki goes to every house (B) but / and knocks on the front door. Each family welcomes him into their home. He asks, "Are there any nice children here?" _____ he (C) gives / receives them presents.

주관식

20 밑줄 친 ⓐ를 우리말로 바르게 옮겨 쓰시오.

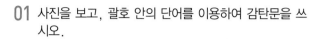

서술형 평가

▶정답 및 해설 p.161

01 사진을 보고, 괄호 안의 단어를 이용하여 감탄문을 쓰시오.

(1)

→ _____

(beautiful, city)

(2)

→ _____

(great, players)

02 다음 대화의 빈칸에 알맞은 부가의문문을 쓰시오.

(1) A: This shirt is on sale, _____?

B: Yes, it is. You can get a 30% discount.

(2) A: Katie isn't sixteen years old, _____
_____?

B: No, she isn't. She is fifteen years old.

03 대화의 빈칸에 올 수 있는 말을 2개 이상 쓰시오.

A: I want to read many books. But I fall
asleep when I start to read.

B: Why don't you listen to audiobooks?

A: _____

04 표를 보고, 각 사람이 대상에 대해 어떻게 느끼는지 문장을 완성하시오. (단, 반드시 동사 make를 사용할 것)

이름	대상	느끼는 감정
(1) Yumi	chocolate	joyful
(2) Sam	science magazines	bored

(1) Chocolate _____

(2) _____

05 다음 글에서 어법상 어색한 부분을 찾아 바르게 고쳐 쓰시오. (2개)

Once upon a time, there was a fish. His name was Flynn, and he was afraid of sharks. They made he nervous. One day, Flynn's dad said, "Why don't you going to school?" So he went to school and became friends with sharks, dolphins, and turtles! Flynn was happy.

_____ → _____

_____ → _____

Time for Stories **69**

쉬어가는 페이지

한 해의 마무리! 세계인들은 연말을 어떻게 보낼까요?

스위스 에스칼라드 축제(Escalade Festival)

12월에 제네바에서 열리는 에스칼라드 축제는 과거에 프랑스 남동부의 사보이 군대로부터 마을을 지켜낸 것을 기념하기 위해 시작되었다. 축제 기간 동안 창과 방패, 갑옷 등 중세 복장을 한 수많은 사람들이 횃불을 들고 대성당 광장으로 모인다. 아이들은 전통 복장을 하고 전통 노래를 부르며 거리를 돌아다닌다.

바하마 준카누 축제 (Junkanoo Festival)

바하마에서 가장 유명한 축제인 준카누는 12월 26일부터 1월 1일까지 펼쳐진다. 준카누 축제는 16~17세기의 바하마의 흑인 노예들에게서 유래되었다고 한다. 축제에서 사람들은 화려하게 장식된 마스크와 복장을 착용하고, 바하마 전통 음악에 맞춰 신나게 춤을 추면서 거리를 행진한다.

독일 크리스마스 마켓 (Christmas Market)

독일의 크리스마스 마켓의 역사는 14세기 즈음부터 시작되었고, 현재도 매년 11월 말부터 약 한 달간 독일 전역에서 크리스마스 마켓이 열린다. 그 중 가장 오랜 전통과 큰 규모를 자랑하는 곳은 뉘른베르크의 크리스마스 마켓이다. 중앙 광장에 200여개의 작은 상점들이 들어서 다양한 수공예품과 크리스마스 쿠키 등 먹거리를 판다.

스코틀랜드 호그마니 축제 (Hogmanay Festival)

연말에 스코틀랜드의 에든버러에서는 호그마니 축제가 열린다. '호그마니'는 스코틀랜드어로 '새해'를 뜻한다. 축제 기간 동안 스코틀랜드 전통 용사 복장을 한 사람들이 횃불을 들고 수 천명의 시민들과 함께 거리행진을 하고, 언덕에 다다르면 화려한 불꽃놀이를 즐긴다. 이 축제는 17세기 말 바이킹들이 그 해 자신들이 얻은 제일 좋은 배를 가지고 와 축제를 연 것에서 유래되었다.

The Best Way to Win

Words & Phrases

● 자신이 알고 있는 단어와 표현에 표시(V)해 봅시다.

Words

☐ **across** [əkrɔ́ːs]	🖣 가로질러서 🖣 ~을 건너서	
☐ **actor** [ǽktər]	🖣 배우	
☐ **actress** [ǽktris]	🖣 여배우	
☐ **ahead** [əhéd]	🖣 앞에, 앞으로	
☐ **another** [ənʌ́ðər]	🖣 또 하나, 다른	
☐ **arrive** [əráiv]	🖣 도착하다	
☐ **as** [əz]	🖣 ~로(서)	
☐ **away** [əwéi]	🖣 떨어져	
☐ **back** [bæk]	🖣 등	
☐ **behind** [biháind]	🖣 뒤에 🖣 ~뒤에	
☐ **carefully** [kέərfəli]	🖣 주의하여, 조심스럽게	
☐ **carry** [kǽri]	🖣 나르다, 운반하다	
☐ **choose** [tʃuːz]	🖣 선택하다, 고르다	
☐ **cross** [krɔ(ː)s]	🖣 건너다, 가로지르다	
☐ **end** [end]	🖣 끝나다	
☐ **example** [igzǽmpl]	🖣 예, 예시	
☐ **fair** [fεər]	🖣 공평한	
☐ **far** [fɑːr]	🖣 멀리	

☐ **kindness** [káindnis]	🖣 친절, 다정함
☐ **lazy** [léizi]	🖣 게으른, 느긋한
☐ **lesson** [lésən]	🖣 교훈
☐ **quickly** [kwíkli]	🖣 빨리
☐ **race** [reis]	🖣 경주
☐ **rest** [rest]	🖣 쉬다
☐ **right** [rait]	🖣 바로, 정확히
☐ **solve** [sɑlv]	🖣 해결하다, 풀다
☐ **speed** [spiːd]	🖣 속도
☐ **stand** [stænd]	🖣 서다, 서 있다
☐ **suddenly** [sʌ́dnli]	🖣 갑자기
☐ **summary** [sʌ́məri]	🖣 요약, 개요
☐ **swim** [swim]	🖣 수영하다
☐ **thirsty** [θə́ːrsti]	🖣 목이 마른, 갈증 난
☐ **turtle** [tə́ːrtl]	🖣 거북
☐ **upset** [ʌpsét]	🖣 기분이 상한, 속상한
☐ **way** [wei]	🖣 방법, 길

Phrases

☐ **ask for**	~을 요청하다	☐ **make fun of**	~을 놀리다
☐ **be proud of**	~을 자랑으로 여기다	☐ **next to**	~옆에
☐ **be ready for**	~에 준비가 되다	☐ **once upon a time**	옛날 옛적에
☐ **fall asleep**	잠들다	☐ **pass by**	(~을) 지나가다
☐ **find out**	알아내다, 알게 되다	☐ **wake up**	잠이 깨다
☐ **go on**	계속되다		

Check up

● 다음 영어를 우리말로, 우리말을 영어로 써 봅시다.   ▶정답 p.162

영어 단어	우리말 뜻	영어 단어	우리말 뜻
end	01	06	건너다, 가로지르다
example	02	07	공평한
rest	03	08	해결하다, 풀다
turtle	04	09	기분이 상한, 속상한
once upon a time	05	10	~뒤에

Word Test *

▶정답 및 해설 p.162

01 다음 영영풀이에 해당하는 단어를 보기 에서 골라 쓰시오.

> 보기　　lazy　　　　　race　　　　　thirsty

(1) _____ : needing to drink something

(2) _____ : not working hard or being active

(3) _____ : a competition to see the fastest runner

02 빈칸에 들어갈 말이 순서대로 바르게 짝지어진 것을 고르시오.

> • I'm not ready _____ the exam today.
> • A big playground is next _____ my house.

① by – for　　　　　② of – to　　　　　③ for – to

④ to – on　　　　　⑤ for – in

03 빈칸에 알맞은 말을 보기 에서 골라 쓰시오.

> 보기　　choose　　　　carefully　　　　lesson　　　　suddenly

(1) Did you _____ a gift for Mom?

(2) The mistake taught me an important _____.

(3) He always listens to other people _____.

(4) The car _____ stopped in the middle of the road.

04 빈칸에 공통으로 들어갈 말로 알맞은 것을 고르시오.

> • We are proud _____ our beautiful garden.
> • They made fun _____ Rudolph's red nose.

① at　　　　　　　② in　　　　　　　③ on

④ of　　　　　　　⑤ with

05 우리말과 같은 뜻이 되도록 빈칸에 알맞은 말을 쓰시오.

(1) This bus doesn't _____ _____ the airport.

(이 버스는 공항을 지나가지 않는다.)

(2) The students _____ _____ help from their teacher.

(학생들이 선생님에게 도움을 요청했다.)

• active 형 활동적인, 활발한
• competition 명 경쟁, 대회

• exam 명 시험
• playground 명 놀이터

• in the middle of ~의 중앙에

• airport 명 공항

The Best Way to Win　73

Reading

▶정답 및 해설 p.162

● 교과서 내용을 떠올리며 빈칸에 알맞은 말을 써 봅시다.

The Best Way to Win

_____ _____ _____ _____, there was a rabbit
                         옛날 옛적에
and a turtle. Rabbit was very proud of his speed and _____
                                                         ~를 놀렸다
_____ _____ Turtle. Turtle answered, "Are you really

better than me? _____ _____ _____." So they decided
                              한 번 알아보자
to have a race.

   At the start, Rabbit ran _____ _____ _____ Turtle.
                                        ~보다 훨씬 더 빠르게
Because he was so far ahead, Rabbit decided to rest under a tree.

But he _____ _____. Turtle passed by and _____
              잠이 들었다   계속 해서 걸었다
_____. When Rabbit finally woke up, he was _____.
                                                           놀란
Turtle was already at the finish line!

   This is a famous story, and we all know _____ _____.
                                                        그것의 교훈

TIPS

· rabbit 몡 토끼
· turtle 몡 거북
· be proud of ⋯을 자랑으로 여기다
· race 몡 경주
· far 閏 멀리
· ahead 閏 앞으로, 앞에
· rest 图 쉬다
· pass by ⋯을 지나가다
· wake up 잠이 깨다
· already 閏 이미
· finish line 결승선

But the story _____ _____. Rabbit was upset, and
　　　　　　　　　　　계속된다
he began to think carefully. "Was I too _____ _____
　　　　　　　　　　　　　　　　　　　　　　　자만하고 게으르다
_____?" The answer was yes. Rabbit wanted to race again,

and Turtle _____.
　　　　　　동의했다

　　This time, Rabbit _____ _____ _____. He never
　　　　　　　　　　　　　　　　　그의 최선을 다했다
_____ _____. When he crossed the finish line, Rabbit
달리는 것을 멈추지

looked _____ him. Turtle was still far away. Rabbit was the
　　　　　~의 뒤

_____ of this race.
승자

◉ TIPS

- upset ⑲ 속상한, 마음 상한
- carefully ⑭ 주의하여, 조심스럽게
- cross ⑧ 건너다, 가로지르다
- away ⑭ 떨어져

Reading

● 교과서 내용을 떠올리며 빈칸에 알맞은 말을 써 봅시다.

But the story doesn't end there. Now Turtle thought, "I

_____ _____ when the race is like this." So he chose a
　　　　　　이길 수 없어

different place and _____ _____ another race. Rabbit
　　　　　　　　　　　　　　요청했다

_____.
동의했다

Again, Rabbit ran very fast, but _____ he came to a
　　　　　　　　　　　　　　　　　　　갑자기

big river. The finish line was _____ _____ _____
　　　　　　　　　　　　　　　　건너편에

_____. What could he do? Soon, Turtle arrived _____
　　　　　　　　　　　　　　　　　　　　　　　　　　　　　바로 옆에

_____ _____ him. Rabbit just stood there, but Turtle got

into the water and swam across the river. _____ _____
　　　　　　　　　　　　　　　　　　　　　　　　　　　건너편에서

_____ _____, he kept walking to the finish line. This

time, Turtle _____ _____ _____.
　　　　　　　　경주를 이겼다

TIPS

• end ⑧ 끝나다
• choose ⑧ 선택하다, 고
  르다
• another ⑨ 또 하나, 다른
• arrive ⑧ 도착하다
• stand ⑧ 서다, 서 있다
• get into …에 들어가다
• across ⑩ 가로질러, 건너
  편에

After all these races, Rabbit and Turtle _____ _____.
_{친구가 되었다}
Now they started to think differently. "How can we finish this

long race _____ _____ _____ _____?"
_{가장 짧은 시간 안에}

They decided to work _____ _____ _____. At the
_{팀으로서}
start of the race, Rabbit _____ Turtle. At the river, Turtle swam
_{들고 옮겼다}
with Rabbit _____ _____ _____. On the other side,
_{그의 등 위에}
Rabbit _____ Turtle again. They finished the race very quickly.
_{들고 옮겼다}
They were happy because they _____ _____ _____
_{그것을 함께 더 잘해냈다}

_____!

TIPS
• differently ⓤ 달리, 다르게
• finish ⓢ 끝내다
• start ⓜ 시작, 출발점
• quickly ⓤ 빨리, 빠르게
• because ⓩ ～때문에

Reading Test *

▶정답 및 해설 p.162

[01~04] 다음 글을 읽고, 물음에 답하시오.

Once upon a time, there was a rabbit and a turtle. Rabbit was very proud of his speed and made fun of Turtle. Turtle answered, "Are you really better than me? Let's find out." So they decided to _____.

At the start, Rabbit ran much faster than Turtle. Because he was so far ahead, Rabbit decided to rest under a tree. But he fell asleep. ⓐ Turtle passed by and kept walking. When Rabbit finally woke up, he was surprised. Turtle was already at the finish line!

This is a famous story, and we all know its lesson.

But the story goes on. Rabbit was upset, and he began to think carefully. "Was I too proud and lazy?" The answer was yes. Rabbit wanted to race again, and Turtle agreed.

(①) This time, Rabbit did his best. (②) He never stopped running. (③) Turtle was still far away. (④) Rabbit was the winner of this race. (⑤)

01 글의 흐름상 빈칸에 들어갈 말로 가장 적절한 것을 고르시오.

① get some rest　　　　　② take a walk

③ watch a racing game　　④ have a race

⑤ take running lessons

▶ 빈칸이 속한 문장 앞의 내용과 관련 있는 답을 고른다.

02 위 글의 내용과 일치하지 않는 것을 고르시오.

① 토끼는 자신이 거북이보다 빠르다고 생각했다.

② 토끼는 첫 경주 도중에 잠이 들었다.

③ 거북이는 게으르다고 토끼를 놀렸다.

④ 토끼는 자신이 진 이유에 대해 생각해 보았다.

⑤ 거북이는 다시 경주를 하자는 토끼의 제안에 동의했다.

03 밑줄 친 ⓐ를 우리말로 옮겨 쓰시오.

04 글의 흐름상 다음 문장이 들어가기에 가장 적절한 곳을 고르시오.

When he crossed the finish line, Rabbit looked behind him.

①　　　　②　　　　③　　　　④　　　　⑤

▶ 주어진 문장 다음에 이어질 결과가 무엇인지 파악하고, 위 글에서 찾아본다.

[05~06] 다음 글을 읽고, 물음에 답하시오.

But the story ⓐ <u>don't end</u> there. Now Turtle thought, "I can't win when the race is ⓑ <u>like</u> this." So he chose a different place and ⓒ <u>asked for</u> another race. Rabbit agreed.

Again, Rabbit ran ⓓ <u>very</u> fast, but suddenly he came to a big river. The finish line was ⓔ <u>on</u> the other side. What could he do?

(A) On the other side, he kept walking to the finish line.

(B) Rabbit just stood there, but Turtle got into the water and swam across the river.

(C) Soon, Turtle arrived right next to him.

(D) This time, Turtle won the race.

05 밑줄 친 ⓐ~ⓔ 중 어법상 어색한 것을 고르시오.

① ⓐ   ② ⓑ   ③ ⓒ   ④ ⓓ   ⑤ ⓔ

06 위 글의 내용이 자연스럽게 이어지도록 (A)~(D)를 바르게 배열하시오.

▶ 경주의 진행 과정과 승자를 생각해 본다.

[07~08] 다음 글을 읽고, 물음에 답하시오.

After all these races, Rabbit and Turtle became friends. Now they started to think differently. "How can we finish this long race ____(A)____ the shortest time?"

They decided to work ____(B)____ a team. At the start of the race, Rabbit carried Turtle. At the river, Turtle swam with Rabbit ____(C)____ his back. On the other side, Rabbit carried Turtle again. They finished the race very quickly. They were happy because they did it better together!

07 위 글의 교훈과 가장 비슷한 속담을 고르시오.

① 시작이 반이다.
② 발 없는 말이 천 리 간다.
③ 아는 길도 물어가라.
④ 가재는 게 편이다.
⑤ 백지장도 맞들면 낫다.

08 빈칸 (A), (B), (C)에 들어갈 말이 바르게 짝지어진 것을 고르시오.

	(A)	(B)	(C)
①	to	for	in
③	in	as	on
⑤	by	on	with

	(A)	(B)	(C)
②	as	at	to
④	for	with	for

01 단어의 뜻이 바르게 연결되지 <u>않은</u> 것을 고르시오.

① arrive – 도착하다
② example – 교훈
③ carefully – 주의하여
④ upset – 속상한
⑤ carry – 나르다

주관식

02 단어의 관계가 같도록 빈칸에 알맞은 말을 쓰시오.

> happy : happiness = kind : _____

03 빈칸에 공통으로 들어갈 말로 알맞은 것을 고르시오.

> • My brother couldn't find his glasses. So he asked _____ my help.
> • I'm ready _____ the next game.

① with ② to ③ on
④ of ⑤ for

주관식

04 빈칸에 알맞은 단어를 쓰시오.

> Helen, Josh, and I are in a line. Helen is standing in front of me, and Josh is _____ me.

05 밑줄 친 to부정사의 용법이 나머지와 <u>다른</u> 것을 고르시오.

① We hope <u>to visit</u> France someday.
② Do you want <u>to stay</u> here with me?
③ He promised <u>to buy</u> me a new backpack.
④ I turned on the computer <u>to write</u> an email.
⑤ They are planning <u>to grow</u> roses in their garden.

06 빈칸에 들어갈 말로 알맞은 것을 <u>모두</u> 고르시오.

> I was busy yesterday. Today I'm _____ busier than yesterday.

① too ② a lot ③ very
④ so ⑤ much

07 다음 문장을 영어로 바르게 옮긴 것을 고르시오.

> 그는 이번 시험에서 최선을 다하지 않았다.

① He didn't his best on this exam.
② He not did his best on this exam.
③ He didn't do his best on this exam.
④ He not did do his best on this exam.
⑤ He doesn't did his best on this exam.

08 다음 중 어법상 <u>어색한</u> 문장을 고르시오.

① The man stopped talk on the phone.
② My English is worse than my Chinese.
③ I wore a warm coat because it was cold.
④ After the race, we began to feel hungry.
⑤ He opened the door and entered the room.

[09-10] 다음 글을 읽고, 물음에 답하시오.

Once upon a time, there was a rabbit and a turtle. Rabbit was very proud of his speed and made fun of Turtle. Turtle answered, "Are you really better than me? Let's find out." So they decided to have a race.

At the start, 토끼가 거북이보다 훨씬 더 빠르게 달렸다. Because he was so far ahead, Rabbit decided to rest under a tree. But he fell asleep. Turtle passed by and kept walking. When Rabbit finally woke up, he was surprised. Turtle was already at the finish line!

This is a famous story, and we all know its lesson.

09 위 글을 읽고 답할 수 없는 질문을 고르시오.

① What was Rabbit proud of?
② Where did Rabbit and Turtle have a race?
③ Why did Rabbit decide to rest?
④ How did Rabbit feel when he woke up?
⑤ Who was the winner of the race?

주관식

10 밑줄 친 우리말과 같은 뜻이 되도록 괄호 안의 단어를 바르게 배열하시오.

(much, Turtle, ran, than, Rabbit, faster)

[11-12] 다음 글을 읽고, 물음에 답하시오.

But the story goes on. Rabbit was upset, and he began to think carefully. "Was I too proud and lazy?" (A) The answer was yes. Rabbit wanted ⓐrace again, and Turtle agreed.

This time, Rabbit did his best. He never stopped ⓑrun. When he crossed the finish line, Rabbit looked behind him. Turtle was still far away. Rabbit was the winner of this race.

주관식

11 밑줄 친 ⓐ와 ⓑ를 어법에 맞게 고쳐 쓰시오.

ⓐ _____

ⓑ _____

주관식

12 밑줄 친 (A)가 의미하는 것을 나타내도록 각 빈칸에 알맞은 단어를 위 글에서 찾아 쓰시오.

Rabbit was too _____ and _____.

13 밑줄 친 ⓐ~ⓔ 중 가리키는 대상이 나머지와 다른 것을 고르시오.

Again, ⓐRabbit ran very fast, but suddenly ⓑhe came to a big river. The finish line was on the other side. What could ⓒhe do? Soon, Turtle arrived right next to ⓓhim. Rabbit just stood there, but Turtle got into the water and swam across the river. On the other side, ⓔhe kept walking to the finish line. This time, Turtle won the race.

① ⓐ   ② ⓑ   ③ ⓒ   ④ ⓓ   ⑤ ⓔ

[14-15] 다음 글을 읽고, 물음에 답하시오.

After all these races, Rabbit and Turtle ⓐbecame friends. Now they started to think differently. "How can we finish this long race in the ⓑmost short time?"

They decided ⓒto work as a team. At the start of the race, Rabbit carried Turtle. At the river, Turtle swam with Rabbit on his back. On the other side, Rabbit carried Turtle again. They finished the race very ⓓquickly. They were happy because they did it ⓔbetter together!

14 위 글의 내용과 일치하지 않는 것을 고르시오.

① 여러 경주를 하면서 토끼와 거북이는 친구가 되었다.
② 토끼와 거북이는 경주를 위해 힘을 합치기로 했다.
③ 경주 초반에는 토끼가 거북이를 앞섰다.
④ 거북이는 토끼를 등에 업고 강을 헤엄쳐 건넜다.
⑤ 토끼와 거북이는 경주를 매우 빠른 시간에 끝냈다.

15 밑줄 친 ⓐ~ⓔ 중 어법상 어색한 것을 고르시오.

① ⓐ   ② ⓑ   ③ ⓒ   ④ ⓓ   ⑤ ⓔ

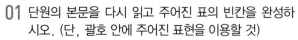

01 단원의 본문을 다시 읽고 주어진 표의 빈칸을 완성하시오. (단, 괄호 안에 주어진 표현을 이용할 것)

Race	winner	reason
#1	(1) _____	(2) Rabbit _____ during the race. (fall)
#2	Rabbit	(3) Rabbit _____ _____. (best)
#3	(4) _____	There was a river in the race.
#4	Rabbit and Turtle	(5) They worked _____. (team)

04 다음 글에서 어법상 어색한 부분을 찾아 바르게 고쳐 쓰시오. (2개)

Mike studied for his exam late at night. He was tired, so he decided rest for 15 minutes. But he fell asleep. When he wake up, he was surprised. It was already morning and time to go to school!

_____ → _____

_____ → _____

[02-03] 우리말과 같은 뜻이 되도록 괄호 안에 주어진 말을 바르게 배열하시오.

02
우리가 어떻게 하면 정답을 10분 안에 찾을 수 있을까?
(find out, in, we, can, 10 minutes, the answer, how)
→ _____

05 그림을 보고, 괄호 안의 단어를 이용하여 대화를 완성하시오.

(fast, win)

A: Did Rabbit run _____ than Turtle?
B: Yes, he did. He _____ the race.

03
Robert는 자신의 성적을 자랑스러워했고 그의 남동생을 놀렸다.
(of, of, and, made, Robert, was, fun, his brother, proud, his grades)
→ _____

Review Test 2

▶정답 및 해설 p.164

01 단어의 뜻이 바르게 연결되지 <u>않은</u> 것을 고르시오.

① lesson – 교훈
② swim – 수영하다
③ cross – 선택하다
④ fair – 공평한
⑤ solve – 해결하다

02 나머지와 관련이 가장 <u>적은</u> 단어를 고르시오.

① race ② win ③ fair
④ start ⑤ actress

03 밑줄 친 말과 바꿔 쓸 수 있는 것을 고르시오.

> Julie was <u>unhappy</u> about her bad score on the science exam.

① proud ② glad ③ surprised
④ excited ⑤ upset

04 빈칸에 공통으로 들어갈 말로 알맞은 것을 고르시오.

> • They ran _____ when the bell rang.
> • Sam lives far _____ from my house. It is about 30 kilometers from his house to mine.

① across ② on ③ away
④ with ⑤ in

주관식

05 우리말과 같은 뜻이 되도록 빈칸에 알맞은 말을 쓰시오.

> I want to put this painting _____ _____ my family photo.
> (나는 이 그림을 우리 가족 사진 옆에 놓고 싶다.)

06 문장의 빈칸에 들어갈 말로 알맞지 <u>않은</u> 것을 고르시오.

> The children _____ making sand castles on the beach.

① kept ② finished ③ enjoyed
④ planned ⑤ stopped

주관식

07 우리말과 같은 뜻이 되도록 괄호 안의 말을 이용하여 문장을 완성하시오.

> 이 모자는 이 벨트보다 훨씬 더 비싸다.
> → This hat is _____ _____ _____ _____ this belt. (expensive)

08 다음 중 어법상 어색한 문장을 고르시오.

① He doesn't want to wear a tie.
② My brother is taller than my father.
③ What can I do to help Mr. Eddison?
④ It was noon, but Sam kept sleeping.
⑤ He'll be surprised when he'll hear the news.

[09-10] 다음 글을 읽고, 물음에 답하시오.

> Once upon a time, there was a rabbit and a turtle. Rabbit was very proud of his speed and made fun of Turtle. (①) Turtle answered, "Are you really better than me? Let's find out." So they decided to have a race. (②)
>
> At the start, Rabbit ran much faster than Turtle. (③) Because he was so far ahead, Rabbit decided to rest under a tree. But he fell asleep. (④) When Rabbit finally woke up, he was surprised. Turtle was already at the finish line! (⑤)
>
> This is a famous story, and we all know its <u>lesson</u>.

09 글의 흐름상 다음 문장이 들어가기에 가장 적절한 곳을 고르시오.

> Turtle passed by and kept walking.

①   ②   ③   ④   ⑤

10 밑줄 친 lesson의 내용을 고르시오.

① Practice makes perfect.
② There is no place like home.
③ Slow and steady wins the race.
④ Two heads are better than one.
⑤ The early bird catches the worm.

[11-13] 다음 글을 읽고, 물음에 답하시오.

But the story doesn't end there. Now Turtle thought, "I can't win _____ the race is like this." So he chose a different place and asked for another race. Rabbit agreed.

Again, Rabbit ran very fast, but suddenly he came to a big river. The finish line was on the other side. What could he do? Soon, Turtle arrived right next to him. Rabbit just stood there, but Turtle got into the water and ⓐswim across the river. On the other side, he kept ⓑwalk to the finish line. This time, Turtle won the race.

11 빈칸에 들어갈 말로 알맞은 것을 고르시오.

① but   ② and   ③ so
④ when   ⑤ then

12 위 글의 내용과 일치하는 것을 고르시오.

① 토끼의 요청으로 또 다시 경주를 하기로 했다.
② 거북이가 경주 장소를 선택했다.
③ 경주 장소 중간에 큰 언덕이 있었다.
④ 거북이는 토끼의 약을 올렸다.
⑤ 토끼와 거북이는 힘을 합쳐 경주를 끝냈다.

주관식
13 밑줄 친 ⓐ와 ⓑ를 어법에 맞게 고쳐 쓰시오.

ⓐ _____
ⓑ _____

[14-15] 다음 글을 읽고, 물음에 답하시오.

After all these races, Rabbit and Turtle became friends. Now they started to think differently. "우리는 어떻게 이 긴 경주를 가장 짧은 시간 안에 끝낼 수 있을까?"

They decided to work as a team. At the start of the race, Rabbit carried Turtle. At the river, Turtle swam with Rabbit on his back. On the other side, Rabbit carried Turtle again. They finished the race very quickly. They were happy because _____!

주관식
14 밑줄 친 우리말과 같은 뜻이 되도록 괄호 안의 말을 바르게 배열하시오.

> (time, finish, in, how, this long race, we, the shortest, can)

15 글의 흐름상 빈칸에 들어갈 말로 가장 적절한 것을 고르시오.

① the race was very hard
② they did it better together
③ Rabbit could cross the river
④ they didn't have races anymore
⑤ they enjoyed racing each other

서술형 평가

01 아래 50m 달리기 경주의 기록표를 보고, 괄호 안의 말을 이용하여 문장을 완성하시오.

Name	Ben	Charlie	Jack
Time	8.58	7.56	7.45

(1) Jack ran _____
Ben. (much, fast)

(2) Charlie ran very fast, but he was _____
_____ Jack. (slow)

(3) Jack was _____.
(winner, race)

[02-03] 괄호 안의 말을 이용하여 문장을 완성하시오. (과거 시제로 쓸 것)

02
They _____ pasta for
dinner. (decide, eat)

03
We _____ the bus at the
bus stop. (keep, wait for)

04 우리말과 같은 뜻이 되도록 괄호 안의 말을 바르게 배열하시오.

> 내가 Mark의 옆에 앉았을 때, 버스가 도착했다.
> (the bus, sat down, arrived, Mark, when, next, I, to)

05 그림을 보고, 빈칸에 알맞은 전치사를 써서 문장을 완성하시오.

(1) The book is _____ the table.
(2) The cat is _____ the table.
(3) The chair is _____ the table.

멋진 공연이 펼쳐지는 세계의 극장을 소개합니다.

밀라노 라 스칼라 극장, 이탈리아

전 세계에서 가장 유서 깊은 오페라 극장 중 하나로, 1778년에 설립되었다. 로시니, 베르디 등의 오페라가 이곳에서 공연되었고, 특히 푸치니의 〈나비 부인〉이 초연된 곳으로 유명하다. 제2차 세계대전 중 파괴되었지만 재건되었고, 그 이후 토스카니니, 마리아 칼라스, 루치아노 파바로티 등 유명 음악가들이 공연하면서 명성을 되찾았다.

파리 팔레 가르니에, 프랑스

1875년 설립되었으며, 유명 뮤지컬 '오페라의 유령'의 실제 배경이 된 곳이다. 팔레 가르니에는 건축가인 샤를 가르니에를 따라 이름 붙여졌는데, 호화롭고 화려한 건축양식을 자랑하고 있다. 외부뿐만 아니라 실내 장식이 화려한 것으로도 유명한데, 대리석 계단, 모자이크, 도금 거울, 샹들리에 등으로 장식되어 있고 객석 천장에는 화가 마르크 샤갈이 그린 벽화가 있다. 파리 국립 오페라단과 발레단이 공연한다.

빈 국립 오페라 극장, 오스트리아

1869년 개관한 오페라 극장으로, 최초의 공연 작품은 모차르트의 〈돈 지오반니〉였다. 개관 이후 구스타프 말러, 폰 카라얀, 로린 마젤 등 세계적인 거장이 음악 감독을 맡으면서 세계적으로 명성을 떨쳤다. 오페라와 발레 공연이 매년 300회 이상 상연되고 있으며, 입석을 3~4유로의 저렴한 입장료로 판매하고 있어 인기가 높다.

부에노스아이레스 콜론 극장, 아르헨티나

남미 최대의 오페라 극장으로 1908년에 개관했다. 거대한 규모를 자랑하는데, 객석에 약 2,500명이 앉을 수 있고 오케스트라 석에 120명의 연주자가 들어갈 수 있다. 내부는 붉은색과 황금색으로 장식되어 있고, 돔에는 700개의 전구가 달린 7미터의 거대한 샹들리에가 매달려 있다. 오페라를 비롯해 오케스트라, 발레, 탱고 등의 공연이 활발하게 이루어지고 있다.

01 단어의 뜻이 바르게 연결되지 <u>않은</u> 것을 고르시오.
① national – 국가의
② mistake – 실수
③ create – 창조하다
④ object – 규칙
⑤ express – 표현하다

02 다음 단어들을 모두 포함하는 의미를 가진 단어를 고르시오.

| piano | violin | flute | guitar |

① college
② shape
③ instrument
④ limit
⑤ village

03 빈칸에 공통으로 들어갈 말로 알맞은 것을 고르시오.

- My brother is eight years old. He is in second _____ in elementary school.
- I did very well on the exam, so I got a good _____.

① score
② vase
③ prize
④ grade
⑤ stage

04 빈칸에 들어갈 말로 알맞지 <u>않은</u> 것을 고르시오.

Jennifer and I watched a(n) _____ movie last night.

① scary
② amazing
③ interest
④ serious
⑤ funny

[주관식]
05 빈칸에 각각 들어갈 알맞은 말을 쓰시오.

- He took _____ his coat and put it on the sofa.
- After Grace grew _____, she moved to New York.

★★
06 대화의 빈칸에 들어갈 말로 적절하지 <u>않은</u> 것을 고르시오.

A: _____ this book?
B: I think it's very interesting.

① What's your opinion of
② What do you think of
③ How do you feel about
④ What do you think about
⑤ Where do you borrow

07 다음 중 짝지어진 대화가 <u>어색한</u> 것을 고르시오.
① A: I love this painting.
   B: Me, too. The colors are wonderful.
② A: What do you think about this poem?
   B: In my opinion, it's difficult.
③ A: What do you want to be in the future?
   B: You want to be a fashion model, right?
④ A: I'm nervous about the play tomorrow.
   B: Everything will be fine.
⑤ A: Don't worry about the exam. You'll do great.
   B: Thank you. You're very kind.

08 다음 문장을 영어로 바르게 옮긴 것을 고르시오.

너는 빨간 불에 길을 건너면 안 된다.

① You must cross the road at a red light.
② You not must cross the road at a red light.
③ You must not cross the road at a red light.
④ You not cross must the road at a red light.
⑤ You must not crossing the road at a red light.

주관식

09 대화가 자연스럽게 이어지도록 (A)~(D)를 바르게 배열하시오.

> (A) That sounds good. Why do you want to be a pilot?
>
> (B) I want to be a pilot.
>
> (C) Jina, what do you want to be in the future?
>
> (D) I want to fly airplanes like Amelia Earhart. She's my role model.

10 다음 대화의 내용과 일치하는 것을 고르시오.

> A: Jake, look at this. There are three art shows at the Victoria Art Gallery right now.
>
> B: That's great. How about going there?
>
> A: Sure. Which one do you want to see?
>
> B: I'm interested in Monet. I want to see his paintings.
>
> A: But I went to his art show last month. How about Picasso?
>
> B: Well, I don't really understand Picasso.
>
> A: Then what do you think of this one, Stuart Davis?
>
> B: I think his painting looks interesting. Let's go to his show.

① 빅토리아 미술관에서는 현재 네 개의 전시회가 열리고 있다.

② 모네의 전시회가 가장 인기가 많다.

③ A는 지난달에 피카소의 전시회에 갔다.

④ B는 피카소의 전시를 보고 싶어 하지 않는다.

⑤ A와 B는 미술관에 가지 않기로 결정했다.

[11-12] 빈칸에 들어갈 말로 알맞은 것을 고르시오.

11

> My hair is _____ than Emily's hair.

① long　　　② more long　　　③ longest

④ longer　　⑤ the most long

12

> I believe _____ William is honest.

① that　　　② but　　　③ while

④ until　　　⑤ then

[13-14] 괄호 안의 지시대로 두 문장을 한 문장으로 연결하여 쓰시오.

주관식 ★★

13 I called Eddie. He was not at home then.
(접속사 when을 이용하여)

→ _____

주관식 ★★

14 I took out my camera. I wanted to take some pictures. (to부정사를 이용하여)

→ _____

15 다음 중 어법상 어색한 문장을 고르시오.

① She is the fastest runner in our school.

② I went to the post office to send a letter.

③ My father says that I need to study hard.

④ When we will meet tomorrow, we will go to the park.

⑤ The pizza was much more delicious than the chicken.

[16-17] 다음 글을 읽고, 물음에 답하시오.

Panyee FC's story surprised Thailand after the Youth Soccer Championship. The team didn't make it to the finals, but they're still winners. They're from Panyee Island's floating village. 그곳에는 땅이 전혀 없다. So how did they practice soccer? The answer is in our interview with Nattapong, a Panyee FC player.

16 위 글을 통해 알 수 없는 것을 고르시오.

① 판이 FC의 출신국
② 판이 FC가 출전한 대회
③ 판이 FC의 결승 진출 여부
④ 판이 FC 선수들이 사는 마을
⑤ 판이 FC가 축구를 연습한 방법

17 밑줄 친 우리말을 영어로 바르게 옮긴 것을 고르시오.

① Any land is there.
② It is never a land there.
③ There is any land there.
④ Is there any land there.
⑤ There isn't any land there.

[18-19] 다음 글을 읽고, 물음에 답하시오.

Reporter: First of all, can you tell us about your team? How did Panyee FC start?
Nattapong: My friends and I loved (A) to watching / watching soccer on television, but we couldn't play it. Boat racing was the most popular sport in our village. But one day, a friend said, "Let's make a soccer team!" We got excited and decided to try it.

R: But there's no land. How was it possible?
N: Many people said that it was impossible. But we had an idea! First, we tied some old fishing boats together. Then, we put old wood on top of (B) them / it. This became our field.
R: That's interesting! _____
N: It had some problems. The field moved (C) a lot of / a lot and had some nails. It was also wet and slippery, so we played without shoes.

18 빈칸에 들어갈 질문으로 알맞은 것을 고르시오.

① Where is the field?
② How was the field?
③ How large was the field?
④ How did you build the field?
⑤ When did you make the field?

19 (A), (B), (C)의 각 네모 안에서 어법에 맞는 표현으로 알맞은 것을 고르시오.

	(A)	(B)	(C)
①	to watching	it	a lot
②	to watching	them	a lot of
③	watching	it	a lot
④	watching	them	a lot of
⑤	watching	them	a lot

Wassily was a good boy. He loved music and art.

(A) "The colors are making sounds!" he shouted.

(B) One day, he received a box of paints.

(C) Then he tried to paint the sounds of the colors.

(D) When he started mixing the colors, Wassily heard some strange sounds.

Wassily grew up, and he went ____ⓐ____ college to study law. But when he was 30, an opera changed his life. He felt strong emotions from the music. Then they became colors before his eyes! He wanted to express them on a canvas. So Wassily Kandinsky started to paint ____ⓑ____ his own way.

20 글이 자연스럽게 이어지도록 (A)~(D)를 바르게 배열한 것을 고르시오.

① (A)-(D)-(C)-(B)

② (B)-(C)-(D)-(A)

③ (B)-(D)-(A)-(C)

④ (C)-(B)-(D)-(A)

⑤ (D)-(B)-(C)-(A)

주관식

21 밑줄 친 they가 가리키는 것을 위 글에서 찾아 쓰시오. (1단어)

22 빈칸 ⓐ와 ⓑ에 들어갈 말이 바르게 짝지어진 것을 고르시오.

① to – with

② for – on

③ in – for

④ to – in

⑤ for – at

[23-25] 다음 글을 읽고, 물음에 답하시오.

He didn't try to paint real objects. ⓐInstead, he expressed emotions with different colors. He used yellow (A) express warm and exciting feelings and blue (B) show deep and ⓑserious feelings. To him, ⓒeach color showed a different emotion.

He also used colors to express the sounds of ⓓmusical instruments. Yellow was the trumpet, and blue was the cello. In this way, he ⓔmatched colors and music. 그에게 그림을 그리는 것은 노래를 만드는 것과 같았다.

23 밑줄 친 ⓐ~ⓔ 중 우리말 뜻이 바르게 연결되지 않은 것을 고르시오.

① ⓐ: 대신에   ② ⓑ: 무서운

③ ⓒ: 각각의   ④ ⓓ: 음악의

⑤ ⓔ: 연결시켰다

주관식 ★★

24 밑줄 친 (A)와 (B)를 어법에 맞게 고쳐 쓰시오.

(A) _____

(B) _____

주관식

25 밑줄 친 우리말과 같은 뜻이 되도록 괄호 안의 말을 바르게 배열하시오.

(like, a picture, making, was, painting, a song)

→ _____ to him.

01 단어의 뜻이 바르게 연결되지 <u>않은</u> 것을 고르시오.

① slippery – 긴장되는
② discover – 발견하다
③ limit – 한계
④ semifinal – 준결승전
⑤ gallery – 미술관

02 다음 영영풀이에 해당하는 단어를 고르시오.

> covered with water, not dry

① experience   ② field   ③ top
④ melt   ⑤ wet

03 밑줄 친 말과 반대 의미인 것을 고르시오.

> I <u>sent</u> a letter to my parents.

① discovered   ② received   ③ followed
④ joined   ⑤ touched

04 빈칸에 공통으로 들어갈 말을 쓰시오.

> • My friends and I _____ soccer every Saturday.
> • His role was Romeo in the _____.

[05-06] 대화의 빈칸에 들어갈 말로 적절한 것을 고르시오.

05

> A: I'm worried about my audition today.
> B: _____

① I don't think so.
② Okay, I won't do that.
③ Cheer up! You'll do great.
④ I think the audition was really hard.
⑤ Don't be sad. I made mistakes, too.

06

> A: What do you feel about my new glasses?
> B: _____

① No, I don't wear glasses.
② I don't like my sunglasses.
③ I think they look very nice.
④ I don't feel very well today.
⑤ Please give me a glass of water.

07 우리말과 같은 뜻이 되도록 괄호 안의 말을 이용하여 빈칸에 알맞은 말을 쓰시오.

> You _____ _____ _____
> Korean in this English class. (speak)
> (이 영어 수업에서는 한국어를 말해서는 안 됩니다.)

08 대화가 자연스럽게 이어지도록 (A)~(D)를 바르게 배열한 것을 고르시오.

> Look at this painting. What do you think of it?

> (A) Me, too. I think the yellow is nice.
> (B) I think it's beautiful. I like those flowers.
> (C) Yes, they look wonderful in the vase. I love the colors of the painting, too.
> (D) Yes. It looks warm.

① (A)-(D)-(C)-(B)
② (B)-(C)-(A)-(D)
③ (B)-(D)-(A)-(C)
④ (C)-(B)-(D)-(A)
⑤ (D)-(B)-(C)-(A)

09 다음 중 남자가 언급하지 <u>않은</u> 것을 고르시오.

> M: Okay, everyone! This is the City Art Museum. Now it's 10 a.m. You can look around here for two hours. There are some rules in the museum. First, you must not talk loudly. Second, you must not touch the paintings. Finally, you must not eat or drink inside. We'll meet again at the main gallery at noon and then have lunch for an hour. Okay? Let's go.

① 현재 있는 장소
② 장소를 둘러볼 수 있는 시간
③ 장소에서 지켜야 할 규칙들
④ 정오에 다시 모이는 장소
⑤ 점심 식사 이후 일정

★★
10 대화의 빈칸에 들어갈 말로 알맞은 것을 고르시오.

> A: Mike, you look worried. What's wrong?
> B: The school play is this Friday. I'm going to act in front of a lot of people for the first time.
> A: What's your role in the play?
> B: I play the main character's dad.
> A: That's fun. You should wear your dad's clothes then.
> B: Right. Oh, _____.
> A: Don't worry. You can do it. Practice more, and you'll do fine on stage.

① I feel excited
② you are very kind
③ you can do better
④ I'm really nervous
⑤ we should practice hard

★★
11 밑줄 친 부분의 용법이 나머지와 <u>다른</u> 것을 고르시오.

① She ran fast <u>to catch</u> the bus.
② I turned off the lights <u>to sleep</u>.
③ Peter picked up the phone <u>to call</u> Mary.
④ He went to the restroom <u>to wash</u> his hands.
⑤ My parents decided <u>to send</u> me to the camp.

주관식
12 괄호 안의 말을 바르게 배열하여 문장을 완성하시오.

> She smiled brightly _____.
> (she, saw, when, me)

13 다음 문장을 영어로 바르게 옮긴 것을 고르시오.

> 이것이 가게에서 가장 비싼 지갑이다.

① This is the expensive wallet in the store.
② This is more expensive wallet in the store.
③ This is much expensive wallet in the store.
④ This is the expensivest wallet in the store.
⑤ This is the most expensive wallet in the store.

★★
14 다음 중 어법상 <u>어색한</u> 문장을 고르시오.

① I know that the exam is tomorrow.
② My backpack is very heavier than yours.
③ This is the highest mountain in the city.
④ My father was asleep when I arrived home.
⑤ Did you hear that Steve came back last night?

주관식 ★★

15 밑줄 친 ⓐ~ⓒ를 어법에 맞게 고쳐 쓰시오.

> Amy and I went shopping ⓐ buy new shoes. I chose white sneakers. When I went to the cashier ⓑpay for it, Amy called my name. She said that black sneakers were ⓒcheap than white ones. So I bought black ones instead.

ⓐ _____ ⓑ _____ ⓒ _____

17 밑줄 친 ⓐ~ⓔ 중 어법상 어색한 것을 고르시오.

① ⓐ　　② ⓑ　　③ ⓒ　　④ ⓓ　　⑤ ⓔ

[16-17] 다음 글을 읽고, 물음에 답하시오.

> **Reporter:** First of all, can you tell us about your team? How did Panyee FC start?
>
> **Nattapong:** My friends and I loved watching soccer on television, but we ⓐcouldn't play it. Boat racing was ⓑthe most popular sport in our village. But one day, a friend said, "Let's make a soccer team!" We got excited and _____.
>
> **R:** But there's no land. How was it possible?
>
> **N:** Many people ⓒsaid that it was impossible. But we had an idea! First, we tied some old fishing boats together. Then, we ⓓput old wood on top of them. This became our field.
>
> **R:** That's interesting! How was the field?
>
> **N:** It had some problems. The field moved a lot ⓔbut had some nails. It was also wet and slippery, so we played without shoes.

16 빈칸에 들어갈 말로 알맞은 것을 고르시오.

① decided to try it
② bought a new TV
③ watched the game
④ enjoyed boat racing
⑤ went fishing with him

[18-19] 다음 글을 읽고, 물음에 답하시오.

> **R:** Let's talk about the semifinals now. Your team was amazing!
>
> **N:** Thanks. It rained a lot that day. Our shoes got wet and heavy. The other team's players ran faster than us. So we ⓐtook off our shoes, just like on our own field. ⓑIn the end, we lost, but we were happy. We ⓒdid our best.
>
> **R:** Do you have a final message for our readers?
>
> **N:** Many people said ____(A)____ we couldn't do it. But we didn't ⓓgive up. Follow your dreams! We believe ____(B)____ they can ⓔcome true.

18 밑줄 친 ⓐ~ⓔ 중 우리말 뜻이 바르게 연결되지 <u>않은</u> 것을 고르시오.

① ⓐ: 벗었다
② ⓑ: 마지막까지
③ ⓒ: 최선을 다했다
④ ⓓ: 포기하다
⑤ ⓔ: 실현되다

★★
19 빈칸 (A)와 (B)에 공통으로 들어갈 말로 알맞은 것을 고르시오.

① but　　② so　　③ and
④ that　　⑤ when

Wassily was a good boy. He loved music and art. One day, he received a box of paints. (①) When he started mixing the colors, Wassily heard some strange sounds. "The colors are making sounds!" he shouted. (②)

Wassily grew up, and he went to college to study law. (③) But when he was 30, an opera changed his life. He felt strong emotions from the music. (④) Then they became colors before his eyes! He wanted to express them on a canvas. (⑤) So Wassily Kandinsky started to ⓐ<u>paint</u> in his own way.

20 글의 흐름상 다음 문장이 들어가기에 가장 적절한 곳을 고르시오.

> Then he tried to paint the sounds of the colors.

①   ②   ③   ④   ⑤

주관식

21 위 글을 읽고 다음 질문에 대한 답을 본문에서 찾아 쓰시오.

> Q. What happened when Wassily was 30?

→ He saw a(n) _____ and it _____ his life.

22 밑줄 친 ⓐ<u>paint</u>와 <u>다른</u> 의미로 쓰인 것을 고르시오.

① Julie is <u>painting</u> beautiful flowers.
② My sister loves to <u>paint</u> on the wall.
③ When the <u>paint</u> dries, you can take a photo.
④ <u>Painting</u> animals is the most difficult for me.
⑤ Why do you want to <u>paint</u> this in black and white?

He didn't try to paint real objects. Instead, he expressed emotions with different colors. He used yellow to express warm and exciting ____(A)____ and blue to show deep and serious ____(B)____. To him, each color showed a different emotion.

He also used colors to express the sounds of musical instruments. Yellow was the trumpet, and blue was the cello. In this way, he matched colors and music. Painting a picture was like making a song to him.

Here are some of Kandinsky's paintings. They are more than colors and shapes. The idea of music and emotion is everywhere. <u>여러분은 그의 예술을 이해하기 위해서는 눈과 귀를 둘 다 사용해야 한다.</u> Look at his paintings. What do you feel?

23 빈칸 (A)와 (B)에 공통으로 들어갈 말로 알맞은 것을 고르시오.

① objects   ② colors   ③ sounds
④ feelings   ⑤ experiences

24 위 글의 내용을 바르게 이해하지 <u>못한</u> 사람을 고르시오.

① 설희: 칸딘스키는 실제 사물을 그리려 하지 않았어.
② 종혁: 칸딘스키는 다른 색깔로 감정을 표현했어.
③ 성진: 칸딘스키는 악기의 소리를 색으로 나타냈어.
④ 혜리: 칸딘스키는 곡을 만들고 그림을 그리는 것에 같은 시간을 사용했어.
⑤ 재준: 그의 그림에는 음악과 감정이 모두 담겨 있어.

주관식

25 밑줄 친 우리말과 같은 뜻이 되도록 괄호 안의 말을 바르게 배열하시오.

> You should use _____ his art.
> (ears, to, and, understand, your eyes, both)

01 단어의 뜻이 바르게 연결되지 <u>않은</u> 것을 고르시오.

① grass – 풀

② marry – ~와 결혼하다

③ stand – 서 있다

④ thunder – 태풍

⑤ actually – 실제로

02 짝지어진 관계가 나머지와 <u>다른</u> 것을 고르시오.

① loud – loudly

② love – lovely

③ different – differently

④ quick – quickly

⑤ careful – carefully

03 단어의 성격이 나머지와 <u>다른</u> 것을 고르시오.

① crab   ② goat   ③ coal

④ turtle   ⑤ camel

04 빈칸에 공통으로 들어갈 말로 알맞은 것을 고르시오.

> • Don't _____ fun of your friends.
> • Beautiful songs _____ me happy.

① get   ② make   ③ take

④ have   ⑤ become

주관식

05 단어의 관계가 같도록 빈칸에 알맞은 말을 쓰시오.

> happy : upset = behind : _____

★★

06 빈칸에 들어갈 말로 알맞은 것을 고르시오.

> This isn't the last train to Incheon,
> _____?

① be this   ② is this   ③ isn't this

④ is it   ⑤ isn't it

07 대화의 빈칸에 들어갈 말로 알맞은 것을 고르시오.

> A: Why don't you go shopping with me?
> B: _____

① Where did you go shopping?

② No, it was not you. It was Helen.

③ Because I went to the mall yesterday.

④ What do you want to do this evening?

⑤ I want to, but I need to finish this work by 6.

주관식 ★★

08 우리말과 같은 뜻이 되도록 빈칸에 알맞은 말을 쓰시오.

> You are good at sports, _____
> _____? (너는 운동을 잘하지, 그렇지 않니?)

09 다음 대화의 내용과 일치하지 <u>않는</u> 것을 고르시오.

> A: What are you reading?
> B: I'm reading Alice King's new book. She is my favorite writer.
> A: I heard that she is going to come to the book festival and talk about her books this Saturday. Are you going to go there?
> B: Yes, I am. Why don't you come with me?
> A: I'm sorry, but I already have plans that day. I'm going to do volunteer work at the city library.
> B: Oh, I see.

① Alice King은 B가 가장 좋아하는 작가다.

② Alice King은 도서 축제에서 자신의 책에 대해 이야기할 것이다.

③ B는 도서 축제에 갈 예정이다.

④ B는 A에게 도서 축제에 가자고 권유했다.

⑤ A는 도서 축제에서 자원봉사를 할 예정이다.

10 다음 대화의 빈칸에 들어갈 말로 알맞은 것을 고르시오.

> A: You know the Cinderella story, right?
> B: Of course, Dad.
> A: Well, actually there isn't just one Cinderella story. There are many Cinderella stories from around the world.
> B: I didn't know that. Are they all different?
> A: Some parts are different. _____, in the story from China, a fish helps the girl, so she can go to the party.
> B: Oh, that's interesting.

① Also
② Then
③ For example
④ In the end
⑤ Again

★★
11 다음 문장을 영어로 바르게 옮긴 것을 고르시오.

> 그는 정말 똑똑한 소년이구나!

① How smart is boy!
② How boy is smart!
③ What smart a boy he is!
④ What a boy he is smart!
⑤ What a smart boy he is!

주관식 ★★
12 우리말과 같은 뜻이 되도록 괄호 안의 말을 바르게 배열하시오.

> 나의 나쁜 성적은 나를 속상하게 했다.
> (me, grade, my, upset, bad, made)

13 빈칸에 들어갈 말로 알맞은 것을 고르시오.

> Jackson didn't finish _____ a birthday card for his brother.

① write
② writes
③ to write
④ wrote
⑤ writing

주관식
14 빈칸에 공통으로 들어갈 말로 알맞은 것을 쓰시오.

> • _____ did you solve this problem?
> • _____ funny the movie was!

15 다음 중 어법상 어색한 문장을 고르시오.

① What a tall tower this is!
② Can I borrow your pencil?
③ I decided to run in the marathon.
④ Jason is at the library now, doesn't he?
⑤ Sunflowers are more beautiful than roses.

[16-17] 다음 글을 읽고, 물음에 답하시오.

> When the winter holidays come, many children wait for presents. It makes them (A) sad / excited . But are they all waiting for Santa Claus? Actually, there are many other _____ around the world. Let's learn about them!
> In Italy, children hear stories about La Befana. She wears old clothes and flies on a broomstick. She comes to children's houses on the night of January 5th. (B) Like / For Santa Claus, La Befana goes down chimneys. She gives good children toys, candies, and fruit. But (C) better / bad children get garlic, onions, and coal.

★★

16 빈칸에 들어갈 말로 알맞은 것을 고르시오.

① holidays　　② gift givers

③ nice presents　　④ good children

⑤ seasons

17 (A), (B), (C)의 각 네모 안에서 문맥에 맞는 표현으로 가장 적절한 것을 고르시오.

	(A)		(B)		(C)
①	sad	–	For	–	better
②	sad	–	Like	–	bad
③	excited	–	For	–	bad
④	excited	–	For	–	better
⑤	excited	–	Like	–	bad

18 다음 글이 자연스럽게 이어지도록 (A)~(D)를 바르게 배열한 것을 고르시오.

> On the same night in Puerto Rico, children put a box of grass under their beds and go to sleep.
> (A) The hungry camels eat the grass and feel full.
> (B) They think, "How kind these children are!"
> (C) That makes the kings happy.
> (D) During the night, the Three Kings visit them on camels.
> Then the kings put their gifts in the boxes for the children.

① (A) - (B) - (C) - (D)

② (A) - (C) - (D) - (B)

③ (C) - (A) - (B) - (D)

④ (D) - (A) - (C) - (B)

⑤ (D) - (C) - (B) - (A)

[19-20] 다음 글을 읽고, 물음에 답하시오.

> For the children of Finland, there is Joulupukki. His name means "Christmas Goat." On Christmas Eve, Joulupukki goes to every house and ⓐ knock on the front door. Each family welcomes him into their home. He asks, "Are there any nice children here?" Then he gives them presents.
> On New Year's Eve, people in Japan wait for Hoteiosho, a god of good luck. Like Santa Claus, he carries a big bag of gifts. ⓑ Find nice children, he uses the eyes on the back of his head. What a surprise!

19 위 글을 통해 알 수 없는 것을 고르시오.

① 요울루푸키의 나라

② 요울루푸키의 이름이 뜻하는 것

③ 호테이오쇼가 선물을 주는 날

④ 호테이오쇼가 아이들의 집에 들어가는 방법

⑤ 호테이오쇼가 뒤통수에 있는 눈으로 하는 일

주관식

20 밑줄 친 ⓐ와 ⓑ를 어법에 맞게 고쳐 쓰시오.

ⓐ ＿＿＿＿＿＿＿＿＿＿＿＿

ⓑ ＿＿＿＿＿＿＿＿＿＿＿＿

[21-22] 다음 글을 읽고, 물음에 답하시오.

ⓐOnce upon a time, there was a rabbit and a turtle. Rabbit was very proud of his speed and made fun of Turtle. Turtle answered, "네가 정말로 나보다 낫니? Let's find out." So they decided to have a race.

At the start, Rabbit ran much faster than Turtle. Because he was so far ⓑahead, Rabbit decided to rest ⓒunder a tree. But he fell asleep. Turtle passed by and kept walking. When Rabbit finally ⓓwoke up, he was surprised. Turtle was already at the finish line!

This is a famous story, and we all know its ⓔlesson.

21 밑줄 친 ⓐ~ⓔ 중 우리말 뜻이 바르게 연결되지 <u>않은</u> 것을 고르시오.

① ⓐ: 옛날 옛적에   ② ⓑ: 뒤로
③ ⓒ: ~아래   ④ ⓓ: 잠에서 깼다
⑤ ⓔ: 교훈

22 밑줄 친 우리말을 영어로 바르게 옮긴 것을 고르시오.

① Are you so good to me
② Are you the best to me
③ Are you much better me
④ Are you really better than me
⑤ Are you really more good than me

[23-25] 다음을 읽고, 물음에 답하시오.

But the story goes on. Rabbit was upset, and he began _____(A)_____ think carefully. "Was I too proud and lazy?" The answer was yes. Rabbit wanted to race again, and Turtle agreed.

This time, Rabbit did his best. He never stopped running. When he crossed the finish line, Rabbit looked behind ⓐhim. (①) Turtle was still far away. Rabbit was the winner of this race.

But the story doesn't end there. Now Turtle thought, "I can't win when the race is like this." (②) So he chose a different place and asked for another race. Rabbit agreed. (③)

Again, Rabbit ran very fast, but suddenly he came to a big river. (④) What could he do? Soon, Turtle arrived right next _____(B)_____ him. Rabbit just stood there, but Turtle got into the water and swam across the river. On the other side, ⓑhe kept walking to the finish line. This time, Turtle won the race. (⑤)

23 빈칸 (A)와 (B)에 공통으로 들어갈 말로 알맞은 것을 고르시오.

① to   ② in   ③ and
④ but   ⑤ for

24 글의 흐름상 다음 문장이 들어가기에 가장 적절한 곳을 고르시오.

> The finish line was on the other side.

①   ②   ③   ④   ⑤

주관식
25 밑줄 친 ⓐ와 ⓑ가 가리키는 대상을 각각 영어로 쓰시오.

ⓐ _____

ⓑ _____

01 단어의 뜻이 바르게 연결되지 <u>않은</u> 것을 고르시오.

① volunteer – 자원 봉사자
② full – 가로질러서
③ cheerful – 발랄한, 쾌활한
④ actress – 여배우
⑤ thirsty – 목이 마른

02 빈칸에 들어갈 말로 알맞은 것을 고르시오.

> This book is very boring. I always _____ asleep when I read it.

① make   ② come   ③ fall
④ take   ⑤ get

03 다음 영영풀이에 해당하는 단어를 고르시오.

> to go from one side to the other

① rest   ② cross   ③ bring
④ pass by   ⑤ knock

[04-05] 빈칸에 공통으로 들어갈 말을 쓰시오.

주관식

04
> • I lost in the tennis match, but I _____ my best.
> • Charlie _____ his science homework last night.

주관식

05
> • Vegetables are healthy. _____ example, carrots are good for your eyes.
> • Are you waiting _____ tomorrow's festival?

★★
06 빈칸에 들어갈 말이 바르게 짝지어진 것을 고르시오.

> • It's rainy outside, _____ it?
> • Bill is not from Türkiye, _____ he?

① is – is
② is – does
③ does – isn't
④ isn't – is
⑤ isn't – isn't

07 다음 중 짝지어진 대화가 <u>어색한</u> 것을 고르시오.

① A: You have one sister, right?
   B: No. I have a brother.
② A: This story is very boring.
   B: I know. It made me sleepy.
③ A: Look at these roses.
   B: Wow. What beautiful roses they are!
④ A: Tim's friends are nice, aren't they?
   B: Yes, they are. They are very kind.
⑤ A: Why don't you clean up your room?
   B: Because I was busy yesterday.

★★
08 대화의 밑줄 친 문장과 바꿔 쓸 수 있는 것을 고르시오.

> A: Suzy, are you okay?
> B: I'm a little tired.
> A: <u>Why don't you take some rest?</u>

① Can I take some rest?
② You must not take some rest.
③ How about taking some rest?
④ Why are you taking some rest?
⑤ You are going to take some rest.

09 대화의 빈칸에 들어갈 말로 적절한 것을 고르시오.

> A: This book is difficult.
> B: There is a movie of that story. Why don't you watch it first?
> A: _____

① I'm sorry, but you can't.
② That's a good idea. I'll try it.
③ Because I already watched it.
④ I think it was more interesting.
⑤ How about going to the bookstore?

[11-12] 다음 빈칸에 들어갈 말로 알맞지 <u>않은</u> 것을 고르시오.

★★
11

> The news made him _____.

① upset   ② happily   ③ excited
④ worried   ⑤ sad

★★
12

> She _____ eating the grapes.

① loved   ② kept   ③ began
④ hoped   ⑤ finished

주관식 ★★
13 다음 문장을 감탄문으로 바꿔 쓸 때 빈칸에 알맞은 말을 쓰시오.

This is a very wonderful song.

→ _____ song this is!

주관식
10 대화가 자연스럽게 이어지도록 (A)~(D)를 바르게 배열하시오.

> A: I heard an old story about the moon. Some people believe that a rabbit lives on the moon.
> (A) Oh, I think I know that story, too. It's a traditional Chinese story, isn't it?
> (B) People believe that the rabbit makes rice cakes there. It's interesting, isn't it?
> (C) No, it isn't. It's a Korean story. But I heard that people in China also have a story about a moon rabbit.
> (D) I see. Well, what does the rabbit do on the moon?
> B: Yes, it is. Maybe we should watch the moon carefully tonight!

14 다음 중 어법상 <u>어색한</u> 문장을 고르시오.
① How boring this book was!
② Josh made his girlfriend joyful.
③ I'm planning to traveling to Beijing.
④ Today is a lot colder than yesterday.
⑤ Is diamond the hardest stone in the world?

주관식
15 우리말과 같은 뜻이 되도록 괄호 안의 말을 바르게 배열하시오.

> 내게는 중국어가 일본어보다 훨씬 더 어렵다.
> (than, is, difficult, Chinese, more, Japanese, much)
> → _____ for me.

[16-17] 다음 글을 읽고, 물음에 답하시오.

When the winter holidays come, many children wait for presents. (①) It makes them excited. (②) Actually, there are many other gift givers around the world. Let's learn about them!

In Italy, children hear stories about La Befana. (③) She wears old clothes and flies on a broomstick. She comes to children's houses on the night of January 5th. (④) Like Santa Claus, La Befana goes down chimneys. (⑤) She gives good children toys, candies, and fruit. But bad children get garlic, onions, and coal.

16 글의 흐름상 다음 문장이 들어가기에 가장 적절한 곳을 고르시오.

> But are they all waiting for Santa Claus?

①   ②   ③   ④   ⑤

17 위 글을 통해 라 베파나에 대해 알 수 없는 것을 고르시오.

① 어느 나라의 이야기에 등장하는지
② 나이가 얼마나 많은지
③ 무엇을 타고 다니는지
④ 언제 아이들의 집을 찾아오는지
⑤ 아이들에게 무엇을 주는지

[18-19] 다음 글을 읽고, 물음에 답하시오.

On the same night in Puerto Rico, ⓐchildren put a box of grass under their beds and go to sleep. During the night, the Three Kings visit them on camels. The hungry camels eat the grass and feel full. That makes the kings happy. They think, "이 아이들은 정말 친절하구나!" Then the kings put their gifts in the boxes for the children.

18 밑줄 친 ⓐ의 이유로 알맞은 것을 고르시오.

① 추위를 막기 위해서
② 좋은 꿈을 꾸기 위해서
③ 왕의 낙타들을 먹이기 위해서
④ 방을 깨끗하게 하기 위해서
⑤ 가족들에게 줄 선물을 숨기기 위해서

주관식 ★★

19 밑줄 친 우리말과 같은 뜻이 되도록 괄호 안의 말을 이용하여 감탄문을 쓰시오.

> (how, these children)

[20-21] 다음 글을 읽고, 물음에 답하시오.

For the children of Finland, there is Joulupukki. His name means "Christmas Goat." On Christmas Eve, Joulupukki goes to every house and knocks on the front door. Each family ⓐwelcomes him into their home. He asks, "ⓑAre there any nice children here?" Then he gives them presents.

ⓒIn New Year's Eve, people in Japan wait for Hoteiosho, a god of good luck. Like Santa Claus, he carries a big bag of gifts. ⓓTo find nice children, he uses the eyes on the back of his head. ⓔWhat a surprise!

20 위 글의 내용과 일치하지 않는 것을 고르시오.

① 요울루푸키는 크리스마스 전날에 온다.
② 요울루푸키는 아이들의 집 앞문을 두드린다.
③ 호테이오쇼는 새해 전날 온다.
④ 호테이오쇼는 행운의 신이다.
⑤ 호테이오쇼는 산타클로스처럼 썰매를 타고 온다.

21 밑줄 친 ⓐ~ⓔ 중 어법상 어색한 것을 고르시오.

① ⓐ   ② ⓑ   ③ ⓒ   ④ ⓓ   ⑤ ⓔ

22 다음을 읽고, 토끼와 거북이가 경주를 하게 된 이유로 가장 적절한 것을 고르시오.

> Once upon a time, there was a rabbit and a turtle. Rabbit was very proud of his speed and made fun of Turtle. Turtle answered, "Are you really better than me? Let's find out." So they decided to have a race.

① 달리기 대회가 있어서
② 거북이가 동네에서 인기가 많아서
③ 거북이가 유명한 달리기 선수라서
④ 토끼와 거북이가 내기를 해서
⑤ 토끼가 거북이를 놀려서

23 (A), (B), (C)의 각 네모 안에서 문맥에 맞는 표현으로 가장 적절한 것을 고르시오.

	(A)	(B)	(C)
①	finished	lose	out of
②	finished	win	out of
③	finished	lose	into
④	stopped	win	into
⑤	stopped	lose	out of

[23-24] 다음 글을 읽고, 물음에 답하시오.

> But the story goes on. Rabbit was upset, and he began to think carefully. "Was I too proud and lazy?" The answer was yes. Rabbit wanted to race again, and Turtle agreed.
>
> This time, Rabbit did his best. He never (A) finished / stopped running. When he crossed the finish line, Rabbit looked behind him. Turtle was still far away. Rabbit was the winner of this race.
>
> But the story doesn't end there. Now Turtle thought, "I can't (B) lose / win when the race is like this." So he chose a different place and asked for another race. Rabbit agreed.
>
> Again, Rabbit ran very fast, but suddenly he came to a big river. The finish line was on the other side. What could he do? Soon, Turtle arrived right next to him. Rabbit just stood there, but Turtle got (C) out of / into the water and swam across the river. On the other side, he kept walking to the finish line. This time, ⓐTurtle won the race.

주관식

24 밑줄 친 ⓐ와 같은 뜻이 되도록 빈칸에 들어갈 말을 위 글에서 찾아 쓰시오.

→ Turtle _____ _____ _____
_____ the race.

주관식 ★★

25 다음 글을 읽고, 다음 질문에 알맞은 대답을 우리말로 쓰시오.

> After all these races, Rabbit and Turtle became friends. Now they started to think differently. "How can we finish this long race in the shortest time?"
>
> They decided to work as a team. At the start of the race, Rabbit carried Turtle. At the river, Turtle swam with Rabbit on his back. On the other side, Rabbit carried Turtle again. They finished the race very quickly. They were happy because they did it better together!

Q. How did Rabbit and Turtle finish the race in the shortest time?

제 1 회 듣기평가

01 대화를 듣고, 여자가 구매한 티셔츠로 가장 적절한 것을 고르시오.

①   ②   ③

④   ⑤

02 다음을 듣고, 'I'가 가리키는 것으로 가장 적절한 것을 고르시오.

①   ②   ③

④   ⑤

03 다음을 듣고, 내일의 날씨로 가장 적절한 것을 고르시오.

①   ②   ③

④   ⑤

04 대화를 듣고, 남자의 마지막 말의 의도로 가장 적절한 것을 고르시오.
① 걱정 ② 경고 ③ 제안
④ 사과 ⑤ 거절

05 다음을 듣고, 여자가 동아리에 대해 언급하지 않은 것을 고르시오.
① 이름   ② 모임 장소   ③ 회원 수
④ 활동 내용 ⑤ 가입 방법

06 대화를 듣고, 두 사람이 만날 시각을 고르시오.
① 2:00 p.m.   ② 2:20 p.m.
③ 2:40 p.m.   ④ 3:00 p.m.
⑤ 3:20 p.m.

07 대화를 듣고, 여자의 장래 희망으로 가장 적절한 것을 고르시오.
① 화가   ② 신문 기자   ③ 사진 작가
④ 경찰관   ⑤ 과학자

08 대화를 듣고, 여자의 심정으로 가장 적절한 것을 고르시오.
① proud   ② angry   ③ surprised
④ excited   ⑤ bored

09 대화를 듣고, 남자가 대화 직후에 할 일로 가장 적절한 것을 고르시오.
① 아빠 방에 가기   ② 불고기 요리하기
③ 상 차리기   ④ 저녁식사 하기
⑤ 방 청소하기

10 대화를 듣고, 무엇에 관한 내용인지 가장 적절한 것을 고르시오.
① 배낭 여행 요령   ② 이메일 주소 생성
③ 가족 사진 촬영   ④ 여행 상품 예약
⑤ 유럽 관광 명소

11 대화를 듣고, 여자가 먹을 메뉴로 가장 적절한 것을 고르시오.

12 대화를 듣고, 여자가 집에 일찍 돌아온 이유로 가장 적절한 것을 고르시오.

① 몸이 아파서　　　　② 할 일이 있어서
③ 지갑을 두고 와서　　④ 비가 내려서
⑤ 길이 막히지 않아서

13 대화를 듣고, 두 사람이 대화하는 장소로 가장 적절한 것을 고르시오.

① 병원　　　　② 식당　　　　③ 약국
④ 옷 가게　　　⑤ 꽃집

14 대화를 듣고, 여자가 남자에게 부탁한 일로 가장 적절한 것을 고르시오.

① 책 운반하기　　　　② 시험지 검토하기
③ 수학 공부 같이 하기　④ 공책 빌려주기
⑤ 방과 후 수업 신청하기

15 대화를 듣고, 남자가 여자에게 제안한 것으로 가장 적절한 것을 고르시오.

① 축구 경기 시청하기　② 집안 청소하기
③ 여행지 검색하기　　　④ TV 편성표 확인하기
⑤ 컴퓨터 게임하기

16 대화를 듣고, 남자가 가려고 하는 장소를 고르시오.

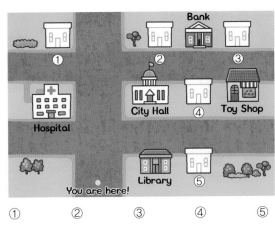

① ② ③ ④ ⑤

17 대화를 듣고, 여자의 직업으로 가장 적절한 것을 고르시오.

① 기자　　　　② 영화 감독　　③ 연극 배우
④ 수의사　　　⑤ 소설가

18 대화를 듣고, 두 사람이 내일 할 일로 가장 적절한 것을 고르시오.

① 영화 관람하기　　　② 전시회 가기
③ 전통 음식 먹기　　　④ 고궁 방문하기
⑤ 관광 가이드 체험하기

[19-20] 대화를 듣고, 남자의 마지막 말에 이어질 여자의 말로 가장 적절한 것을 고르시오.

19 Woman: _____

① Yes, you can stay in a larger room.
② It's more expensive than yesterday.
③ Don't worry. This room has twin beds.
④ I'm sorry, we don't have any shampoo.
⑤ Certainly. We will get them to you right away.

20 Woman: _____

① Happy birthday! This is for you.
② All the cheesecakes are sold out.
③ Yes, I learned it from my mother.
④ You can eat out for your birthday.
⑤ I'm planning to hold a party tonight.

제 2 회 듣기평가

01 대화를 듣고, 남자가 구매할 의자로 가장 적절한 것을 고르시오.

①   ②   ③

④   ⑤

02 다음을 듣고, 'this'가 가리키는 것으로 가장 적절한 것을 고르시오.

① 연극 ② 뮤지컬 ③ 음악회
④ 영화 ⑤ 드라마

03 다음을 듣고, 주말의 날씨로 가장 적절한 것을 고르시오.

①   ②   ③

④ ⑤

04 대화를 듣고, 여자의 마지막 말의 의도로 가장 적절한 것을 고르시오.

① 감사 ② 칭찬 ③ 격려
④ 사과 ⑤ 조언

05 다음을 듣고, 남자가 책에 대해 언급하지 않은 것을 고르시오.

① 제목 ② 출간 연도
③ 처음 읽었던 시기 ④ 작가
⑤ 주인공 이름

06 대화를 듣고, 남자가 여자를 방문할 시각을 고르시오.

① 3:00 p.m. ② 3:30 p.m.
③ 4:00 p.m. ④ 4:30 p.m.
⑤ 5:00 p.m.

07 대화를 듣고, 남자의 장래 희망으로 가장 적절한 것을 고르시오.

① 정원사 ② 화가 ③ 숲 해설가
④ 플로리스트 ⑤ 요리사

08 대화를 듣고, 남자의 심정으로 가장 적절한 것을 고르시오.

① 화난 ② 슬픈 ③ 즐거운
④ 긴장되는 ⑤ 안도하는

09 대화를 듣고, 여자가 대화 직후에 할 일로 가장 적절한 것을 고르시오.

① 모자 고르기 ② 영수증 가져오기
③ 계산하기 ④ 선물 포장하기
⑤ 고객센터 방문하기

10 대화를 듣고, 무엇에 관한 내용인지 가장 적절한 것을 고르시오.

① 새로 생긴 식당 ② 저녁 식사 메뉴
③ 샌드위치 만드는 법 ④ 중국 요리의 특징
⑤ 세계의 음식 문화

11 대화를 듣고, 남자가 이용할 교통수단으로 가장 적절한 것을 고르시오.

① 택시   ② 버스   ③ 자전거

④ 기차   ⑤ 지하철

12 대화를 듣고, 여자가 결석한 이유로 가장 적절한 것을 고르시오.

① 여행을 떠나서   ② 엄마가 편찮으셔서

③ 버스를 놓쳐서   ④ 독감에 걸려서

⑤ 할머니 댁에 가야 해서

13 대화를 듣고, 두 사람의 관계로 가장 적절한 것을 고르시오.

① 계산원 - 손님   ② 사진사 - 모델

③ 의사 - 간호사   ④ 선생님 - 학생

⑤ 은행원 - 고객

14 대화를 듣고, 남자가 여자에게 부탁한 일로 가장 적절한 것을 고르시오.

① 카페 방문하기   ② 테이블 정리하기

③ 직원에게 문의하기   ④ 지갑 구매하기

⑤ 택배 찾기

15 대화를 듣고, 여자가 남자에게 제안한 것으로 가장 적절한 것을 고르시오.

① 물 마시기   ② 규칙적으로 운동 하기

③ 건강 검진 받기   ④ 충분한 수면 취하기

⑤ 골고루 먹기

16 대화를 듣고, Westside Mall의 위치로 가장 알맞은 곳을 고르시오.

①   ②   ③   ④   ⑤

17 대화를 듣고, 남자의 직업으로 가장 적절한 것을 고르시오.

① 바리스타   ② 의사   ③ 수리기사

④ 교사   ⑤ 프로그래머

18 대화를 듣고, 두 사람의 대화가 어색한 것을 고르시오.

①   ②   ③   ④   ⑤

[19-20] 대화를 듣고, 여자의 마지막 말에 이어질 남자의 말로 가장 적절한 것을 고르시오.

19 Man: _____

① It was rainy day last Sunday.

② As you know, I love my mother.

③ Yes, she is my younger sister, Jina.

④ Sure. Let me introduce my family.

⑤ Come on. Let's take a picture here.

20 Man: _____

① No, you should watch the news.

② I don't like rain. My shoes get wet.

③ It will be a little cloudy. So it's fine.

④ Well, how about basketball instead?

⑤ I'm afraid I can't make it this afternoon.

부록

Words 영영사전

● Lesson 5

· do one's best	making all possible effort
· drop	to let something fall
· field	an area of land used for sports
· follow	to go after someone or something
· future	the time after the present
· give up	to stop trying to do something
· lose	to not be the first or best at something
· mistake	a wrong action
· possible	able to happen
· semifinal	one of the two matches before the final
· slippery	difficult to hold or stand on because it's wet, smooth, or oily
· still	the same as before
· take off	to stop wearing something
· village	a very small town in the country
· wet	having water in or on it
· worry	to be afraid that something bad might happen

● 다음 영영풀이에 해당하는 단어 또는 표현을 쓰시오. ▶정답 및 해설 p.183

1. _____ : having water in or on it

2. _____ : making all possible effort

3. _____ : to stop trying to do something

4. _____ : an area of land used for sports

5. _____ : to go after someone or something

Words 확인하기

▶정답 및 해설 p.183

● 영어를 우리말로, 우리말을 영어로 써 봅시다.

1. experience _____

2. worry _____

3. drop _____

4. final _____

5. still _____

6. mistake _____

7. interest _____

8. village _____

9. possible _____

10. tie _____

11. field _____

12. nail _____

13. wet _____

14. slippery _____

15. semifinal _____

16. take off _____

17. lose _____

18. do one's best _____

19. 포기하다 _____

20. 따르다 _____

21. 본보기 _____

22. 연기하다 _____

23. 무대 _____

24. 긴장된 _____

25. ~없이 _____

26. 발견하다 _____

27. ~을 돌보다 _____

28. 미래 _____

29. 사진사 _____

30. 용감한 _____

31. 주방장 _____

32. ~에 관심이 있다 _____

33. 상 _____

34. 이루어지다 _____

35. 직업, 경력 _____

36. ~을 자랑스러워 하다 _____

Script 확인하기

● 빈칸에 알맞은 말을 써 봅시다.

Listen & Talk 1

A Get Ready

G **1** What do you want to be in the future?

B I want to be a photographer. I love to

_____ _____.
사진들을 찍다

B Listen and Write

M Jina, what do you want to be in the future?

G **2** I want to be a pilot, Dad.

M That _____ good. Why do you want to
처럼 들리다
be a pilot?

G I want to fly airplanes like Amelia Earhart.

She's my _____ _____.
본보기

M What do you like about her?

G **3** She was very brave. She didn't _____
포기하다
_____ on her dream. I'll try to

_____ my dream, too.
따르다

C Listen and Speak

G Did you hear about the career camp?

B Yes. **4** It sounds fun. I'm going to go to it.

G What programs are you interested in?

B I'm _____ _____ the program
…에 관심이 있는
with the chef. **5** I want to be a chef in the

future. **6** What about you?

G Well, I'm not sure. I _____ _____
…하고 싶다
find my dream job.

B Maybe you can find it at the camp. You can

take a test and discover your interests.

G That's good.

B They also tell us about the best classes for

our career. **7** You can plan your studies.

G That sounds nice. I _____ go there.
…해야 한다

● 우리말로 해석해 봅시다.

Listen & Talk 1

A Get Ready

소녀 **1** _____?

소년 나는 사진작가가 되고 싶어. 나는 사진 찍는 것을
굉장히 좋아하거든.

B Listen and Write

남자 지나야, 너는 미래에 무엇이 되고 싶니?

소녀 **2** _____, 아빠.

남자 그거 좋구나. 왜 비행기 조종사가 되고 싶니?

소녀 저는 아멜리아 에어하트처럼 비행기를 조종하고
싶어요. 그녀는 저의 본보기에요.

남자 그녀의 어떠한 점이 좋니?

소녀 **3** _____. 그녀는 그녀의 꿈
을 포기하지 않았죠. 나도 나의 꿈을 따르려고 노
력할 거예요.

C Listen and Speak

소녀 너 직업체험캠프에 관해 들었니?

소년 응. **4** _____. 나는 캠프에
갈 예정이야.

소녀 너는 어떤 프로그램에 관심이 있니?

소년 나는 요리사와 함께 하는 프로그램에 관심이 있어.
5 _____. **6** _____?

소녀 음, 잘 모르겠어. 나는 내 꿈의 직업을 찾고 싶어.

소년 어쩌면 너는 이 캠프에서 너의 꿈의 직업을 찾을
수 있을지도 몰라. 너는 검사를 해 보고, 네 관심
사를 발견할 수 있을 거야.

소녀 그거 좋다.

소년 그들은 또한 우리에게 우리의 진로에 가장 알맞
은 수업에 관해 말해 줄 거야. **7** _____
_____.

소녀 그거 좋겠다. 나도 거기 가봐야겠어.

● 빈칸에 알맞은 말을 써 봅시다.

Listen & Talk 2

Ⓐ Get Ready

G I'm going to _____ _____
   연설하다
   _____ tomorrow. I'm worried.

B _____ _____. **8** You'll do fine.
   걱정하지 마

Ⓑ Listen and Choose

G How was the baseball game?

B **9** My team lost. I dropped the ball many
   times. I still _____ _____.
   기분이 안 좋다

G It's okay. People _____ _____.
   실수하다

B I want to help my team, but I'm already
   _____ _____ the next game.
   ~에 대해 걱정하는

G Don't worry. **10** You'll do better next time.
   We can practice together before the game.

B Thank you. You're very kind.

Ⓒ Listen and Speak

G Mike, you look worried. **11** What's wrong?

B The school play is this Friday. I'm going to
   act _____ _____ _____ a
   ···앞에서
   lot of people for the first time.

G What's your role in the play?

B I play the main character's dad.

G That's fun. You should wear your dad's
   clothes then.

B Right. Oh, I'm so _____.
   긴장돼

G Don't worry. You _____
   할 수 있다
   it. Practice more, and **12** you'll do fine on
   stage.

● 우리말로 해석해 봅시다.

Listen & Talk 2

Ⓐ Get Ready

소녀 나는 내일 연설을 할 예정이야. 걱정돼.

소년 걱정하지 마. **8** _____.

Ⓑ Listen and Choose

소녀 야구 시합은 어땠니?

소년 **9** _____. 내가 공을 여러
     번 떨어뜨렸거든. 난 아직도 기분이 좋지 않아.

소녀 괜찮아. 사람들은 실수하잖아.

소년 나는 우리 팀을 돕고 싶은데, 벌써 다음 시합이 걱
     정돼.

소녀 걱정하지 마. **10** _____.
     우리는 시합 전에 같이 연습할 수 있어.

소년 고마워. 넌 정말 친절하구나.

Ⓒ Listen and Speak

소녀 Mike, 너 걱정스러워 보여. **11** _____
     _____?

소년 학교 연극이 이번 금요일에 있어. 난 많은 사람 앞
     에서 처음으로 연기를 할 거야.

소녀 연극에서 너의 역할이 뭐니?

소년 나는 주인공의 아빠를 연기해.

소녀 그거 재미있네. 그럼 넌 너희 아빠 옷을 입어야겠
     다.

소년 맞아. 아, 나는 정말 긴장돼.

소녀 걱정하지 마. 너는 할 수 있어. 더 연습하면,
     12 _____.

Reading 확인하기

● 빈칸에 알맞은 말을 써 봅시다.

The Impossible Team

Panyee FC, the Real Winners

Panyee FC's story surprised Thailand after the Youth Soccer Championship. The team didn't _____ _____ _____ the

(···에 이르다)

finals, but **1** they're still winners. They're from Panyee Island's _____ _____.

(수상 마을)

There isn't any land there. So how did they _____ _____? The answer is in our

(축구를 연습하다)

interview with Nattapong, a Panyee FC player.

R: _____ _____ _____,

(우선)

can you tell us about your team? How did Panyee FC start?

N: My friends and I loved _____

(축구를 보는 것)

_____ on television, but **2** we couldn't play it. Boat racing was _____

(가장 인기 있는)

_____ _____ sport in our village. But one day, a friend said, "**3** Let's make a soccer team!" We _____ _____ and **4** decided to

(신나서)

try it.

R: But there's no land. How was it possible?

N: **5** Many people said that it was impossible. But we _____

(생각이 있었다)

_____! First, **6** we tied some old fishing boats together. Then, we put old wood on top of them. This became _____ _____.

(우리의 경기장)

● 우리말로 해석해 봅시다.

불가능한 팀

판이 FC, 진정한 승자들

판이 FC의 이야기가 청소년 축구 선수권 대회 이후 태국을 놀라게 했다. 그 팀이 결승까지 간 건 아니었지만, **1** _____. 그들은 판이섬의 수상 마을 출신이다. 그곳에는 땅이 전혀 없다. 그렇다면 그들은 어떻게 축구 연습을 했을까? 판이 FC의 선수 나타퐁과의 인터뷰에 답이 있다.

기: 우선, 당신의 팀에 대해 이야기해 주겠어요? 어떻게 판이 FC가 시작되었죠?

나: 제 친구들과 저는 텔레비전으로 축구 경기 보는 것을 좋아했지만, **2** _____ _____. 보트 경주가 우리 마을에서 가장 인기 있는 스포츠였어요. 그런데 어느 날, 한 친구가 "**3** _____!" 라고 말했어요. 우리는 신나서 **4** _____ _____.

기: 그렇지만 땅이 없잖아요. 그게 어떻게 가능했죠?

나: **5** _____.

그렇지만 우리는 생각이 있었어요! 우선, **6** _____.

그리고 나서 그것들 맨 위에 오래된 나무를 두었고요. 이게 우리의 경기장이 되었어요.

R: That's interesting! How was the field?

N: It had some problems. The field _____
_____ _____ and **7** had some
nails. It was also _____ _____
_____, so **8** we played without shoes.

R: _____ _____ _____ the
semifinals now. Your team was amazing!

N: Thanks. It _____ _____
_____ that day. **9** Our shoes got
wet and heavy. The other team's players
ran _____ _____ us. So we
_____ _____ our shoes,
10 just like on our own field. In the end, we
lost, but we were happy. We _____
_____ _____.

R: Do you have a final message for our
readers?

N: Many people said that we couldn't do it. But
we didn't _____ _____.
11 Follow your dreams! We believe that they
can _____ _____.

기: 흥미롭군요! 경기장은 어땠나요?

나: 문제가 좀 있었죠. 경기장이 많이 움직였고
7 _____. 또한 경기장은 젖
어 있었고 미끄러워서, **8** _____
_____.

기: 이제 준결승전 이야기를 해 보죠. 당신의 팀은 정
말 대단했어요!

나: 감사합니다. 그날은 비가 많이 왔어요.
9 _____. 다른 팀 선수들은
우리보다 더 빨리 달렸어요. 그래서 우리는
10 _____ 신발을 벗었어요.
결국 우리는 졌지만, 행복했어요. 우리는 최선을
다했거든요.

기: 우리 독자들에게 마지막으로 전하고 싶은 말이 있
나요?

나: 많은 사람들이 우리는 할 수 없을 거라 말했어요.
그렇지만 우리는 포기하지 않았어요.
11 _____! 우리는 꿈이 실현
될 수 있다고 믿어요.

교과서 구석구석 확인하기

● 빈칸에 알맞은 말을 써 봅시다.

After You Read

1. Panyee FC was _____ _____
   최고의
   team at the Youth Soccer Championship.
   They 1 played very well and _____
   결승전에서 이겼다
   _____ _____ _____.

2. Panyee FC's story is _____. People
   놀라운
   said that they couldn't play soccer. But they
   didn't _____ _____ and 2 did
   포기하다
   their best.

3. The Panyee FC players showed good
   sports manners. They didn't _____
   규칙들을 어기다
   _____ _____ and 3 played fairly.

Think & Write

My Role Model
My role model is Amelia Earhart. She
_____ across the Atlantic Ocean. She also
비행했다
wrote books about her _____. I 4 think
경험들
that she was brave and strong. I _____
_____ be a brave person and _____
…하고 싶다
_____ 5 to follow my dream like her. I
열심히 노력하다
6 will never give up!

● 우리말로 해석해 봅시다.

After You Read

1. 판이 FC는 청소년 축구 선수권 대회에서 최고의 팀
   이었어. 그들은 1 _____ 결
   승전에서 승리했어.

2. 판이 FC의 이야기는 놀라워. 사람들은 그들이 축구
   를 할 수 없을 거라고 말했지. 하지만 그들은 포기
   하지 않고 2 _____.

3. 판이 FC 선수들은 좋은 스포츠 매너를 보여줬
   어. 그들은 규칙을 어기지 않고 3 _____
   _____.

Think & Write

나의 본보기
나의 본보기는 아멜리아 에어하트이다. 그녀는 대서양
을 가로질러 비행했다. 그녀는 또한 그녀의 경험에 대
한 책을 썼다. 나는 4 _____
_____. 나도 그녀처럼 용감한 사람이 되고
5 _____ 열심히 노력하고 싶다.
나는 6 _____!

Do It Yourself A

G Brian, are you _____ _____ go
    to the career camp?

···할 예정인

B Yes, **7** I'm going to take the robot class there.

G Do you like robots?

B Yes, I love robots. I want to be a robot
    scientist.

G That's nice!

B _____ _____ _____, Judy?

너는 어떠니

    What do you want to be?

G **8** I want to be a reporter.

B Then you can take a _____ _____.

연설 수업

    It will help.

G **9** That sounds good. Let's _____

등록하다

    _____ for the camp.

Do It Yourself A

소녀 Brian, 직업체험캠프에 갈 예정이니?

소년 응, **7** _____.

소녀 너 로봇 좋아하니?

소년 응, 나 로봇을 정말 좋아해. 나는 로봇 과학자가
    되고 싶어.

소녀 그거 멋진데!

소년 너는 어떠니, Judy? 너는 무엇이 되고 싶니?

소녀 **8** _____.

소년 그럼 넌 연설 수업을 들을 수 있겠다. 그게 도움이
    될 거야.

소녀 **9** _____. 우리 캠프에 등록
    하자.

Do It Yourself C

Today, it's hot _____ the day in

···동안에

California. Sacramento **10** is hotter than

Los Angeles. Palm Springs is _____

_____ city in California. But at night,

가장 더운

it's going to be cool. Los Angeles will be

_____ _____ Palm Springs, and

···보다 시원한

11 Sacramento will be the coolest city.

Do It Yourself C

오늘 캘리포니아는 낮 동안 덥습니다. 새크라멘토는

10 _____. 팜스프링스가 캘리포

니아에서 가장 더운 도시입니다. 하지만 밤에는 시원해

질 것입니다. 로스앤젤레스는 팜스프링스보다 시원할

것이고 **11** _____.

Words 영영사전

● Lesson 6

· **behind**	at the back
· **create**	to make something for the first time
· **emotion**	a strong feeling such as joy, anger, fear, or hate
· **everywhere**	in all places
· **express**	to show what you think or feel
· **grow up**	to grow from a child into an adult
· **instrument**	a tool for playing or making music
· **loudly**	with a strong sound
· **match**	to make a connection between two people or things
· **mix**	to put two or more things together as one
· **object**	anything that is not alive and that you can touch and see
· **receive**	to get something from someone
· **rule**	an instruction that says how things must be done
· **serious**	not joking or being funny
· **shape**	the form of something, like a circle or triangle
· **warm**	a little bit hot

● 다음 영영풀이에 해당하는 단어를 쓰시오.   ▶정답 및 해설 p.184

1. _____ : in all places

2. _____ : to get something from someone

3. _____ : to show what you think or feel

4. _____ : the form of something, like a circle or triangle

5. _____ : a strong feeling such as joy, anger, fear, or hate

▶정답 및 해설 p.184

● 영어를 우리말로, 우리말을 영어로 써 봅시다.

1. melt _____	19. 창조하다 _____
2. shout _____	20. 무서운 _____
3. match _____	21. 꽃병 _____
4. behind _____	22. 사진 _____
5. warm _____	23. 판화, 인쇄하다 _____
6. serious _____	24. 그대로 있다 _____
7. object _____	25. ~을 두고 가다 _____
8. express _____	26. 배낭 _____
9. loudly _____	27. ~ 안에 _____
10. rule _____	28. 견학여행 _____
11. mix _____	29. 만지다 _____
12. strange _____	30. 미술관 _____
13. law _____	31. 캔버스 _____
14. grow up _____	32. 사진을 찍다 _____
15. emotion _____	33. 소리를 내다 _____
16. shape _____	34. 박물관 _____
17. carry _____	35. 그림 _____
18. everywhere _____	36. 이런 방식으로 _____

Script 확인하기

● 빈칸에 알맞은 말을 써 봅시다.

Listen & Talk 1

Ⓐ Get Ready

G 1 What do you think of this painting?

B I think it's _____. The clocks
　　　　　　　이상한
_____ _____!
　　녹고 있다

Ⓑ Listen and Choose

G _____ _____ this painting. What
　　　　…을 보아라
do you think of it?

B 2 I think it's beautiful. I like those flowers.

G Yes, they _____ _____ in the
　　　　　　멋져 보이다
vase. I love the colors of the painting, too.

B 3 Me, too. I think the yellow is nice.

G Yes. It _____ _____.
　　　　따뜻해 보이다

Ⓒ Listen and Speak

G Jake, look at this. 4 There are three art shows
at the Victoria Art Gallery _____
　　　　　　　　　　바로 지금
_____.

B That's great. How about going there?

G Sure. _____ _____ do you want
　　　　어느 것
to see?

B I'm _____ _____ Monet. I want
　　…에 관심이 있는
to see his paintings.

G But I went to his art show _____
　　　　　　　　　　　　지난달
_____. How about Picasso?

B Well, 5 I don't really understand Picasso.

G Then what do you think of this one, Stuart
Davis?

B I think his painting looks interesting.
_____ _____ to his show.
　　…에 가자

● 우리말로 해석해 봅시다.

Listen & Talk 1

Ⓐ Get Ready

소녀 1 _____?

소년 나는 그것이 이상하다고 생각해. 시계들이 녹아내
리고 있어!

Ⓑ Listen and Choose

소녀 이 그림 좀 봐. 너는 이것에 대해서 어떻게 생각하
니?

소년 2 _____. 나는 저 꽃들이
마음에 들어.

소녀 그래, 그것들은 꽃병 안에서 멋져 보여. 나는 그
그림의 색깔들도 굉장히 좋아.

소년 3 _____. 내 생각엔 노란색
이 멋진 것 같아.

소녀 맞아. 그건 따뜻해 보여.

Ⓒ Listen and Speak

소녀 Jake, 이것 봐. 지금 4 _____.

소년 잘됐다. 거기 가 보는 거 어때?

소녀 그래. 너는 어느 것이 보고 싶니?

소년 나는 모네에게 흥미가 있어. 그의 그림들을 보고
싶어.

소녀 하지만 나는 지난달에 그의 전시회를 다녀왔어.
피카소는 어때?

소년 글쎄. 5 _____.

소녀 그럼 이건 어떻게 생각해, 스튜어트 데이비스?

소년 나는 그의 그림이 흥미로워 보인다고 생각해.
그의 전시회에 가자.

● 빈칸에 알맞은 말을 써 봅시다.

Listen & Talk 2

A Get Ready

W _____ _____ the line, please.
⌞뒤에 머무르다⌟
6 You must not touch the paintings.

B Listen and Find

B Excuse me. Where is the special art show?

W It's in Gallery 2. It's _____ _____
⌞옆에⌟
the gift shop.

B Oh, it's _____ _____. Thank you.
⌞바로 저기에⌟

W **7** You're welcome. But you should
_____ your backpack in a locker. You
⌞두고 가다⌟
must not bring bags _____ the gallery.
⌞…안으로⌟

B Oh, I see. Where can I find the lockers?

W You can find them **8** next to the gallery café.

B Thanks. I should go there _____.
⌞먼저⌟

C Listen and Speak

M Okay, everyone! This is the City Art
Museum. Now it's 10 a.m. You can
_____ _____ here _____
⌞둘러 보다⌟ ⌞…동안⌟
two hours. **9** There are some rules in the
museum. First, you **10** must not talk loudly.
Second, you _____ _____.
⌞…하면 안 된다⌟
touch the paintings. Finally, you must not
eat or drink inside. We'll meet again at the
main gallery _____ _____ and
⌞정오에⌟
then have lunch _____ _____
_____. Okay? Let's go.
⌞한 시간 동안⌟

● 우리말로 해석해 봅시다.

Listen & Talk 2

A Get Ready

여자 그 줄 뒤에 머물러 주세요. 6 _____
_____.

B Listen and Find

소년 실례합니다. 특별 미술 전시회는 어디서 하죠?

여자 그건 제2 미술관에서 하고 있습니다. 그것은 선물
가게 옆에 있습니다.

소년 오, 바로 저기에 있네요. 감사합니다.

여자 **7** _____. 하지만 배낭을 개
인 물품 보관함에 두고 가셔야 합니다. 미술관 안
으로 가방을 들고 가시면 안 됩니다.

소년 아, 그렇군요. 어디에서 개인 물품 보관함을 찾을
수 있나요?

여자 **8** _____ 찾을 수 있습니다.

소년 감사합니다. 거기 먼저 가야겠네요.

C Listen and Speak

남자 자, 여러분! 여기는 시립 미술관입니다. 지금은 오
전 열 시입니다. 여러분은 이곳을 두 시간 동안 둘
러볼 수 있습니다. **9** _____.
첫째, 여러분은 **10** _____.
둘째, 그림들을 만져서는 안 됩니다. 마지막으로,
여러분은 안에서 먹거나 마셔서는 안 됩니다. 우
리는 정오에 메인 갤러리에서 다시 만난 다음에,
한 시간 동안 점심을 먹을 겁니다. 알겠나요? 이
제 가 봅시다.

Reading 확인하기

● 빈칸에 알맞은 말을 써 봅시다.

Painting Sounds

Wassily was a good boy. **1** He loved music
and art. One day, he _____ a box of
paints. When he _____ _____ the
colors, Wassily **2** heard some strange sounds.
"The colors are making sounds!" _____
_____. Then he _____ _____
paint the sounds of the colors.

<받았다> <섞기 시작했다> <그가 소리쳤다> <···하려고 했다>

Wassily _____ _____, and **3** he
went to college to study law. But _____
he was 30, an opera changed his life. He
_____ _____ _____ from
the music. Then they became colors before
his eyes! **4** He wanted to express them on
a canvas. So Wassily Kandinsky started to
paint _____ _____ _____
_____.

<성장했다> <···일 때> <강한 감정들을 느꼈다> <그만의 방식으로>

He didn't try to paint _____.
Instead, he expressed emotions _____
_____ _____. He used yellow
_____ warm and exciting
feelings and blue **5** to show deep and serious
feelings. To him, each color showed a
_____.

<실제 사물들> <각각 다른 색을 가지고> <표현하기 위해서> <다른 감정>

● 우리말로 해석해 봅시다.

소리를 그리기

바실리는 착한 소년이었다. **1** _____
_____. 어느 날, 그는 물감 한 상자를 받았다.
그가 색깔을 섞기 시작했을 때, 바실리는 **2** _____
_____. "색깔들이 소리를 내고 있어!"라
고 그는 소리쳤다. 그러고 나서 그는 색깔들이 내는 소
리를 그리려고 했다.

바실리는 자랐고, **3** _____
_____. 그런데 그가 서른 살이었을
때, 오페라가 그의 인생을 바꾸었다. 그는 그 음악
에서 강렬한 감정을 느꼈다. 그러더니 그 감정은 그
의 눈 앞에서 색채가 되었다! **4** _____
_____. 그래서 바실리 칸딘스키는 자기
만의 방식으로 그림을 그리기 시작했다.

그는 실제 사물을 그리려고 하지 않았다. 대신, 그는
각각 다른 색으로 감정을 표현했다. 그는 따뜻하고 신
나는 느낌을 표현하기 위해서 노란색을 사용하였고,
5 _____ 파란색을 사용하였다.
그에게 각각의 색깔은 서로 다른 감정을 나타냈다.

He _____ used colors to express the
또한
sounds of _____ _____. Yellow
악기들
was the trumpet, and blue was the cello.
_____ _____ _____, he
이러한 방식으로
matched colors and music. 6 Painting a picture
was like making a song to him.

_____ _____ some of Kandinsky's
여기 … 있다
paintings. They are _____ _____
… 이상
colors and shapes. The idea of music and
emotion is _____. 7 You should use
어디에나
both your eyes and ears to understand his art.
_____ _____ his paintings. What
…을 보아라
do you _____?
느끼다

그는 또한 악기의 소리를 표현하기 위해서 색깔을 사용
하였다. 노란색은 트럼펫, 파란색은 첼로였다. 이러한
방식으로, 그는 색깔과 음악을 연결하였다.
6 _____
_____.

여기 칸딘스키의 그림 몇 점이 있다. 그 그림들은 색
깔과 형태 그 이상이다. 음악과 감정의 개념이 어디에
나 있다. 7 _____
_____. 그의 그림을 보아라. 무엇을 느
끼는가?

교과서 구석구석 확인하기

● 빈칸에 알맞은 말을 써 봅시다.

After You Read

1. I think he _____ _____
   _____ real objects exactly. He drew
   many _____ to express them.
   > 그리려고 노력했다
   > 모양들

2. This painting is very _____. I believe
   he wanted _____ many
   colors in one painting.
   > 다채로운
   > 보여주는 것

3. The idea of music is everywhere _____
   _____ _____. **1** I think he
   wanted to express music.
   > 이 그림에

Think & Write

My Favorite Painting
I like *A Tree and Two Women*. Park Sookeun
_____ it. In the painting, I _____
_____ two women and a big tree.
> 그렸다
> 볼 수 있다

2 A woman is carrying a baby on her back.
_____ woman is carrying a basket on her
head. **3** When I see this painting, I feel sad but
warm.
> 또 다른

● 우리말로 해석해 봅시다.

After You Read

1. 나는 그가 실제 사물들을 정확하게 그리려고 노력했
   다고 생각해. 그는 그것들을 표현하기 위해 여러 모
   양들을 그렸어.

2. 이 그림은 매우 색채가 풍부해. 나는 그가 하나의
   그림에서 많은 색깔을 보여주고 싶어했다고 생각
   해.

3. 음악의 개념이 이 그림의 모든 곳에 있어.
   1 _____.

Think & Write

내가 가장 좋아하는 그림
나는 〈나무와 두 여인〉을 좋아한다. 박수근이 이 그림
을 그렸다. 그림에서, 나는 두 여인과 커다란 나무 한
그루를 볼 수 있다. **2** _____
_____. 다른 여인은 머리에 바구니를
이고 있다. **3** _____
_____.

Do It Yourself

B Casey, **4** what do you think of this photo?

G I think it's _____. It _____
무서운   ~처럼 보이다
_____ a big snake.

B Come on. **5** Look at it again. It's not a snake.

G _____ what is it?
그러면

B It's just a belt on the floor.

G Oh, _____ _____. Now I think
알겠다
it's very interesting.

Do It Yourself

소년 Casey, **4** _____?

소녀 나는 그것이 무섭다고 생각해. 이건 마치 큰 뱀처럼 보여.

소년 에이. **5** _____.
이건 뱀이 아니야.

소녀 그럼 그게 뭐야?

소년 이것은 그저 바닥에 있는 허리띠야.

소녀 아, 알겠다. 이제 나는 그게 재미있다고 생각해.

Words 영영사전

· **actually**	really, truly
· **amazing**	very good in an unexpected way
· **borrow**	to use another person's things and then give them back
· **bring**	to carry something with you when you go somewhere
· **broomstick**	a brush with a long handle, usually used for cleaning
· **camel**	a large animal with a long neck, a hump, and long legs
· **chimney**	a pipe connected to the top of a house
· **coal**	hard black matter that can produce heat
· **garlic**	a plant with a strong taste and smell that looks like a small onion
· **goat**	an animal with horns
· **grass**	a green plant that covers the ground
· **knock**	to hit a door with your hand to get someone's attention
· **look for**	to try to find
· **luck**	things that happen by chance
· **nervous**	a little afraid of something
· **volunteer**	to offer to do something without getting paid

● 다음 영영풀이에 해당하는 단어를 쓰시오.   ▶정답 및 해설 p.185

1. _____ : to try to find

2. _____ : to carry something with you when you go somewhere

3. _____ : a green plant that covers the ground

4. _____ : a pipe connected to the top of a house

5. _____ : to hit a door with your hand to get someone's attention

Words 확인하기

▶정답 및 해설 p.185

● 영어를 우리말로, 우리말을 영어로 써 봅시다.

1. mean _____

2. bring _____

3. garlic _____

4. look for _____

5. leaf _____

6. during _____

7. present _____

8. popular _____

9. chimney _____

10. grass _____

11. know _____

12. broomstick _____

13. coal _____

14. volunteer _____

15. try _____

16. fall asleep _____

17. myth _____

18. for example _____

19. 앞쪽의 _____

20. 전통적인 _____

21. 초조한 _____

22. 환영하다 _____

23. 두드리다 _____

24. 축제 _____

25. 낙타 _____

26. 놀라운 _____

27. 지루한 _____

28. 염소 _____

29. 운, 행운 _____

30. 사실은 _____

31. 쾌활한 _____

32. 떡 _____

33. 사랑스러운 _____

34. ~와 결혼하다 _____

35. ~을 기다리다 _____

36. 무서운 _____

Script 확인하기

● 빈칸에 알맞은 말을 써 봅시다.

Listen & Talk 1

Ⓐ Get Ready

B This book is _____.
　　　　　　　　어려운

G There is a movie of that story. _____
　　　　　　　　　　　　　　　　　　　…하는 게 어때
_____ _____ watch it first?

B 1 That's a good idea. I'll try it.

Ⓑ Listen and Match

B What are you _____?
　　　　　　　　　읽고 있는

G 2 I'm reading Alice King's new book. She is
my _____ writer.
　　　가장 좋아하는

B I heard that she is going to come to the
book festival and talk about her books this
Saturday. 3 Are you going to go there?

G Yes, I am. 4 Why don't you come with me?

B I'm sorry, but I _____ have plans that
　　　　　　　　　　　　이미
day. I'm going to do _____ work at the
　　　　　　　　　　　　자원봉사
city _____.
　　　도서관

G Oh, I see.

Ⓒ Listen and Speak

B Hello. I'd like to _____ a book. I want
　　　　　　　　　　빌리다
to read a good story.

W Hi, Taeho. 5 How about *The Last Leaf*? It's
very _____.
　　　인기 있는

B It doesn't _____ _____ a fun
　　　　　　　…처럼 보이다
story. The title sounds sad.

W Yes, it's a sad story. Well, did you read the
Harry Potter series?

B Yes. 6 It's my favorite book.

W Then _____ _____ _____
　　　　　　　　　　　…하는 게 어때
try *Gulliver's Travels*? I think you'll like it.

B Okay. That sounds fun. I'll try that one.

● 우리말로 해석해 봅시다.

Listen & Talk 1

Ⓐ Get Ready

소년 이 책은 어려워.

소녀 그 이야기로 된 영화가 있어. 그 영화를 먼저 보는
게 어때?

소년 1 _____. 해 볼게.

Ⓑ Listen and Match

소년 너 뭘 읽고 있니?

소녀 2 _____. 그녀는 내
가 가장 좋아하는 작가야.

소년 나는 그녀가 이번 주 토요일에 도서 축제에 와서
그녀의 책에 관해 이야기할 것이라고 들었어.
3 _____?

소녀 응, 맞아. 4 _____?

소년 미안하지만 나는 이미 그날 계획이 있어. 나는 시
립 도서관에서 자원봉사를 할 예정이야.

소녀 아, 그렇구나.

Ⓒ Listen and Speak

소년 안녕하세요. 책을 한 권 빌리고 싶은데요. 좋은 이
야기를 읽고 싶어요.

여자 안녕, 태호야. 5 _____?
그건 매우 인기가 많아.

소년 그건 재미있는 이야기 같아 보이지 않아요. 제목
이 슬프게 들려요.

여자 그래, 이건 슬픈 이야기야. 음, 너 〈해리 포터〉
시리즈는 읽었니?

소년 네. 6 _____.

여자 그럼 〈걸리버 여행기〉를 시도해보는 건 어떠니?
나는 네가 그것을 좋아할 거라고 생각하는데.

소년 좋아요. 재미있겠네요. 그거 한번 시도해 볼게요.

● 빈칸에 알맞은 말을 써 봅시다.

Listen & Talk 2

B Listen and Choose

G I heard an old story about the moon. Some people _____ _____ a rabbit
…라고 믿다
lives on the moon.

B Oh, **7** I think I know that story, too. It's a
_____ Chinese story, isn't it?
전통의

G No, _____ _____. It's a Korean
그렇지 않아.
story. But I heard that people in China also
have a story about a moon rabbit.

B I see. Well, what does the rabbit do on the
moon?

G People believe that the rabbit makes rice
cakes there. It's interesting, **8** isn't it?

B **9** Yes, it is. _____ we should watch the
아마도
moon _____ tonight!
유심히

C Listen and Speak

M You know the Cinderella story, _____?
그렇지?

G _____ _____, Dad.
당연하죠

M Well, actually there isn't just one Cinderella
story. **10** There are many Cinderella stories
from around the world.

G I didn't know that. Are they all different?

M Some parts are different. For example, in
the story from China, a fish _____ the
도와준다
girl, so she can go to the party.

G Oh, that's interesting.

M In the story from Egypt, a bird brings the
girl's shoe to the king. **11** Then the king finds
the girl with that shoe.

G That's nice. _____ _____ the
…는 어떤가요
end? The end is the same, isn't it?

M Yes, it is. The girl in the stories marries the
king and _____.
행복하게 살다

● 우리말로 해석해 봅시다.

Listen & Talk 2

B Listen and Choose

소녀 나는 달에 관한 옛날 이야기를 들었어. 어떤 사람
들은 토끼가 달에 산다고 믿어.

소년 아, **7** _____. 그건 중국의
전통 이야기야, 그렇지 않니?

소녀 아니, 그렇지 않아. 그건 한국의 이야기야. 하지
만 나는 중국 사람들도 달 토끼에 관한 이야기를
한다고 들었어.

소년 그렇구나. 그럼 토끼는 달에서 무엇을 하니?

소녀 사람들은 토끼가 거기에서 떡을 만든다고 믿어.
흥미롭지, **8** _____?

소년 **9** _____. 아마 우리는 오늘
밤에 달을 유심히 살펴봐야겠다!

C Listen and Speak

남자 너는 신데렐라 이야기를 알고 있어, 그렇지?

소녀 당연하죠, 아빠.

남자 음, 실은 신데렐라 이야기는 한 가지만 있는 게 아
니야. **10** _____.

소녀 저는 그것을 몰랐어요. 그 이야기들은 다 다른가
요?

남자 일부분은 다르지. 예를 들어, 중국에서 온 이야기
에서는 물고기가 소녀를 도와줘서 소녀는 파티에
갈 수 있게 돼.

소녀 오, 그것 참 흥미롭네요.

남자 이집트에서 온 이야기에서는, 새가 소녀의 신발
을 왕에게 가져다 준단다. **11** _____
_____.

소녀 그것 멋지네요. 결말은 어떤가요? 결말은 다 같
죠, 그렇지 않나요?

남자 그래, 그렇단다. 이야기들 속 소녀는 왕과 결혼해
서 행복하게 살게 된단다.

Reading 확인하기

● 빈칸에 알맞은 말을 써 봅시다.

Who Brings the Gifts?

When the _____ _____ come,
겨울 방학
many children _____
을 기다리다
presents. **1** It makes them excited. **2** But are
they all waiting for Santa Claus? _____,
사실은
there are many other _____ _____
선물 주는 존재들
around the world. Let's _____ _____
…에 대해 배우다
them!

In Italy, children hear stories about La
Befana. She wears _____ _____
낡은 옷
and flies on a _____. **3** She comes to
빗자루
children's houses on the night of January
5th. _____ Santa Claus, La Befana goes
…처럼
down _____. **4** She gives good children
굴뚝들
toys, candies, and fruit. But bad children get
_____, _____, and _____.
마늘   양파들   석탄

On _____ _____ _____ in
같은 날 밤
Puerto Rico, children put a box of _____
풀
under their beds and _____
잠을 자다
_____. During the night, the Three Kings
visit them _____ _____. **5** The
낙타들을 타고
hungry camels eat the grass and feel full. That
_____ the kings happy. They think,
…하게 하다
" _____ _____ these children are!"
참 친절한
6 Then the kings put their gifts in the boxes for
the children.

● 우리말로 해석해 봅시다.

누가 선물을 가져다주는가?

겨울 방학이 오면 많은 어린이들이 선물을 기다린다.
1 _____.
2 _____?
사실, 세계에는 여러 다른 선물을 가져다주는 존재가
있다. 그들에 대해 알아보자!

이탈리아에서 어린이들은 라 베파나에 대한 이야기
를 듣는다. 그녀는 낡은 옷을 입고 빗자루를 타고 날아
다닌다. **3** _____
_____. 산타클로스처럼, 라 베파나는
굴뚝으로 내려온다. **4** _____
_____. 그러나 나쁜 아이들은 마늘,
양파, 그리고 석탄을 받는다.

같은 날 밤, 푸에르토리코에서는 아이들이 그들의
침대 밑에 풀 상자를 놓고서 잠을 잔다. 그날 밤 동안,
세 명의 왕이 낙타를 타고 그들을 방문한다. **5** _____
_____.
그것은 왕들을 행복하게 한다. 그들은 "이 아이들은
참 친절하구나!"라고 생각한다. **6** _____
_____.

▶정답 및 해설 p.185

For the children of Finland, _____
_____ Joulupukki. His name _____
"Christmas _____." On Christmas
Eve, Joulupukki goes to every house and
_____ on the _____ _____.
7 Each family welcomes him into their home.
He _____, "**8** Are there any nice children
here?" Then he _____ them _____.

…이 있다 *의미하다* *염소* *두드리다* *앞문* *묻는다* *…을 주다* *선물들*

On New Year's Eve, people in Japan wait for
Hoteiosho, a god of _____ _____.
Like Santa Claus, he _____ a big bag of
gifts. _____ _____ nice children,
he uses the eyes on the _____ of his
_____. **9** What a surprise!

행운 *…을 가지고 다니다* *…을 찾기 위해서* *뒤쪽* *머리*

핀란드의 아이들을 위해서는 요울루푸키가 있다. 그
의 이름은 "크리스마스 염소"를 뜻한다. 크리스마스 이
브에 요울루푸키는 모든 집에 가서 앞문을 두드린다.
7 _____.
그는 "**8** _____?"라
고 묻는다. 그리고 그는 그들에게 선물을 준다.

새해 전날에 일본 사람들은 행운의 신, 호테이오쇼
를 기다린다. 산타클로스처럼, 그는 큰 선물 가방을 들
고 다닌다. 착한 아이들을 찾기 위해서 그는 그의 뒤
통수에 있는 눈을 사용한다. **9** _____
_____!

● 빈칸에 알맞은 말을 써 봅시다.

After You Read A

1. He can find _____ _____ with
   <small>착한 어린이들</small>
   the _____ on the back of his head.
   <small>눈들</small>

2. They _____ camels and _____
   <small>타다</small> <small>방문하다</small>
   children at night.

3. He _____ on the front door of
   <small>두드리다</small>
   children's houses.

4. _____ _____ 1 get garlic,
   <small>나쁜 어린이들</small>
   onions, and coal from her.

After You Read D

The Yule Lads _____ _____ Iceland.
<small>…출신이다</small>
2 They look like Santa Claus, but they're

_____. They come from the mountains
<small>작은</small>
_____ _____ _____ for 13
<small>한 명씩</small>
days before Christmas. 3 They give candies to

good children and potatoes to bad children.

● 우리말로 해석해 봅시다.

After You Read A

1. 그는 뒤통수에 있는 눈으로 착한 어린이들을 찾을
   수 있다.

2. 그들은 밤에 낙타를 타고 어린이들을 방문한다.

3. 그는 어린이들의 집 앞문을 두드린다.

4. 나쁜 어린이들은 1 _____

   _____.

After You Read D

율 라드는 아이슬란드에서 왔다. 2 _____

_____ 작다. 그들은 크리스마스 전

에 13일 동안 한 명씩 산에서 내려온다. 3 _____

_____.

Think & Write

The myth of Zeus

Do you know the _____ of Zeus?
                        신화

This story _____ _____ Greece.
              …에서 왔다

Zeus was the _____ of the gods of Mount
                    왕

Olympus. He was _____ the god of the
                      또한

sky. He could make _____.
                        천둥

4 How amazing!

Think & Write

제우스의 신화

여러분은 제우스의 신화를 아나요?

이 이야기는 그리스에서 왔어요. 제우스는 올림푸스 산의 신들 중 왕이었어요. 그는 하늘의 신이기도 했어요. 그는 천둥을 만들 수 있었지요. 4 _____

_____!

Do It Yourself

B Do you know Alice King's _____
                                  새 책
_____?

G Yes, I do. It's about a _____ to the
                                여행
moon, _____ _____?
         그렇지 않니?

B Yes, it is. It's really _____.
                              흥미로운

G I want to _____ that book, but
                  …을 사다
5 I don't have enough money.

B 6 Why don't you borrow it from the library?

G That's a good idea. I'll visit the school library
_____.
    내일

Do It Yourself

소년 너는 Alice King의 새 책에 관해 알고 있니?

소녀 응, 알아. 그건 달 여행에 관한 이야기야, 그렇지 않니?

소년 응, 맞아. 그건 매우 흥미로워.

소녀 나는 그 책을 사고 싶지만, 5 _____

_____.

소년 6 _____?

소녀 그것 참 좋은 생각이다. 내일 학교 도서관에 가봐야겠어.

Words 영영사전

● Lesson 8

· across	from one side of something to the other side of it
· ahead	before or in front of
· asleep	sleeping
· cross	to go from one side to the other
· fair	right or okay for everyone
· far	at or to a long distance away
· lazy	not working hard or being active
· make fun of	to laugh at someone in an unkind way
· pass by	to go or move past
· proud	feeling better or more important than other people
· quickly	in a way that is fast or takes little time
· race	a game for two or more people to see who finishes first
· rest	to stop working and sit down to relax
· suddenly	quickly and without planning
· turtle	an animal with a large shell on its body
· upset	worried, sad, or angry about something

● 다음 영영풀이에 해당하는 단어 또는 표현을 쓰시오.

▶정답 및 해설 p.186

1. ＿＿＿＿＿＿＿＿ : in a way that is fast or takes little time

2. ＿＿＿＿＿＿＿＿ : to go from one side to the other

3. ＿＿＿＿＿＿＿＿ : not working hard or being active

4. ＿＿＿＿＿＿＿＿ : a game for two or more people to see who finishes first

5. ＿＿＿＿＿＿＿＿ : to laugh at someone in an unkind way

Words 확인하기

▶정답 및 해설 p.186

● 영어를 우리말로, 우리말을 영어로 써 봅시다.

1. away _____

2. go on _____

3. next to _____

4. far _____

5. way _____

6. example _____

7. solve _____

8. proud _____

9. speed _____

10. quickly _____

11. rest _____

12. lazy _____

13. make fun of _____

14. race _____

15. asleep _____

16. pass by _____

17. suddenly _____

18. choose _____

19. 속상한 _____

20. 공정한 _____

21. 조심스럽게 _____

22. 최선을 다하다 _____

23. 등, 등허리 _____

24. 앞에, 앞으로 _____

25. 나르다 _____

26. ~을 요청하다 _____

27. 서다, 서 있다 _____

28. 도착하다 _____

29. 건너다 _____

30. 거북이 _____

31. 결승선 _____

32. 가로질러 _____

33. 알아내다 _____

34. ~로서 _____

35. 옛날 옛적에 _____

36. 동의하다 _____

● 빈칸에 알맞은 말을 써 봅시다.

The Best _____ to Win
방법

1 Once upon a time, there was a rabbit and a turtle. Rabbit was very _____ _____
…을 자랑스러워하는
his speed and _____ _____
…을 놀렸다
_____ Turtle. Turtle answered, "Are
you really _____ _____ me? Let's
…보다 나은
_____ _____." So **2** they decided to
알아보다
have a race.

At the start, Rabbit ran _____
…보다 훨씬 빠르게
_____ Turtle. **3** Because he was so far
ahead, Rabbit decided to _____ under a
쉬다
tree. But he _____ _____. **4** Turtle
잠이 들었다
passed by and kept walking. _____
…할 때
Rabbit finally _____ _____, he
(잠에서) 깼다
was _____. Turtle was already at the
놀란
_____ _____!
결승선

This is a _____ story, and we all know
유명한
its _____.
교훈

● 우리말로 해석해 봅시다.

이기기 위한 최고의 방법

1 _____.
토끼는 자신의 빠르기를 매우 자랑스러워했고 거북이
를 놀렸다. 거북이가 "네가 정말로 나보다 낫니? 한 번
알아보자." 라고 대답했다. 그래서 **2** _____
_____.

처음에는, 토끼가 거북이보다 훨씬 더 빠르게 달렸
다. **3** _____,
토끼는 나무 아래에서 쉬기로 결정했다. 하지만 그
는 잠이 들고 말았다. **4** _____
_____. 토끼가 마침내 깼을 때, 그는 놀
랐다. 거북이가 이미 결승선에 있었다!

이것은 유명한 이야기이고, 우리는 모두 이것의 교
훈을 안다.

But the story _____ _____.
게속된다
Rabbit was _____, and **5** he began
속이 상한
to think carefully. "Was I too proud and
_____?" The answer was yes. **6** Rabbit
게으른
wanted to race again, and Turtle _____.
동의했다

This time, Rabbit _____ _____
최선을 다했다
_____. **7** He never stopped running.
When he _____ the finish line, Rabbit
건넜다
looked _____ him. **8** Turtle was still far
…의 뒤
away. Rabbit was the _____ of this race.
승자

하지만 이야기는 계속된다. 토끼는 속이 상했고,

5 _____.

"내가 너무 자만하고 게을렀던 걸까?" 대답은 그렇다였

다. **6** _____,

거북이는 동의했다.

이번에는, 토끼는 최선을 다했다. **7** _____

_____. 그가 결승선을 지

날 때, 토끼는 그의 뒤를 돌아보았다. **8** _____

_____. 토끼가 이

번 경주의 승자였다.

But the story doesn't _____ there. Now
끝나다
Turtle _____, "**9** I can't win when the
생각했다
race is like this." So he _____ a different
골랐다
place and asked for _____ race. Rabbit
또 다른
agreed.

Again, Rabbit ran _____ _____,
매우 빠르게
but _____ he _____ _____
갑자기   ···에 이르렀다
a big river. **10** The finish line was on the other
side. What could he do? _____, Turtle
곧
arrived _____ _____ _____
바로 옆에
him. Rabbit just stood there, but **11** Turtle got
into the water and swam across the river. On
the other side, he _____ _____ to
계속 걸어갔다
the finish line. This time, Turtle _____
이겼다
the race.

그러나 이야기는 거기서 끝나지 않는다. 이제 거북
이는 "**9** _____
_____."라고 생각했다. 그래서 그는 다른 장소
를 골랐고 또 다른 경주를 요청했다. 토끼는 동의했다.

다시, 토끼는 매우 빠르게 달렸지만, 그는 갑자
기 커다란 강에 이르렀다. **10** _____
_____. 그가 무엇을 할
수 있었을까? 곧, 거북이가 그의 바로 옆에 도착했다.
토끼는 거기에 그저 서 있었지만, **11** _____
_____. 반대편에
서, 그는 결승선까지 계속 걸어갔다. 이번에는, 거북이
가 경주를 이겼다.

After all these races, Rabbit and Turtle

_____ _____. Now **12** they started
친구가 되었다
to think differently. "How can we _____
끝내다
this long race in _____ _____
가장 짧은 시간
_____?"

They decided to work _____ a team. At
…로
the start of the race, Rabbit _____ Turtle.
들고 날랐다
At the river, **13** Turtle swam with Rabbit on his

back. _____ _____ _____
건너편에서
_____, Rabbit carried Turtle again. They

finished the race very _____. They were
빨리
happy **14** because they did it better together!

이 모든 경주 후에, 토끼와 거북이는 친구가 되었
다. 이제 **12** _____.
"우리는 어떻게 하면 이 긴 경주를 가장 짧은 시간 안에
끝낼 수 있을까?"

그들은 팀으로 일하기로 결정했다. 경주의 초반에,
토끼가 거북이를 들고 옮겼다. 강에서, **13** _____
_____. 건너편에
서, 토끼는 다시 거북이를 들고 옮겼다. 그들은 경주
를 매우 빨리 끝냈다. 그들은 **14** _____
_____ 행복했다!

정답 및 해설

Lesson 5 Follow Your Dreams

Check up p.6

01 꿈 **02** 들판, 경기장 **03** 국가의, 전국적인 **04** 아직도, 여전히 **05** 땅, 육지 **06** experience **07** limit **08** nervous **09** top **10** do one's best

Word Test p.7

01 (1) follow (2) brave (3) lose **02** (1) practice (2) without (3) future (4) village (5) stage **03** ④
04 ④ **05** (1) is interested in (2) are proud of (3) wet, slippery

01 해석
(1) 따르다: 다음에 가거나 오다
(2) 용감한: 용기를 보이는
(3) 지다: 경기, 대회, 전쟁 등에서 이기지 않다

02 해석
(1) 나는 매일 피아노를 연습한다.
(2) 사람은 공기 없이 살 수 없다.
(3) Mark는 미래에 우주에 가고 싶어한다.
(4) 우리 부모님은 작은 마을에 사신다.
(5) 학교 축제에서 지나는 무대에서 노래하고 춤췄다.

03 해석
• 그녀는 쉽게 포기하지 않는다.
• 그는 그의 개와 고양이를 돌보고 있다.

해설 give up: 포기하다 take care of: ~을 돌보다

04 해석
요리사 의사 기자 조종사 사진사
① 취미 ② 상 ③ 과목 ④ 직업 ⑤ 실수
해설 ④ 모두 career(직업)을 나타내는 단어들이다.

05 해설
(1) '~에 흥미가 있다'는 be interested in으로 표현하고 주어가 3인칭 단수이므로 is를 쓴다.
(2) '~을 자랑스러워 하다'는 be proud of로 표현하고 주어가 3인칭 복수이므로 are을 쓴다.
(3) wet: 젖은, slippery: 미끄러운

Functions Test p.9

01 (1) to build (2) worried, will do **02** (A) ⓓ (B) ⓒ
03 ⑤ **04** (1) want to be, come true (2) do your best

01 해석
(1) A: 나는 언젠가 아픈 동물들을 위한 보호소를 짓고 싶어.
   B: 그거 멋진 꿈이다.
(2) A: 나는 내일 연설에 대해 걱정돼.
   B: 걱정하지 마. 너는 잘할 거야.
해설 (1) '~ 하고 싶다'는 소망을 나타내는 표현은 「I want to+동사원형」을 써서 말한다.
(2) 걱정을 하는 상대방에게 '앞으로 ~할거야'라는 의미를 나타내며 격려할 수 있다. 이때 미래를 나타내는 조동사 will을 쓴다.

02 해석
A: 너는 미래에 무엇이 되고 싶니?
B: 나는 피아니스트가 되고 싶어.
A: 우와, 그거 멋지다. 너는 피아노를 매일 연습하니?
B: 응, 그래. 나는 더 잘 연주하고 싶어. 그런데 그건 쉽지 않아.
A: 포기하지 마. 계속 노력해!

ⓐ 고마워. 나는 잘 지내.
ⓑ 너는 어젯밤에 무엇을 했니?
ⓒ 포기하지 마. 계속 노력해!
ⓓ 너는 미래에 무엇이 되고 싶니?

해설 (A) 빈칸에 대한 답변으로 장래희망이 무엇인지 대답하고 있으므로 장래희망을 묻는 말이 와야 한다.
(B) 더 잘하고 싶지만 쉽지 않다는 상대방의 말에 격려하는 말을 해주는 것이 자연스럽다.

03 해석
A: 너 걱정스러워 보인다. 무슨 일이니?
B: 나는 성적에 문제가 있어. 나는 열심히 공부하는데, 성적이 충분히 좋지 않아.
A: 기운 내. 계속 해서 열심히 공부하면, 너는 다음 번에 더 잘할 거야.
B: (물론 너는 해도 돼.)

해설 ⑤ 허락을 요청하는 말에 긍정으로 답하는 표현이므로 격려하는 말에 이어지는 표현으로 적절하지 않다.

04 해설 (1) I want to be~: 나는 ~이 되고 싶다 come true: (꿈이) 이루어지다
(2) do one's best: 최선을 다하다

Script p.10

Listen & Talk 1 **1** love to take pictures **2** want to be / role model / give up on **3** interested in / not sure / for our career
Listen & Talk 2 **1** give a speech / Don't worry **2** feel bad / make mistakes / do better next time **3** What's wrong / for the first time / your role / nervous / Practice more, and

Grammar Test
p.12

01 (1) earlier (2) more important (3) oldest **02** ⑤
03 ③ **04** (1) better than (2) the most expensive
(3) heavier than **05** ③ **06** (1) more loudly
(2) healthier (3) the most exciting (4) the coldest
07 (1) biger → bigger (2) baddest → worst (3) than
→ that **08** (1) doesn't know that Patrick and Jim are
brothers (2) Soccer is more popular than tennis (3) The
last question was the most difficult one

01 해석
(1) 우리 아버지께서는 나보다 더 일찍 집에 오셨다.
(2) 건강이 돈보다 더 중요하다.
(3) 이것은 나의 도시에서 가장 오래된 집이다.
해설 (1) 뒤에 비교급을 나타내는 than이 왔으므로 early의 비
교급 표현인 earlier가 와야 한다.
(2) important의 비교급 표현은 more important이다.
(3) the가 붙으면 최상급을 나타내며, old의 최상급 표현은
oldest이다.

02 해설 ⑤ 접속사 that은 동사 hear의 목적어 역할을 하는 절을
이끌 수 있다.

03 해석 파란 원피스가 빨간 원피스보다 _____하다.
① 더 멋진 ② 더 큰 ③ 가장 예쁜 ④ 더 좋은 ⑤ 더 비싼
해설 ③ 비교급 표현에 쓰는 than이 나왔으므로 최상급 표현인
prettiest는 알맞지 않다.

04 해설
(1) good의 비교급 표현은 better이다.
(2) expensive의 최상급 표현은 the most expensive이다.
(3) heavy의 비교급 표현은 heavier이다.

05 해설
① Ron은 그가 우리를 돕고 싶다고 말했다. (접속사)
② 나는 네가 무대에서 매우 잘 했다고 생각한다. (접속사)
③ 나의 어머니는 저 식료품점을 좋아하지 않는다. (형용사)
④ 그는 우리가 파티를 계획 중이라는 것을 모른다. (접속사)
⑤ 아이들은 산타클로스가 크리스마스 이브에 온다고 믿는다.
   (접속사)
해설 ③번의 that은 '그, 저'라는 의미의 지시형용사로 쓰였고
나머지는 동사의 목적어 역할을 하는 절을 이끄는 접속사로 쓰였
다.

06 해설
(1) 나는 James보다 더 크게 말했다.
(2) 물은 청량음료보다 너의 몸에 더 좋다.
(3) 이것은 이 목록에서 가장 신나는 영화이다.
(4) 1월은 한 해 중 가장 추운 달이다.
해설 (1) loudly의 비교급 표현은 more loudly이다.
(2) health의 비교급 표현은 healthier이다.
(3) exciting의 최상급 표현은 the most exciting이다.

(4) cold의 최상급 표현은 the coldest이다.

07 해석
(1) 이 상자들은 저 상자들보다 더 크다.
(2) 나는 오늘 내 인생의 최악의 날을 보냈다.
(3) 수지는 Nate가 그녀를 좋아한다는 것을 들었다.
해설 (1) big의 비교급 표현은 bigger이다.
(2) bad의 최상급 표현은 worst이다.
(3) 'Nate likes her'가 목적어 역할을 하는 절이므로 동사
heard 뒤에 명사절을 이끄는 접속사 that이 와야 한다.

08 해설 (1) 동사 know 뒤에 접속사 that이 와서 목적어 역할을
하는 절을 이끈다. 이때 그 절은 「that+주어+동사」어순으로 쓴
다.
(2) popular의 비교급 표현은 more popular이다.
(3) difficult의 최상급 표현은 the most difficult이다.

Reading
p.14

make it to / still winners / isn't any land
First of all / loved watching soccer / the most popular
sport / decided to try
How was, possible / had an idea / on top of
wet and slippery / without shoes
faster than us / took off / In the end / did our best
give up / come true

Reading Test
p.16

01 ④ **02** 그 팀이 결승까지 간 건 아니었지만, 그들은 여전
히 승자이다. **03** (A) ⓑ (B) ⓒ (C) ⓐ **04** ④ **05** (old)
fishing boats **06** ④ **07** ② **08** ②

[01-02]

판이 FC의 이야기가 청소년 축구 선수권 대회 이후 태국을
놀라게 했다. 그 팀이 결승까지 간 건 아니었지만, 그들은 여
전히 승자이다. 그들은 판이섬의 수상 마을 출신이다. 그곳
에는 땅이 전혀 없다. (그렇다면 그들은 어떻게 축구 연습을
했을까?) 판이 FC의 선수 나타퐁과의 인터뷰에 답이 있다.

01 해석 그렇다면 그들은 어떻게 축구 연습을 했을까?
해설 ④ 주어진 문장은 질문이므로 그에 대한 답에 관련된 내용
이 뒤에 이어져야 한다.

02 해설 make it to: ~에 이르다, 도달하다 finals: 결승전
still: 여전히

[03-05]

기자: 우선, 당신의 팀에 대해 이야기해 주겠어요? ⓑ 어떻
게 판이 FC가 시작되었죠?

나타퐁: 제 친구들과 저는 텔레비전으로 축구 경기 보는 것을 좋아했지만, 그것을 할 수는 없었죠. 보트 경주가 우리 마을에서 가장 인기 있는 스포츠였어요. 그런데 어느 날, 한 친구가 "축구팀을 만들자!"라고 말했어요. 우리는 신나서 해 보기로 결정했죠.

기: 그렇지만 땅이 없잖아요. ⓒ 그게 어떻게 가능했죠?

나: 많은 사람들이 그건 불가능하다고 말했어요. 그렇지만 우리는 생각이 있었어요! 우선, 우리는 낡은 고기잡이배 몇 척을 함께 묶었어요. 그러고 나서 그것들 맨 위에 오래된 나무를 두었고요. 이게 우리의 경기장이 되었어요.

기: 흥미롭군요! ⓐ 경기장은 어땠나요?

나: 문제가 좀 있었죠. 경기장이 많이 움직였고 못들이 좀 있었어요. 또한 경기장은 젖어 있었고 미끄러워서, 신발 없이 운동을 했어요.

03 [해설] ⓐ 경기장은 어땠나요? ⓑ 어떻게 판이 FC가 시작되었죠? ⓒ 그게 어떻게 가능했죠?
[해석] (A) 나타퐁이 판이 FC를 만들게 된 이야기를 하고 있다.
(B) 축구 경기장을 만들어서 축구를 연습한 이야기를 하고 있다.
(C) 만든 경기장에 대해 말하고 있다.

04 [해설] ④ 축구 경기장을 만드는데 얼마만큼의 시간이 걸렸는지는 언급하지 않았다.

05 [해설] 대명사는 보통 바로 앞에서 언급한 것을 가리킨다. 여기서는 (old) fishing boats이다.

[06-08]

기: 이제 준결승전 이야기를 해 보죠. 당신의 팀은 정말 대단했어요!

나: 감사합니다. 그날은 비가 많이 왔어요. 우리 신발은 젖고 무거워졌어요. 다른 팀 선수들은 우리보다 더 빨리 달렸어요. 그래서 우리는 우리의 경기장에서처럼 신발을 벗었어요. (우리 경기장은 실제 경기장보다 더 작았어요.) 결국 우리는 졌지만, 행복했어요. 우리는 최선을 다했거든요.

기: 우리 독자들에게 마지막으로 전하고 싶은 말이 있나요?

나: 많은 사람들이 우리는 할 수 없을 거라 말했어요. 그렇지만 우리는 포기하지 않았어요. 당신의 꿈을 따르세요! 우리는 꿈이 실현될 거라고 믿어요.

06 [해설] ④ 준결승 이야기를 하는데 경기장 크기에 대한 내용이 나오는 것은 어색하다.

07 [해석] ① 나는 슬펐어요
② 우리는 행복했어요
③ 비는 멈추지 않았어요
④ 우리의 신발은 젖어있었어요
⑤ 다른 팀은 문제가 있었어요
[해설] ② 반대되는 내용을 연결할 때 사용하는 접속사인 but이 나오므로, 졌다는 상황에 반대되는 내용이 나와야 한다. 또한 뒤에 최선을 다했다는 내용이 나오므로 선수들은 졌다는 것에 대해

부정적으로 생각하고 있지 않다는 것을 알 수 있다.

08 [해설] ② 나타퐁은 인터뷰에서 꿈은 이루어지므로 포기하지 말고 꿈을 따르라고 말하고 있다.

Review Test 1
p.18

01 ④ **02** nails **03** interested in **04** ⑤ **05** ③
06 (B)-(D)-(C)-(A) **07** ② **08** ⑤ **09** that **10** ⑤
11 the best **12** ④ **13** ③ **14** ① **15** ③ **16** ⑤
17 Many people said that it was impossible. **18** ②, ⑤
19 ⑤ **20** ②

01 [해설] ④ career는 '직업'이라는 뜻이다.

02 [해석]
• 망치로 <u>이것들</u>을 쳐서 벽에 박을 수 있다.
• <u>이것들</u>은 손가락 끝에 있는 얇고 딱딱한 부분이다.

[해설] 첫 문장의 these는 '못'을 의미하고, 두 번째 문장의 These는 '손톱'을 의미하므로 두 가지 의미를 모두 갖고 있는 단어는 nail이다.

03 [해설] ~에 관심이 있다: be interested in

04 [해석]
A: 나는 아르바이트 면접이 긴장돼.
B: _____

① 행운을 빌어!
② 걱정하지 마.
③ 괜찮을 거야.
④ 너는 잘할 거야.
⑤ 나는 그것을 명심할게.
[해설] ⑤ 면접을 걱정하고 있는 상대방에게 그것을 명심하겠다는 대답은 어색하다.

05 [해석]
① A: 나는 내 실수에 대해 기분이 좋지 않아.
B: 기운 내. 너는 다음 번에 더 잘할 거야.
② A: 너는 괜찮아 보이지 않아. 무엇이 문제니?
B: 나는 나의 피아노 콘서트가 걱정돼.
③ A: 나는 과학 시험에 불합격했어.
B: 고마워. 나는 최선을 다해볼게.
④ A: 너는 미래에 무엇을 하고 싶니?
B: 나는 요리 로봇을 만들고 싶어.
⑤ A: 나는 언젠가 알래스카로 여행을 가고 싶어.
B: 그거 멋지다.
[해설] ③ 내일 시험에 불합격할 것 같다는 말에 고맙다고 말하는 것은 어색하다.

06 [해석]
야구 시합은 어땠니?

→ (B) 우리 팀이 졌어. 내가 공을 여러 번 떨어뜨렸거든. 난 아직도 기분이 좋지 않아.

→ (D) 괜찮아. 사람들은 실수하잖아.

→ (C) 나는 우리 팀을 돕고 싶은데, 벌써 다음 시합이 걱정돼.

→ (A) 걱정하지 마. 넌 다음에 더 잘할 거야. 우리는 시합 전에 같이 연습할 수 있어.

고마워. 넌 정말 친절하구나.

해설 대화의 시작인 야구 시합에 대한 질문의 답으로 (B)가 먼저 오고, (D)가 위로하는 말이므로 (B) 다음에 온다. (C)에서 걱정된다고 말하자 함께 연습을 하면 다음에 더 잘할 거라고 (A)에서 격려하고 있다.

[07-08]

A: Mike, 너 걱정스러워 보여. 무슨 문제라도 있니?
B: 학교 연극이 이번 금요일에 있어. 난 많은 사람들 앞에서 처음으로 연기를 할 거야.
A: 연극에서 너의 역할이 뭐니?
B: 나는 주인공의 아빠를 연기해.
A: 그거 재밌네. 그럼 너는 너희 아빠 옷을 입어야겠다.
B: 맞아. 아, 나는 정말 긴장돼.
A: 걱정하지 마. 너는 할 수 있어. 더 연습하면, 무대에서 잘 할 거야.

07 해석
① 학교 연극은 언제니?
② 연극에서 너의 역할이 뭐니?
③ 너는 왜 배우가 되고 싶니?
④ 너는 연극을 위해 연습을 많이 했니?
⑤ 연극에서 너는 무엇을 입을 예정이니?
해설 ② 질문에 대한 답으로 '주인공의 아빠를 연기해'라고 했으므로 무슨 역할인지 물어보는 질문이 알맞다.

08 해석
① 그는 지난 금요일에 연극을 보았다.
② 그는 주인공을 연기할 것이다.
③ 그는 무대에서 많은 경험이 있다.
④ 그는 오늘 학교 연극에서 연기할 것이다.
⑤ 그는 학교 연극에 대해 걱정하고 있다.
해설
① 연극을 보았다는 언급은 없다.
② 그는 주인공의 아빠 역할이다.
③ 많은 사람들 앞에서 연기하는 것이 처음이라고 했다.
④ 학교 연극은 이번 금요일이라고 했다.

09 해석
• 너는 저쪽의 저 소녀를 볼 수 있니?
• 나는 네가 컴퓨터에 대해 잘 안다는 것을 들었어.
해설 첫 문장의 that은 형용사로 쓰였고 다음 문장의 that은 접속사로 쓰였다.

10 해석
• 그는 다른 가수보다 더 아름답게 노래했다.
• 러시아는 세계에서 가장 넓은 나라이다.
해설 ⑤ 부사 beautifully의 비교급은 more beautifully이며, large의 최상급은 largest이며 앞에 the를 붙인다.

11 해설 good의 최상급은 best로 '가장 좋은'이라는 의미를 나타낸다.

12 해석
① 나의 연필은 너의 것보다 더 짧다.
② Peter는 경주 동안 가장 빠르게 달렸다.
③ 줄리엣은 로미오가 그녀를 사랑한다고 믿었다.
④ 나는 우리 부모님보다 훨씬 일찍 일어났다.
⑤ 너는 세상에서 가장 친절한 사람이다.
해설 ④ 비교급을 강조할 때는 much, a lot, far등을 쓴다. very는 알맞지 않은 표현이다.

[13-14]

판이 FC의 이야기가 청소년 축구 선수권 대회 이후 태국을 놀라게 했다. 그 팀이 결승까지 간 건 아니었지만, 그들은 여전히 승자이다. 그들은 판이섬의 수상 마을 출신이다. 그곳에는 땅이 전혀 없다. 그렇다면 그들은 어떻게 축구 연습을 했을까? 판이 FC의 선수 나타퐁과의 인터뷰에 답이 있다.

13 해설 ③ 판이 FC는 결승에 진출하지 못했다고 했다.

14 해설 ① 땅 ② 물 ③ 축구 ④ 소식 ⑤ 사람들
해설 ① 앞에 수상 마을이라는 언급이 나오고, 뒤에 나온 내용으로 보아 축구를 할 수 없는 땅이 없는 환경이라는 것을 알 수 있다.

[15-18]

기자: 우선, 당신의 팀에 대해 이야기해 주겠어요? 어떻게 판이 FC가 시작되었죠?
나타퐁: 제 친구들과 저는 텔레비전으로 축구 경기 보는 것을 좋아했지만, 그것을 할 수는 없었죠. 보트 경주가 우리 마을에서 가장 인기 있는 스포츠였어요. 그런데 어느 날, 한 친구가 "축구팀을 만들자!"라고 말했어요. 우리는 신나서 해 보기로 결정했죠.
기: 그렇지만 땅이 없잖아요. 그게 어떻게 가능했죠?
나: 많은 사람들이 그건 불가능하다고 말했어요. 그렇지만 우리는 생각이 있었어요! 우선, 우리는 낡은 고기잡이배 몇 척을 함께 묶었어요. 그리고 나서 그것들 맨 위에 오래된 나무를 두었고요. 이게 우리의 경기장이 되었어요.
기: 흥미롭군요! 경기장은 어땠나요?
나: 문제가 좀 있었죠. 경기장이 많이 움직였고 못들이 좀 있었어요. 또한 경기장은 젖어 있었고 미끄러워서, 신발 없이 운동을 했어요.

15 해석

① Jaden은 사진 찍는 것을 좋아한다. (동명사)
② 나의 취미는 피아노를 치는 것이다. (동명사)
③ Elliot과 나는 저녁을 만들고 있다. (현재진행형)
④ 김 선생님은 종이에 그림을 그리기 시작했다. (동명사)
⑤ Lucy는 아침에 산책하는 것을 즐긴다. (동명사)

해설 본문의 watching은 '~보는 것'이라는 의미의 동명사로 쓰였다. ③번의 making만 현재진행형으로 쓰였으며 나머지는 모두 동명사이다.

16 해설 ⑤ ⓔ가 가리키는 것은 경기장(The field)이다.

17 해설 동사 say의 목적어 역할을 하는 that절은 「that+주어+동사」어순으로 쓴다.

18 해설 ② 나타퐁은 친구들과 신이 나서 바로 축구팀을 만들었다.
⑤ 판이 FC가 가난해서 신발이 없다는 내용은 없다.

[19-20]

기: 이제 준결승전 이야기를 해 보죠. 당신의 팀은 정말 대단했어요!
나: 감사합니다. 그날은 비가 많이 왔어요. 우리 신발은 젖고 무거워졌어요. 다른 팀 선수들은 우리보다 더 빨리 달렸어요. 그래서 우리는 우리의 경기장에서처럼 신발을 벗었어요. 결국 우리는 졌지만, 행복했어요. 우리는 최선을 다했거든요.
기: 우리 독자들에게 마지막으로 전하고 싶은 말이 있나요?
나: 많은 사람들이 우리는 할 수 없을 거라 말했어요. 그렇지만 우리는 포기하지 않았어요. 당신의 꿈을 따르세요! 우리는 꿈이 실현될 거라고 믿어요.

19 해설 (A) In the end는 어떤 일의 결과를 말할 때 쓰는 표현이다.
(B) But은 앞 뒤의 내용이 상반될 때 쓰는 접속사이다.

20 해설 ② 상대팀 이름에 대해 언급된 것은 없다.

서술형 평가 p.21

01 (1) I feel bad. (2) Don't worry. (3) You'll do better next time. **02** (1) shorter than (2) longer than (3) the longest ruler **03** (1) to run faster (2) to win **04** (1) the funniest girl (2) said (that) he was the best player **05** know that he is a famous singer

01 해석

A: 어제 저녁에 학교 연극 어땠어?
B: 잘 되지 않았어. 내가 내 대사를 여러 번 잊어버렸어. 나는 기분이 안 좋아.
A: 괜찮아. 사람들은 실수하잖아.
B: 나는 무대 위에서 잘하고 싶은데, 나는 벌써 오늘밤 공연이 걱정돼.

A: 걱정하지 마. 넌 다음에 더 잘할 거야. 우리는 공연 전 오늘 오후에 같이 연습을 할 수 있어.
B: 고마워. 너는 매우 친절해.

해설 (1) feel bad: 기분이 안 좋다
(2) ~하지 마: Don't+동사원형
(3) 다음에: next time 더 잘하다: do better

02 해석 지현이, 민수 그리고 찬호는 자를 가지고 있다.
지현이의 자는 10cm 길이이다.
민수의 자는 15cm 길이이다.
찬호의 자는 30cm 길이이다.
(1) 지현이의 자는 민수의 자보다 더 짧다.
(2) 찬호의 자는 지현이의 자보다 더 길다.
(3) 찬호는 세 개의 자 중 가장 긴 자를 가지고 있다.

해설 short의 비교급은 shorter, long의 비교급은 longer이다. long의 최상급은 longest이다.

03 해설 소망에 대해 말할 때 「want/wish/hope to+동사원형」으로 쓴다. 비교급 표현은 「비교급+than」으로 쓴다.
(1) 더 빨리: faster
(2) 우승하다: win

04 해설 (1) funny의 최상급 표현은 the funniest이다.
(2) good의 최상급 표현은 the best이다. say의 목적절은 접속사 that을 써서 연결한다.

05 해설 접속사 that이 know의 목적어 역할을 하는 절을 이끈다. 「that+주어+동사」 어순으로 쓴다.

Review Test 2 p.22

01 ⑤ **02** ② **03** lose **04** ③ **05** ③ **06** ③ **07** ②
08 ④ **09** ⑤ **10** heavier than **11** ① **12** ③ **13** ③
14 ⑤ **15** the most popular sport **16** field **17** ③
18 ④ **19** The other team's players ran faster than us.
20 ④

01 해설 ⑤ semifinal은 '준결승전'이라는 뜻이다.

02 해석

• 여기 덥다. 나는 재킷을 벗을 거야.
• 나의 부모님은 오늘 집에 안 계실 거라서 내가 개를 돌봐야 한다.

해설 take off: (옷 등을) 벗다 take care of: ~을 돌보다

03 해석

• A: Jack의 팀이 어제 농구게임에서 졌니?
  B: 아니, 그들은 이겼어.
• 나는 나의 용돈을 잃어버리지 않았다. 나는 그것을 조금의 간식에 썼다.

해설 동사 lose는 '(경기 등에서) 지다'라는 뜻과 '~을 잃어버리

다'라는 뜻이 있다.

04 해석

포기하지 마. 그러면 너의 꿈이 이루어질 거야.

① 기운 내.
② 시도 하지마.
③ 계속 노력해.
④ 그만 걱정해.
⑤ 지금 당장 시작해.

05 해석

A: 너는 미래에 무엇이 되고 싶니?
B: 나는 야구 선수가 되고 싶어.

① 너는 지금 무엇을 보고 있니?
② 네가 가장 좋아하는 야구 선수는 누구니?
④ 너는 야구 경기 보는 것을 좋아하니?
⑤ 너는 이번 일요일에 무엇을 할 예정이니?
해설 ③ 야구 선수가 되고 싶다는 소망으로 보아 미래에 무엇이 되고 싶은지 묻는 질문이 알맞다.

06 해석

A: 나는 내일 비행기를 타야하는데, 나는 나는 것이 무서워. 나는 긴장돼.
B: 걱정하지 마. 너는 괜찮을 거야.

① 그거 흥미롭게 들린다!
② 내일은 맑을 거야.
④ 나는 너를 내일 만나길 바라.
⑤ 물론 너는 할 수 있어. 어서 하렴.
해설 ③ 비행을 걱정하는 상대방에게 격려의 말을 하는 것이 알맞다.

07 해석

① A: 나는 시험이 긴장돼.
B: 그냥 최선을 다해.
② A: 무슨 문제라도 있니? 너 걱정스러워 보여.
B: 그만 걱정해.
③ A: 왜 너는 수의사가 되고 싶니?
B: 왜냐하면 나는 동물들을 돌보는 것을 좋아하기 때문이야.
④ A: 너는 너의 생일에 무엇을 하고 싶니?
B: 나는 뮤지컬을 보고 싶어.
⑤ A: 나는 내일 나의 발표가 걱정 돼.
B: 걱정하지 마. 너는 잘할 거야.
해설 ② 무슨 일이 있냐고 묻는 말에 그만 걱정하라고 위로의 말을 건네는 것은 어색하다.

[08-09]

A: 너 직업체험캠프에 관해 들었니?
B: 응. 재밌겠더라. 나는 캠프에 갈 예정이야.
A: 너는 어떤 프로그램에 관심이 있니?

B: 나는 요리사와 함께 하는 프로그램에 관심이 있어. 나는 미래에 요리사가 되고 싶거든. 너는 어떠니?
A: 글쎄, 잘 모르겠어. 나는 나의 꿈의 직업을 찾고 싶어.
B: 어쩌면 너는 그 캠프에서 너의 꿈의 직업을 찾을 수 있을지도 몰라. (너는 검사를 해 보고, 네 관심사를 발견할 수 있을 거야.)
A: 그거 좋다.
B: 그들은 또한 우리에게 우리의 진로에 가장 알맞은 수업에 관해 말해 줄 거야. 너는 네 학업계획을 짤 수 있어.
A: 그거 좋겠다. 나도 거기 가봐야겠어.

08 해석 너는 검사를 해 보고, 네 관심사를 발견할 수 있을 거야.
해설 꿈의 직업을 찾기 위해 캠프에서 할 수 있는 일에 대한 내용이므로 ④번에 들어가는 것이 적절하다.

09 해설 ⑤ 요리사가 되고 싶은 것은 B이다.

10 해석 너의 짐 가방은 10 킬로그램이다. 내 것은 15 킬로그램이다. 나의 짐 가방은 너의 것 보다 더 무겁다.
해설 heavy의 비교급 표현은 heavier이다.

11 해석
① 한라산은 지리산보다 더 높다.
② 나는 Amy가 좋은 학생이라고 생각한다.
③ 파이는 케이크보다 훨씬 더 맛있다.
④ Michael은 그의 집에서 가장 큰 방을 쓴다.
⑤ 우리는 한국전쟁이 1953년에 끝났다는 것을 안다.
해설 ① tall의 비교급 표현은 taller이다.

12 해설 ③ bad의 최상급 표현은 the worst이다.

[13-14]

판이 FC의 이야기가 청소년 축구 선수권 대회 이후 태국을 놀라게 했다. 그 팀이 결승까지 간 건 아니었지만, 그들은 여전히 승자이다. 그들은 판이섬의 수상 마을 출신이다. 그곳에는 땅이 전혀 없다. 그렇다면 그들은 어떻게 축구 연습을 했을까? 판이 FC의 선수 나타퐁과의 인터뷰에 답이 있다.

13 해설 ③ (A) 패자/승자: 접속사 but은 서로 상반되는 내용을 말할 때 쓰는 표현이므로 뒤에 winners가 나와야 알맞다.
(B) 연습하다/보다: 대회에 출전한 축구팀에 대해 이야기하고 있으므로 '연습하다'는 뜻의 practice가 알맞다.
(C)인터뷰/보고서: 축구팀의 한 선수와 진행하는 것은 '인터뷰'이다.

14 해설 ⑤ ⓔ는 선수 한 명인 나타퐁, 나머지는 모두 판이 FC 팀 전체를 가리킨다.

15 해석

기자: 우선, 당신의 팀에 대해 이야기해 주겠어요? 어떻게 판이 FC가 시작되었죠?

나타퐁: 제 친구들과 저는 텔레비전으로 축구 경기 보는 것을 좋아했지만, 그것을 할 수는 없었죠. 보트 경주가 우리 마을에서 가장 인기 있는 스포츠였어요. 그런데 어느 날, 한 친구가 "축구팀을 만들자!"라고 말했어요. 우리는 신나서 해 보기로 결정했죠.

(해설) 가장 인기 있는: the most popular

[16-17]

기: 그렇지만 땅이 없잖아요. 그게 어떻게 가능했죠?

나: 많은 사람들이 그건 불가능하다고 말했어요. 그렇지만 우리는 생각이 있었어요! 우선, 우리는 낡은 고기잡이배 몇 척을 함께 묶었어요. 그러고 나서 그것들 맨 위에 오래된 나무를 두었고요. 이게 우리의 경기장이 되었어요.

기: 흥미롭군요! 경기장은 어땠나요?

나: 문제가 좀 있었죠. 경기장이 많이 움직였고 못들이 좀 있었어요. 또한 경기장은 젖어 있었고 미끄러워서, 신발 없이 운동을 했어요.

16 (해설) 고기잡이 배와 나무로 경기장을 만든 이야기를 했으므로 경기장(field)이 알맞다.

17 (해설) ③ 낡은 고기잡이배와 나무를 이용하여 만들었다.

[18-20]

기: 이제 준결승전 이야기를 해 보죠. 당신의 팀은 정말 대단했어요!

나: 감사합니다. 그날은 비가 많이 왔어요. 우리 신발은 젖고 무거워졌어요. 다른 팀 선수들은 우리보다 더 빨리 달렸어요. 그래서 우리는 우리의 경기장에서처럼 신발을 벗었어요. 결국 우리는 졌지만, 행복했어요. 우리는 최선을 다했거든요.

기: 우리 독자들에게 마지막으로 전하고 싶은 말이 있나요?

나: 많은 사람들이 우리는 할 수 없을 거라 말했어요. 그렇지만 우리는 포기하지 않았어요. 당신의 꿈을 따르세요! 우리는 꿈이 실현될 거라고 믿어요.

18 (해설) ④ 판이 FC는 최선을 다했기 때문에 경기가 끝나고 기뻐했다.

19 (해설) 주어, 동사, 비교급+than, 비교대상을 순서대로 쓴다.

20 (해석)
① 그것은 나의 노트가 아니다.
② 만나서 반가웠어요.
③ 그것은 매우 아름다운 시다.
④ 이번 주 내내 맑을 예정이다.
⑤ 네가 파티에 온 것은 멋지다.
(해설) ④ 위 글의 It은 날씨를 표현할 때 쓰는 비인칭 주어이다.

01 (1) What do you want to be in the future? (2) I want to be a great scientist. **02** Don't worry. / You'll do great. / You can do it. **03** (1) I didn't know that Dan likes Korean food. (2) Do you think that TDC Mall is good? **04** (1) bigger than (2) more expensive than (3) the smallest **05** more hot than → hotter than, very better → much[far, a lot] better

01 (해설) (1) 미래 소망을 물을 때는 What do you want to~?를 쓸 수 있다.
(2) 나의 미래에 말할 때는 I want to be~를 쓸 수 있다.

02 (해석)

> A: Michael, 너 걱정스러워 보여. 무슨 문제라도 있니?
> B: 나는 음악 시험이 긴장돼. 나는 반 친구들 앞에서 노래할 거야.
> A: _____
> B: 고마워. 너는 매우 친절하구나.

(해설) 긴장하는 상대방을 위한 격려는 Don't worry, you can do it 또는 Everything will be fine 등이 있다.

03 (해설) 접속사 that은 동사 know, think등의 목적어 역할을 하는 절을 이끌 수 있다. that절은 「that+주어+동사」 어순으로 쓴다.

04 (해석)
(1) 하얀색 차는 파란색 차보다 더 크다.
(2) 빨간색 차는 하얀색 차보다 더 비싸다.
(3) 파란색 차는 모두 중에서 가장 작다.
(해설) (1) big의 비교급 표현은 bigger이다. (2) expensive의 비교급 표현은 more expensive이다. (3) small의 최상급 표현은 the smallest이다.

05 (해석)

> A: 정말 덥다.
> B: 맞아, 오늘이 어제보다 더워! 실내에 머무르고 영화를 보자.
> A: 좋아. 너는 무슨 영화를 보고 싶니?
> B: 새로운 〈스파이더 맨〉이 다른 영화들보다 훨씬 좋은 후기가 있어.
> A: 그럼 그것을 보자.

(해설) hot의 비교급 표현은 hotter이다. 비교급을 강조하는 표현으로 very는 알맞지 않다. much, a lot, far 등을 쓸 수 있다.

Lesson 6 The Joy of Art

Check up   p.28

01 만들다, 창조하다   **02** 감정   **03** 받다   **04** 어울리다, 연결시키다   **05** 안에   **06** express   **07** serious   **08** object   **09** strange   **10** carry

Word Test   p.29

01 (1) emotion (2) artist (3) shout   **02** ②   **03** (1) melt (2) shape (3) serious (4) touch   **04** ④   **05** (1) make a song (2) took a picture

01 해석
(1) 감정: 사랑, 미움, 화와 같은 강렬한 느낌
(2) 예술가: 그림 등을 만드는 사람
(3) 소리치다: 무언가를 매우 크게 말하다

02 해석
• Emily는 성장해서 영화 배우가 되고 싶다.
• 나는 오늘 밤에 보름달을 볼 것이다.

해설 grow up: 성장하다   look at: ~을 보다

03 해석
(1) 봄에 눈이 <u>녹기</u> 시작한다.
(2) 다나는 나무 <u>모양</u>을 한 쿠키를 만들었다.
(3) 이 사진 속의 상황은 <u>심각해</u> 보인다.
(4) 더러운 손으로 네 눈을 <u>만지지</u> 마라.

04 해석
너는 네 여동생의 생일에 무엇을 <u>주었니?</u>
① 빌리다 ② 나르다 ③ 운동하다 ④ 받다 ⑤ 어울리다

05 해설
(1) make a song: 작곡하다
(2) take a picture: 사진을 찍다

Functions Test   p.31

01 ④   **02** You must not use your smartphone in the theater.   **03** (C)-(A)-(B)-(D)   **04** (1) do you think (2) must not eat

01 해석
A: 너는 〈전쟁과 평화〉라는 책에 대해 어떻게 생각하니?
B: 나는 <u>그것이 지루하다고 생각해. 그건 너무 길어</u>.

① 아니, 나는 그렇게 생각하지 않아.
② 응, 나는 작가가 되고 싶어.
③ 물론이야. 나는 그것을 너에게 가져다 줄 수 있어.
⑤ 미안해, 하지만 나는 도서관에 갈 거야.

02 해석
A: 스마트폰을 끄셔야 해요. 영화관 안에서는 스마트폰을 사용하면 안 됩니다.
B: 아, 알겠습니다.

해설 '~하면 안 된다'는 표현은 「You must not+동사원형」으로 나타낸다.

03 해석
(C) Kate, 네가 이 사진을 찍었니?
→ (A) 응, 맞아. 너는 그것을 어떻게 생각하니?
→ (B) 나는 이것이 아름답다고 생각해.
→ (D) 고마워. 나는 제주도에서 그것을 찍었어.

04 해설
(1) 상대방의 의견을 물을 때는 What do you think of ~?로 물을 수 있다.
(2) 상대방의 어떤 행동이나 행위를 금지할 때는 You must not ~을 사용한다.

Script   p.32

Listen & Talk 1 1 What do you think / strange **2** I think / look wonderful   **3** There are / How about / interested in / understand
Listen & Talk 2 1 must not   **2** next to / leave / can I / next to / first   **3** for two hours / rules / must not / touch / at noon

Grammar Test   p.34

01 (1) When (2) To solve (3) when   **02** (1) to see (2) to borrow (3) to buy   **03** (1) to win the game (2) to buy some magazines (3) to take pictures of the stars
04 (1) you called, I was in the bathroom (2) started to cry when she heard the sad story (3) I finish the work, I will send you an email   **05** ④   **06** ④   **07** (1) be to → to be (2) to watching → to watch (3) will see → see
08 (1) To ask (2) when it started raining (3) When I saw the photo

01 해석
(1) 내가 집에 왔을 때, 우리 엄마가 문을 열어주었다.
(2) 이 문제를 해결하기 위해서 우리는 함께 일해야 한다.
(3) 내가 해외에서 공부했을 때 나는 내 가족과 친구들이 그리웠다.

해설 (1), (3) When은 때를 나타내는 접속사로 '~할 때'라는 의미이다. (2) to부정사는 「to+동사원형」의 형태로, 목적을 나타내는 부사적 용법일 때는 '~하기 위해서'라는 의미이다.

02 해석
(1) 나는 캥거루를 보기 위해서 호주에 가고 싶다.
(2) 도서관에서 책을 빌리기 위해서 너는 회원 카드가 필요하다.
(3) Julie는 스케이트보드를 사기 위해서 용돈을 모았다.
해설 to부정사는 「to+동사원형」의 형태로, 목적을 나타내는 부사적 용법일 때는 '~하기 위해서'라는 의미이다.

03 해석
(1) 우리 팀은 경기를 이기기 위해 열심히 연습하고 있다.
(2) Tom은 잡지를 몇 권 사기 위해 서점에 들렀다.
(3) 나는 별 사진을 찍기 위해 카메라를 가져왔다.
해설 to부정사는 「to+동사원형」의 형태로, 목적을 나타내는 부사적 용법일 때는 '~하기 위해서'라는 의미이다.

04 해설 When은 '~할 때'라는 의미이며, when이 이끄는 부사절은 「when+주어+동사」의 어순으로 쓴다. when절이 주절의 앞에 오면 절 끝에 쉼표(,)를 쓴다. when절은 현재형 동사로 미래를 나타낸다.

05 해설 '~하기 위해서'라는 의미는 「to+동사원형」 형태의 to부정사를 써서 나타낼 수 있다. get a good seat은 '좋은 자리를 잡다'라는 뜻이다.

06 해석
① 나는 내 개를 찾기 위해 나갔다.
② 우리는 새해를 기념하기 위해 파티를 했다.
③ 내가 어렸을 때, 나는 동물을 무서워했다.
④ 네가 떠날 때 문을 잠그는 것을 잊지 말아라.
⑤ 유나는 환전을 하기 위해 일찍 공항에 도착했다.
해설 ④ 주절이 아직 일어나지 않은 일에 대해 말하고 있으므로 when절의 시제가 과거인 것은 어색하다. when절에서 미래를 나타낼 때 현재형 동사를 쓰므로 leave를 써야 한다.

07 해석
(1) 나의 누나는 판사가 되기 위해 열심히 공부한다.
(2) Janet은 뉴스를 보기 위해 집에 있었다.
(3) 내가 Adam을 보면, 너에게 말해줄게.
해설 (1), (2) to부정사는 「to+동사원형」의 형태로 쓴다.
(3) when이 이끄는 부사절은 미래 시간을 나타내더라도 현재 시제를 쓴다.

08 해설 (1) 목적을 나타내는 부사적 용법의 to부정사는 '~하기 위해서'라는 의미이다.
(2), (3) When은 때를 나타내는 접속사로 '~할 때'라는 의미이다. when이 이끄는 부사절은 「when+주어+동사~」의 어순이며, 주절의 앞에 오면 절 끝에 쉼표(,)를 쓴다.

Reading   p.36

He loved music and art / When he started mixing / tried to /

to study law / when he was 30 / wanted to express / Instead / with different colors / to express / musical instruments / In this way / Painting a picture / more than / both your eyes and ears

Reading Test   p.38

01 When he started mixing the colors   **02** ⑤   **03** ②
04 ⓐ to study ⓑ to paint 또는 painting   **05** ④   **06** ④
07 ③   **08** 그림을 그리는 것은 그에게 노래를 만드는 것과 같았다.

[01-02]
어느 날, 바실리는 물감 한 상자를 받았다. 그가 색깔을 섞기 시작했을 때, 그는 어떤 이상한 소리를 들었다. "색깔들이 소리를 내고 있어!"라고 그는 소리쳤다. 그리고서 그는 색깔들이 내는 소리를 그리려고 했다.

01 해설 When은 때를 나타내는 접속사로 '~할 때'라는 의미이며 when이 이끄는 부사절은 「when+주어+동사」의 어순으로 쓴다.

02 해설 ① 만졌다 ② 바꿨다 ③ 맛보다 ④ 보았다 ⑤ 소리쳤다
해설 ⑤ 앞 문장이 상대방이 한 말을 그대로 전달하는 '직접화법'이 쓰였으므로 '소리쳤다'가 적절하다.

[03-04]
바실리는 자랐고, 법학을 공부하기 위해 그는 대학에 갔다. 그런데 그가 서른 살이었을 때, 오페라가 그의 인생을 바꿨다. (그는 그 음악에서 강렬한 감정을 느꼈다.) 그리고 그 감정은 그의 눈앞에서 색채가 되었다! 그는 그 색채를 캔버스 위에 표현하고 싶었다. 그래서 바실리 칸딘스키는 자기만의 방식으로 그림을 그리기 시작했다.

03 해석 그는 그 음악에서 강렬한 감정을 느꼈다.
해설 ④ 오페라를 보았다는 내용 바로 뒤에 오는 것이 적절하다.

04 해설 ⓐ 목적을 나타내는 부사적 용법의 to부정사를 쓴다.
ⓑ start는 목적어로 to부정사 또는 동명사를 쓸 수 있다.

[05-08]
칸딘스키는 실제 사물을 그리려고 하지 않았다. 그 대신, 그는 다채로운 색으로 감정을 표현했다. 그는 따뜻하고 신나는 느낌을 표현하기 위해서 노란색을 사용하였고, 깊고 진지한 감정을 드러내기 위해서는 파란색을 사용하였다. 그에게 각각의 색깔은 서로 다른 감정을 드러내고 있었다.
그는 또한 악기의 소리를 표현하기 위해서 색깔을 사용하였다. 노란색은 트럼펫, 파란색은 첼로였다. 이러한 방식으로, 그는 색깔과 음악을 연결하였다. 그림을 그리는 것은 그에게 노래를 만드는 것과 같았다.

05 해설

① 칸딘스키는 실제 사물을 그리려고 하지 않았다.
② 칸딘스키는 노란색과 파란색을 이용하여 감정을 표현했다.
③ 칸딘스키는 여러 감정을 그림으로 표현했다.
⑤ 칸딘스키가 악기를 연주했다는 언급은 없었다.

06 해설
④ 목적을 나타내는 부사적 용법일 때는 '~하기 위해서'라는 의미의 to부정사를 쓰므로 to show가 되어야 한다.

07 해설
(A) of: '~의' (전치사)
(B) in this way: 이런 방식으로

08 해설
동명사는 동사의 형태를 가지고 명사의 역할을 하며 '~하는 것'이라고 해석한다. 전치사 like는 '~와 같은'이라는 의미이다.

Review Test 1   p.40

01 ② **02** ③ **03** grow up **04** ⑤ **05** (B)–(D)–(A)–(C)
06 ③ **07** ① **08** ran to catch **09** ① **10** ② **11** ④
12 ③ **13** ④ **14** ③ **15** he went to college to study
law **16** ⑤ **17** colors **18** ③ **19** ⑤ **20** You should
use both your eyes and ears.

01 해설
② express는 '표현하다'라는 뜻이다.

02 해석

> A: 너는 이 그림에 대해 어떻게 생각하니?
> B: 나는 그것이 이상하다고 생각해.

① 너는 잘할 거야.
② 나는 그렇게 생각하지 않아.
④ 나는 그것을 몰랐어.
⑤ 미안하지만, 나는 안돼.
해설 ③ 의견을 묻는 What do you think of ~?에는 I think ~로 대답할 수 있다.

03 해설
'자라다'는 grow up으로 나타낸다.

04 해석

> 미술관에서, 여러분은 많은 그림, 판화, 조각상을 볼 수 있습니다.

① 카페 ② 도서관 ③ 대학 ④ 극장 ⑤ 미술관
해설 ⑤ 그림, 판화, 조각상을 볼 수 있는 곳은 미술관이다.

05 해석

> (B) 너는 영화 〈겨울왕국〉을 보았니?
> → (D) 응, 보았어.
> → (A) 너는 그것에 대해 어떻게 생각하니?
> → (C) 나는 그것이 재미있다고 생각해. 그것은 내가 가장 좋아하는 영화야.

해설 영화를 보았는지 묻고, 그에 대한 의견을 묻고 답하는 흐름이 자연스럽다.

06 해석

> 저희 미술관에 오신 것을 환영합니다. 이제 몇 가지 규칙을 말씀 드리겠습니다. 우선, 여러분은 미술관 안에 음식을 가져올 수 없습니다. 둘째, 그림을 만져서는 안 됩니다. 셋째, 미술관에서 사진을 찍지 마세요. 마지막으로, 미술관 안에서 뛰면 안 됩니다.

해설 ③ 휴대전화 사용 여부에 대한 규칙은 언급하지 않았다.

07 해석
① A: 너는 이 강에서 수영하면 안 돼.
　B: 정말? 나는 수영을 잘하지 못해.
② A: 너는 이 노래에 대해 어떻게 생각하니?
　B: 나는 그것이 슬프다고 생각해.
③ A: 너는 이 그림에 대해 어떻게 생각하니?
　B: 나는 이것이 멋진 그림이라고 생각해.
④ A: 너는 이 사진에 대해 어떻게 생각하니?
　B: 내 생각에는, 그것은 무서워.
⑤ A: 실례지만 극장 안에서는 크게 말하면 안 됩니다.
　B: 아, 알겠습니다. 그것을 하지 않을게요.
해설 ① 수영을 하지 말라고 금지하는 말에 수영을 잘하지 못한다는 대답은 어색하다.

08 해설
과거의 일이므로 동사는 과거형인 ran으로 쓰고 '~하기 위해서'라는 의미는 to부정사를 써서 나타낸다.

09 해석

> A: 이 그림 좀 봐. (너는 이것에 대해서 어떻게 생각하니?)
> B: 나는 그것이 아름답다고 생각해. 나는 저 꽃들이 마음에 들어.
> A: 그래, 그것들은 꽃병 안에서 멋져 보여. 나는 그 그림의 색깔들도 굉장히 좋아.
> B: 나도 그래. 내 생각엔 노란색이 멋진 것 같아.

너는 그것에 대해 어떻게 생각하니?
해설 ① 의견을 묻는 What do you think of~?에는 I think ~로 대답하므로 그 앞에 나오는 것이 자연스럽다.

10 해석
① 내가 그를 보았을 때, 그는 미소를 지었다.
② 그녀는 메모를 적기 위해 펜을 빌렸다.
③ 나는 자유시간이 있을 때, 음악을 듣는다.
④ 내 언니가 캐나다에 갔을 때 나는 다섯 살이었다.
⑤ Kimmy는 숙제에 대해 물어보기 위해 나에게 전화했다.
해설 ② 메모를 적기 위해 펜을 빌리므로 목적을 나타내는 부사적 용법의 to부정사를 써야 한다.

11 해석
① 나는 손을 씻기 위해 비누를 쓴다. (부사적 용법)
② 우리는 경기를 이기기 위해 최선을 다했다. (부사적 용법)
③ 그는 과일을 좀 사기 위해 가게에 방문했다. (부사적 용법)
④ 나는 그녀와 영화를 보러 가기로 약속했다. (명사적 용법)

⑤ 다나는 카레를 먹기 위해 식당에 갔다. (부사적 용법)

해설 ④ promise의 목적어 역할로 명사적 용법의 to부정사가 쓰였다. 나머지는 부사적 용법의 to부정사로 목적을 나타낸다.

12 **해설** ③ '~할 때'를 나타내는 접속사는 when이다.

[13-15]

바실리는 착한 소년이었다. 그는 음악과 미술을 사랑했다. 어느 날, 그는 물감 한 상자를 받았다. 그가 색깔을 섞기 시작했을 때, 바실리는 어떤 이상한 소리를 들었다. "색깔들이 소리를 내고 있어!"라고 그는 소리쳤다. 그러고 나서 그는 색깔들이 내는 소리를 그리려고 했다.
바실리는 자랐고, 법학을 공부하기 위해 그는 대학에 갔다. 그런데 그가 서른 살이었을 때, 오페라가 그의 인생을 바꾸었다. 그는 그 음악에서 강렬한 감정을 느꼈다. 그러더니 그 감정은 그의 눈앞에서 색채가 되었다! 그는 그 색채를 캔버스 위에 표현하고 싶었다. 그래서 바실리 칸딘스키는 자기만의 방식으로 그림을 그리기 시작했다.

13 **해설**
① 바실리는 미술에 관심이 없었다.
② 바실리는 물감 상자를 만들었다.
③ 바실리는 소년이었을 때 화가가 되겠다고 결심했다.
④ 바실리는 30살이었을 때 오페라를 보았다.
⑤ 바실리는 음악에서 어떤 감정도 느끼지 못했다.
해설 ① 어린 바실리는 미술과 음악을 사랑했다. ② 바실리가 물감 상자를 만들었다는 내용은 없다. ③ 바실리의 어렸을 적 꿈에 대한 내용은 없다. ⑤ 그는 음악에서 강한 감정을 느꼈다.

14 **해설** ③ 바실리의 어린 시절의 상황이므로 주절의 동사인 hear는 과거형인 heard가 되어야 한다.

15 **해설** '~하기 위해서'라는 의미는 「to+동사원형」의 to부정사로 나타내므로 to study law로 쓴다. '대학교에 가다'는 go to college이다.

[16-18]

바실리는 실제 사물을 그리려고 하지 않았다. 대신, 그는 각각 다른 색으로 감정을 표현했다. 그는 따뜻하고 신나는 느낌을 표현하기 위해서 노란색을 사용하였고, 깊고 진지한 감정을 드러내기 위해서는 파란색을 사용하였다. 그에게 각각의 색깔은 서로 다른 감정을 나타냈다.
그는 또한 악기의 소리를 표현하기 위해서 색깔을 사용하였다. 노란색은 트럼펫, 파란색은 첼로였다. (이러한 방식으로, 그는 색깔과 음악을 연결하였다.) 그림을 그리는 것은 그에게 노래를 만드는 것과 같았다.

16 **해설** 이러한 방식으로, 그는 색깔과 음악을 연결하였다.
해설 ⑤ 바실리가 색깔로 악기 소리를 표현한 방법을 설명한 이후에 나오는 것이 자연스럽다.

17 **해설**

칸딘스키는 감정과 음악을 표현하기 위해 색깔을 사용했다.

해설 본문에서 칸딘스키가 색깔을 감정과 악기에 연결하여 표현한 예시를 들었다.

18 **해설**
① 나는 스케이트보드 타는 것을 좋아한다. (동사)
② 나는 이 모자를 쓰는 것을 좋아하지 않는다. (동사)
③ 나의 남동생은 강아지처럼 귀엽다. (전치사)
④ 너는 왜 영화 보는 것을 좋아하니? (동사)
⑤ 어떤 아이들은 채소 먹는 것을 좋아하지 않는다. (동사)
해설 ③ 본문에서 쓰인 like는 전치사로 '~처럼' 또는 '~와 같은'이라는 의미이다.

[19-20]

여기 칸딘스키의 그림 몇 점이 있다. 그 그림들은 색깔과 형태 그 이상이다. 음악과 감정의 개념이 어디에나 있다. 여러분은 그의 예술을 이해하기 위해서 눈과 귀를 둘 다 사용해야 한다. 그의 그림을 보아라. 무엇을 느끼는가?

19 **해설** ⑤ (A) 뒤에 명사가 복수이므로 are를 쓴다. (B) '~이상이다'라는 의미의 표현은 more than이다. (C) '~하기 위해서'라는 의미는 부사적 용법의 to부정사를 이용해 나타낼 수 있다.

20 **해설**

칸딘스키의 작품들을 볼 때 저는 무엇을 사용해야 하나요?

해설 눈과 귀를 둘 다 사용해야 한다고 말했다.

01 (1) When it rains, I want to drink a cup of hot cocoa. 또는 I want to drink a cup of hot cocoa when it rains.
(2) When Ally was seven, she moved to London. / Ally moved to London when she was seven. 또는 When Ally moved to London, Ally was seven. / Ally was seven when she moved to London. **02** What do you think of it, How do you feel about it **03** songs express → songs to express / will grow up → grows up **04** (1) must not pick flowers (2) must not walk on the grass (3) must not go fishing **05** (1) When I arrived at school, the bell rang. 또는 The bell rang when I arrived at school.
(2) Andrea went to the bakery to buy a cake.

01 **해설**
(1) • 비가 온다.
• 나는 뜨거운 코코아 한잔을 마시고 싶다.

(2) ・Ally는 일곱 살이었다.
　　・Ally는 런던으로 이사했다.

[해설] when은 때를 나타내는 접속사로 '~할 때'라는 의미이며 「when+주어+동사」 어순으로 쓴다. when절은 주절의 앞과 뒤에 모두 올 수 있으며 앞에 오면 절 끝에 쉼표(,)를 쓴다.

02 [해석]

A: 미나야, 너는 무엇을 하고 있니?
B: 나는 내가 가장 좋아하는 작가의 새로운 책을 읽고 있어.
A: 오, 정말? 너는 그것에 대해 어떻게 생각하니?
B: 나는 그것이 재미있다고 생각해.

[해설] 상대방의 의견을 물을 때는 What do you think of...? 또는 How do you feel about...?을 쓸 수 있다.

03 [해석]

Robbie는 음악에 관심이 있다. 그는 노래와 악기를 다루는 것을 잘한다. 그는 그의 감정을 표현하기 위해 노래를 만든다. 그는 자라서 가수가 되고 싶어한다.

[해설] to부정사는 「to+동사원형」의 형태로, 목적을 나타내는 부사적 용법일 때는 '…하기 위해서'라는 의미이다. when절이 미래의 의미를 나타내더라도 현재시제를 써서 나타낸다.

04 [해석]

(1) 너는 공원에서 꽃들을 꺾어서는 안 된다.
(2) 너는 여기서 잔디 위를 걸으면 안 된다.
(3) 너는 강에 낚시를 하러 가면 안 된다.
[해설] 「You must not+동사원형」은 금지하는 표현으로 '(절대) ~하면 안 된다'라는 의미이다.

05 [해석]

(1) 접속사 when이 이끄는 절은 '~할 때'라는 의미로 「when+주어+동사~」 어순으로 나타내며 주절의 앞이나 뒤에 모두 쓸 수 있다. When절을 문장의 맨 앞에 쓸 때는 절 끝에 쉼표(,)를 쓴다.
(2) 부사적 용법의 to부정사를 이용하여 '~하기 위해서'라는 의미를 나타낸다.

Review Test 2 p.44

01 ③ **02** ① **03** take **04** ② **05** ⑤ **06** (B)-(D)-(C)-(A) **07** ④ **08** ③ **09** ⑤ **10** ⑤ **11** ③ **12** ③, ④ **13** ⑤ **14** ⑤ **15** ② **16** each color showed a different emotion **17** ④ **18** musical instruments **19** ④ **20** ①

01 [해설] ③ touch와 smell은 지각동사의 종류이고 나머지는 모두 반대되는 의미이다.

02 [해석]

A: 너는 이 음악에 대해 어떻게 생각하니?
B: _____

① 나는 피아노를 칠 수 있어.
② 나는 그것이 아름답다고 생각해.
③ 나한테는 좋게 들려.
④ 내 의견으로는 그건 지루해.
⑤ 마음에 들어. 멜로디가 좋아.

03 [해석]

・날씨가 매우 좋다. 점심 후에 산책 하자.
・요즘에는 사람들이 스마트폰으로 사진을 찍는다.

[해설] take a walk: 산책하다　take pictures: 사진을 찍다

04 [해석]

무언가를 하기 위해서 노력하다

① 섞다 ② 시도하다 ③ 듣다 ④ 그리다 ⑤ 연결하다
[해설] ② 무언가를 하기 위해서 노력하는 것은 '시도하다'이다.

05 [해석]

① A: 너는 거짓말을 하면 안 돼.
　B: 죄송해요. 그것을 다시 하지 않을게요.
② A: 안으로 너의 개를 데려올 수 없어.
　B: 아, 미안해. 나는 그것을 몰랐어.
③ A: 이 오페라에 대해 어떻게 생각하니?
　B: 나는 그것이 멋지다고 느껴.
④ A: 외부음식을 먹으면 안 됩니다.
　B: 알겠어요, 저는 그것을 기억할게요.
⑤ A: 교실에서 너의 전화기를 쓰지 말아라.
　B: 나는 너의 전화기가 화장실에 있다고 생각해.

06 [해석]

(B) 너는 이 영화에 대해 어떻게 생각하니?
→ (D) 내 생각에 그것은 무서워 보여. 나는 그것을 좋아할 것 같지 않아.
→ (C) 알겠어. 이 코미디 영화는 어때?
→ (A) 그거 흥미로워 보인다. 그거 보자.

[해설] 의견을 묻는 What do you think about~?에 I think it looks ~로 대답할 수 있다.

07 [해설] 너는 이 그림에 대해 어떻게 생각하니?
[해설] ④ What do you think about~?은 의견을 물을 때 쓰는 표현이며 How do you feel about~?으로 바꿔 쓸 수 있다.

08 [해설] ③ '~하기 위해서'는 to부정사의 부사적 용법으로 나타낼 수 있으며 「to+동사원형」 형태로 쓴다.

09 [해석]

① 나는 이 오페라가 멋지다고 생각해.
② 인호는 슬프다고 느낄 때 음악을 듣는다.

③ Ryan은 축구팀에 가입하기 위해 시험을 치렀다.
④ Dan은 집에 도착했을 때 자전거를 보았다.
⑤ Lily는 문을 열었을 때 놀랐다.
해설 ⑤ 주절의 시제가 과거이므로 when절의 동사도 과거형인 opened가 되어야 한다.

10 해석

> 나는 돈을 모으기 <u>위해</u> 용돈 기입장을 쓴다.

① Tina는 나에게 펜을 주었다. (전치사)
② Ethan은 새 코트를 사고 싶어한다. (to부정사의 명사적 용법)
③ 아람이는 슈퍼마켓으로 가고 있다. (전치사)
④ 소라는 이번 여름에 그리스를 방문할 계획이다. (to부정사의 명사적 용법)
⑤ 지효는 그녀의 조부모님을 보기 위해 집에 갔다. (to부정사의 부사적 용법)
해설 밑줄 친 부분과 ⑤는 '~하기 위해서'라는 뜻의 목적을 나타내는 부사적 용법의 to부정사이다.

[11-12]

> 바실리는 착한 소년이었다. 그는 음악과 미술을 사랑했다. 어느 날, 그는 물감 한 상자를 받았다. 그가 색깔을 섞기 시작했을 때, 바실리는 어떤 이상한 소리를 들었다. "색깔들이 소리를 내고 있어!"라고 그는 소리쳤다. 그러고 나서 그는 색깔들이 내는 소리를 그리려고 했다.

11 해설 ③ a box of paints: 물감 한 상자 sounds of the colors: 색깔들의 소리

12 해설 ③, ④ 동사 start는 목적어로 to부정사와 동명사를 모두 쓴다.

[13-16]

> 바실리는 자랐고, 법학을 공부하기 위해 그는 대학에 갔다. 그런데 그가 서른 살이었을 때, 오페라가 그의 인생을 바꾸었다. 그는 그 음악에서 강렬한 감정을 느꼈다. 그러더니 그 감정은 그의 눈앞에서 색채가 되었다! 그는 그 색채를 캔버스 위에 표현하고 싶었다. 그래서 바실리 칸딘스키는 자기만의 방식으로 그림을 그리기 시작했다.
> 그는 실제 사물을 그리려고 하지 않았다. 대신, 그는 각각 다른 색으로 감정을 표현했다. 그는 따뜻하고 신나는 느낌을 표현하기 위해서 노란색을 사용하였고, 깊고 진지한 감정을 드러내기 위해서는 파란색을 사용하였다. 그에게 각각의 색깔은 서로 다른 감정을 나타냈다.

13 해설 ① 바실리가 법원에서 근무했다는 내용은 없다.
② 바실리는 오페라를 보고 미술을 시작했다.
③, ④ 바실리는 감정을 다양한 색으로 표현했다.

14 해설 ⑤ Instead는 '대신에'라는 의미이다.

15 해설 from: ~에서 with: ~를 가지고, ~로

16 해설 each는 color를 수식하고 different는 emotion을 수

식한다.

[17-18]

> 칸딘스키는 또한 <u>악기</u>의 소리를 표현하기 위해서 색깔을 사용하였다. 노란색은 트럼펫, 파란색은 첼로였다. 이러한 방식으로, 그는 색깔과 음악을 연결하였다. 그림을 그리는 것은 그에게 노래를 만드는 것과 같았다.

17 해설 ① 청력이 뛰어났다는 내용은 없다.
② 트럼펫과 첼로 소리를 색으로 표현했다.
③ 여러 재료를 사용했다는 내용은 없다.
⑤ 그림 그리는 것이 작곡을 하는 것과 같다고 했지 작곡을 좋아했다는 내용은 없다.

18 해설 빈칸 뒤에 각 색깔로 트럼펫과 첼로 소리를 나타냈다는 부연 설명이 나오므로 빈칸에 들어갈 말은 musical instruments(악기)이다.

[19-20]

> 여기 칸딘스키의 그림 몇 점이 있다. 그 그림들은 색깔과 형태 그 이상이다. 음악과 감정의 개념이 어디에나 있다. 여러분은 그의 예술을 이해하기 위해서 눈과 귀를 둘 다 사용해야 한다. 그의 그림을 보아라. 무엇을 느끼는가?

19 해설 ④ more than~은 '~이상이다'라는 의미인데, 여기서는 칸딘스키의 그림에 나타난 색깔과 모양이 음악적 요소와 감정을 담고 있다는 의미를 내포하고 있다.

20 해설 ① (A) 문장의 주어가 3인칭 단수이므로 is를 쓴다. (B) 조동사 should 뒤에는 동사원형을 쓴다. (C) look at '~을 보다'라는 의미이다.

서술형 평가   p.47

01 (1) I go to the library to borrow some books. (2) My brother plays basketball to lose weight. **02** I think it is serious. 또는 In my opinion, it's serious. **03** You must not bring pets 또는 You cannot bring pets
04 to watching → to watch / jump → jumped
05 (1) to make friends from all around the world
(2) gets up early in the morning to go jogging

01 해설 to부정사는 「to+동사원형」의 형태로, '~하기 위해서'라는 의미의 목적을 나타내는 부사적 용법으로 쓰일 수 있다.

02 해석

> A: 너는 이 책을 어떻게 생각하니?
> B: 나는 그것이 진지하다고 생각해.

해설 의견을 묻는 말에 대답할 때는 I think (that) ~, In my opinion, ~ 등을 쓴다.

03 해설 「You must not+동사원형」은 금지하는 표현으로 '(절대) …하면 안 된다'라는 의미이다. 비슷한 표현으로 「You cannot[can't]+동사원형」도 쓸 수 있다.

04 해석

나는 돌고래 쇼를 보기 위해서 수족관에 갔다. 나는 돌고래를 매우 좋아한다. 돌고래들이 높이 뛰었을 때 나는 신이 났었다. 나는 돌고래들과 사진을 찍었다. 굉장했다.

해설 돌고래 쇼를 보기 위해 수족관에 갔으므로, 목적을 나타내는 부사적 용법의 to부정사를 쓴다. 주절이 과거형이면 when절의 동사도 과거형 jumped를 쓴다.

05 해석

이름	하는 일	목적
예나	영어 공부하기	전 세계의 친구들 사귀기
Dean	아침에 일찍 일어나기	조깅하러 가기

(1) 예나는 전 세계의 친구들을 사귀기 위해 영어를 공부한다.
(2) Dean은 조깅하러 가기 위해 아침에 일찍 일어난다.
해설 '~하기 위해서'라는 의미의 목적을 나타낼 때는 to부정사를 이용하여 문장을 연결한다.

Lesson 7 Time for Stories

Check up   p.50

01 작가 02 갑자기 03 신화 04 기쁜 05 빗자루
06 popular 07 full 08 volunteer 09 solve 10 bring

Word Test   p.51

01 (1) holiday (2) full 02 (1) bring (2) bored (3) join
(4) during 03 for 04 ④ 05 (1) in common
(2) chimney (3) mean

01 해석

(1) 동물: 낙타 = 휴일 : 크리스마스
(2) 빠른: 느린 = 배고픈 : 배부른
해설
(1) 상위 개념과 하위 개념 관계이므로 Christmas의 상위 개념인 holiday가 온다.
(2) 서로 반대되는 단어 관계이므로 빈칸에는 hungry의 반의어가 와야 한다.

02 해석

(1) 너는 우산을 가져 와야 해. 비가 오고 있어.
(2) 나는 다큐멘터리를 볼 때 지루하다고 느낀다.
(3) 그녀는 독서 동아리에 가입할 것이다.

(4) 나는 여름방학 동안 일본에 다녀왔다.

03 해석

• Tina는 오늘 아침에 스쿨 버스를 기다렸다.
• 나는 나의 검정색 신발을 찾는 중이다.

해설 wait for: ~을 기다리다 look for: ~을 찾다

04 해석

이 시계는 나의 아버지로부터의 선물이었다.

① 운 ② 신화 ③ 제목 ④ 선물 ⑤ 축제

05 해설

(1) 공통적으로 지니다: have ~ in common
(2) 굴뚝: chimney
(3) ~라는 의미이다: mean

Functions Test   p.53

01 ③ 02 ④ 03 (B)-(A)-(C) 04 (1) isn't it / it isn't
(2) How about 또는 What about

01 해석

A: 너 나랑 점심을 함께 먹는 게 어때?
B: _____

① 그거 좋다.
② 그거 좋은 생각이야.
③ 그것이 점심보다 더 낫다.
④ 고맙지만 나는 배고프지 않아.
⑤ 미안하지만 나는 이미 점심을 먹었어.

02 해석

A: 오늘은 당신의 생일이죠, 그렇지 않나요?
B: 아니오, 아니에요.

① 네, 저는 할 거예요. ② 네, 아니에요.
③ 아니오, 안 그랬어요. ⑤ 네, 그랬어요.
해설 ④ 부가의문문 '~, isn't it?'에 대답으로 알맞은 형태는 부정일 경우 No, it isn't이다.

03 해석

(B) 나는 영어를 잘 하고 싶어.
→ (A) 너는 일기를 영어로 쓰는 게 어때?
→ (C) 그거 좋은 생각이다.

해설 상대가 고민하는 문제에 대해 권유의 말을 하고, 다시 그에 대한 대답이 오는 흐름이 자연스럽다.

04 해설 (1) 본 문장의 동사 is를 부정형으로 쓰고 주어 it을 써서 부가의문문은 isn't it이 된다. 이에 대한 대답이 부정이으로 No, it isn't로 대답한다.
(2) '~은 어때?'라는 의미는 How[What] about~?라고 쓴다.

Listen & Talk 1 1 difficult / Why don't you **2** favorite / is going to / Why don't you **3** like to / look like / why don't you

Listen & Talk 2 1 isn't it **2** believe that / traditional / isn't it **3** right / Of course / all different / For example / the same / lives happily

Grammar Test　　　　　　　p.56

01 (1) him (2) What (3) How **02** (1) scary this picture is (2) kind people they are (3) a difficult question it is
03 ② **04** ④ **05** ⑤ **06** ⑤ **07** What a wonderful day!
08 (1) What a small world it is! (2) How fast the train goes! (3) This movie makes me bored.

01 해석
(1) 그 결과는 그를 자랑스럽게 했다.
(2) 정말 놀라운 사진이다!
(3) 물이 정말 차갑다!
해설 (1) 「make+목적어+형용사」 어순이므로 목적격이 온다.
(2) 「What+an+형용사+명사+주어+동사!」 어순의 감탄문이다.
(3) 「How+형용사+주어+동사!」 어순의 감탄문이다.

02 해석
그것은 흥미로운 이야기다. → 정말 흥미로운 이야기구나!

(1) 이 사진은 무섭다.
(2) 그들은 착한 사람들이다.
(3) 그것은 어려운 질문이다.
해설 What으로 시작하는 감탄문의 어순은 「What+a(n)+형용사+명사(+주어+동사)!」이며, How로 시작하는 감탄문은 「How+형용사+주어+동사!」 어순으로 쓴다.

03 해석
이 편지는 나를 ＿＿＿＿＿＿＿＿하게 한다.

① 행복한 ② 슬프게 ③ 기쁜 ④ 놀란 ⑤ 신이 난
해설 ② 빈칸에는 앞에 오는 목적어를 보충 설명해 주는 목적격 보어가 와야 한다. 부사인 sadly는 올 수 없다.

04 해석 ④ '…을 ~하게 하다'라는 의미는 「make+목적어+형용사」 구문으로 나타낼 수 있다.

05 해석
① 정말 귀여운 강아지구나!
② 그 계단은 나를 피곤하게 했다.
③ 정말 멋진 콘서트이다!
④ 운동은 우리를 튼튼하게 만든다.
⑤ 이 냄새는 그를 행복하게 한다.

해설 ⑤ '…을 ~하게 하다'라는 의미는 「make+목적어+형용사」 어순으로 목적격 보어 자리에는 형용사인 happy가 와야 한다.

06 해석

- 이 담요는 나를 따뜻하게 한다.
- 파티는 그들을 신나게 했다.

해설 ⑤ '…가 ~하게 하다'라는 의미는 「make+목적어+형용사」 구문으로 나타낼 수 있으므로 빈칸에는 목적격 형태가 온다.

07 해석
나는 수학 시험에서 만점을 받았다. 정말 멋진 하루다!

해설 What으로 시작하는 감탄문의 어순은 「What+a(n)+형용사+명사(+주어+동사)!」이다.

08 해석
(1) What으로 시작하는 감탄문의 어순은 「What+a(n)+형용사+명사+주어+동사!」이다.
(2) How로 시작하는 감탄문은 「How+형용사/부사+주어+동사!」이다.
(3) '~을 …하게 하다'라는 의미는 「주어+make+목적어+형용사」 어순으로 쓴다.

Reading　　　　　　　　　　p.58

winter holidays / wait for / excited
old clothes / broomstick / Like / chimneys / garlic / onions / coal
the same night / grass / go to sleep / on camels / makes the kings happy / How kind
there is / means / knocks / welcomes
good luck / carries / To find / What a surprise

Reading Test　　　　　　　　p.60

01 ② **02** ③ **03** How kind these children are!
04 grass, happy **05** ⑤ **06** ⑤ **07** ① **08** 산타클로스처럼, 그는 큰 선물 가방을 들고 다닌다.

[01-02]
이탈리아에서 어린이들은 라 베파나에 대한 이야기를 듣는다. 그녀는 낡은 옷을 입고 빗자루를 타고 날아다닌다. 그녀는 1월 5일 밤에 어린이들의 집에 온다. 산타클로스처럼, 라 베파나는 굴뚝으로 내려온다. 그녀는 착한 아이들에게 장난감, 사탕, 그리고 과일을 준다. 그러나 나쁜 아이들은 마늘, 양파, 그리고 석탄을 받는다.

01 해설 ② 전치사 on은 교통수단 앞에 쓰여 '~을 타고'라는 의미를 나타내거나 시간 앞에서 '~에'라는 의미로 쓰인다.

02 해설 ③ give는 수여동사로 「수여동사+간접목적어+직접목적

어」의 어순으로 쓴다. 간접목적어 앞에 전치사를 쓸 경우 「수여동사+직접목적어+전치사+간접목적어」의 어순으로 쓰며 give는 전치사 to를 쓴다.

[03-04]

같은 날 밤 푸에르토리코에서는 아이들이 그들의 침대 밑에 풀 상자를 놓고서 잠을 잔다. 그날 밤 동안, 세 명의 왕이 낙타를 타고 그들을 방문한다. 배고픈 낙타들은 풀을 먹고 배가 부르다고 느낀다. 그것은 왕들을 행복하게 한다. 그들은 "이 아이들은 참 친절하구나!"라고 생각한다. 그리고 왕들은 아이들을 위해 그 상자에 그들의 선물을 넣는다.

03 [해설] How로 시작하는 감탄문의 어순은 「How+형용사+주어+동사!」이다.

04 [해설] 푸에르토리코의 어린이들은 세 명의 왕과 그들의 낙타를 위해 풀 상자를 둔다. 그것은 왕들을 행복하게 하고 왕들은 아이들에게 선물을 준다.

[05-06]

핀란드의 아이들을 위해서는 요울루푸키가 있다. 그의 이름은 "크리스마스 염소"를 뜻한다. 크리스마스 이브에 요울루푸키는 모든 집에 가서 앞문을 두드린다. 각 가정은 그를 그들의 집으로 맞이한다. 그는 "여기 착한 아이들이 있나요?"라고 묻는다. (그리고 그는 그들에게 선물을 준다.)

05 [해석] 그리고 그는 그들에게 선물을 준다.
[해설] 착한 아이들이 있느냐고 물은 후에 선물을 주는 것이 가장 자연스러운 흐름이다.

06 [해설] ⑤ Is/Are there는 '~가 있나요?'라는 뜻이며 뒤에 주어가 복수형(children)이므로 are를 쓴다.

[07-08]

새해 전날에 일본 사람들은 행운의 신, 호테이오쇼를 기다린다. 산타클로스처럼, 그는 큰 선물 가방을 들고 다닌다. 착한 아이들을 찾기 위해서 그는 그의 뒤통수에 있는 눈을 사용한다. 참 놀랍다!

07 [해설]
② 일본에서 왔다.
③ 큰 선물가방을 들고 다닌다.
④ 착한 아이들을 찾아 선물을 준다.
⑤ 뒤통수에 눈이 있다.

08 [해설] Like: ~처럼 carry: ~을 들고 다니다

Review Test 1 p.62

01 ⑤ **02** ④ **03** ③ **04** ③ **05** (D)-(C)-(A)-(B)
06 ④ **07** This song makes me sleepy. **08** ④ **09** ③
10 an interesting painting (it is) **11** ⑤ **12** ④ **13** ③
14 ④ **15** ④ **16** ② **17** ⑤ **18** ② **19** ③ **20** ③

01 [해석]
① 소리가 큰 - 조용한 ② 앞쪽의 - 뒤쪽의 ③ 기쁜 - 슬픈
④ 빠르게 - 천천히 ⑤ 긴장되는 - 걱정되는
[해설] ⑤는 비슷한 의미의 단어이고 나머지는 반의어 관계이다.

02 [해석]

• 나는 그 일에 자원할 것이다.
• 그녀는 지역회관에서 자원 봉사자로 일한다.

① 시도하다 ② 두드리다 ③ 선물
④ 자원봉사 하다, 자원봉사자 ⑤ 환영하다
[해설] ④ volunteer는 동사로 '자원하다, 자원봉사를 하다'라는 의미와 명사로 '자원 봉사자'라는 의미가 있다.

03 [해석]

A: 나와 함께 도서관을 방문하는 게 어때?
B: _____

① 그거 좋은 생각이야.
② 그거 좋은데.
③ 왜냐하면 나는 책을 읽고 싶거든.
④ 고맙지만 나는 이미 계획이 있어.
⑤ 미안하지만 나는 수학 동아리에 가야 해.
[해설] ③ 도서관에 함께 가자고 제안하는 말에 책을 읽고 싶다는 이유를 말하는 것은 어색하다.

04 [해석]
① A: 오늘은 일요일이지, 그렇지 않니?
  B: 응, 맞아.
② A: 그 이야기는 유명해, 그렇지 않니?
  B: 응, 그래. 모두가 그것을 알아.
③ A: 밖에 눈이 오지, 그렇지 않니?
  B: 응, 그래. 오늘 날씨가 맑아.
④ A: 시장은 닫지 않았어, 그렇지?
  B: 아니, 닫지 않았어. 그것은 7시에 닫아.
⑤ A: 이 꽃은 Chris에게서 온 거지, 그렇지 않니?
  B: 아니, 그렇지 않아. 내가 그걸 샀어.
[해설] ③ 눈이 오는지 확인하는 말에 그렇다고 한 뒤 날씨가 맑다고 답한 것은 어색하다.

05 [해석]

(D) 내가 가장 좋아하는 작가가 도서 축제에 올 예정이야.
→ (C) 정말? 축제는 토요일에 있지, 그렇지 않니?
→ (A) 응, 그래. 나와 함께 가는 게 어떠니?
→ (B) 미안하지만, 나는 이미 계획이 있어.

[해설] (D)에서 화제를 꺼낸 후, 자연스러운 흐름으로 연결한다. 부가의문문과 그 대답인 (C)와 (A)가 이어지며, why don't you~?로 권유하는 표현에 대해 거절하는 대답은 I'm sorry but~ 으로 할 수 있다.

06 해석

> A: 안녕하세요. 책을 한 권 빌리고 싶은데요. 좋은 이야기를 읽고 싶어요.
> B: 안녕, 태호야. 〈마지막 잎새〉는 어떠니? 그건 매우 인기가 많아.
> A: 그건 재밌는 이야기 같아 보이지 않아요. 제목이 슬프게 들려요.
> B: 그래. 이건 슬픈 이야기야. 음, 너 〈해리 포터〉 시리즈는 읽었니?
> A: 네. 그건 제가 가장 좋아하는 책이에요.
> B: 그럼 〈걸리버 여행기〉를 시도해 보는 건 어떠니? 나는 네가 그것을 좋아할 거라고 생각하는데.
> A: 좋아요. 재미있겠네요. 그거 한번 시도해 볼게요.

① 네가 가장 좋아하는 책은 무엇이니
② 너는 〈마지막 잎새〉에 대해 어떻게 생각하니
③ 너는 왜 〈해리 포터〉 시리즈를 좋아하니
④ 〈걸리버 여행기〉를 시도해 보는 건 어떠니
⑤ 도서관 책을 빌리는 것이 어떠니

해설 ④ 빈칸에는 책을 권유하는 내용이 오는 것이 알맞다.

07 해설 '…가 ~하게 하다'라는 의미는 「make+목적어+형용사」어순으로 나타낼 수 있다.

08 해석

> A: 너는 시험을 어떻게 보았니?
> B: 나 A+ 받았어!
> A: 그거 정말 멋지다!

① 그거 안 좋다.
② 생일 축하해!
③ 정말 끔찍한 하루야!
⑤ 그것들은 정말 좋은 펜이야!

09 해석
① 그것은 새 컴퓨터야, 그렇지 않니?
② 이 노란색 셔츠는 어때?
③ 조깅을 시도해 보는 게 어때?
④ 나는 네가 이것을 봐야 한다고 생각해.
⑤ 축구 경기는 우리를 신나게 만들어.

해설 ③ 상대방에게 조언할 때 「Why don't you+동사원형 ~?」을 쓰므로 try가 와야 한다.

10 해석 그 그림은 정말 흥미롭다.
해설 What으로 시작하는 감탄문은 「What+a(n)+형용사+명사(+주어+동사)!」 어순으로 쓴다.

11 해설

> 겨울 방학이 오면 많은 어린이들이 선물을 기다린다. 그건 그들을 신나게 한다. 하지만 그들 모두가 산타클로스를 기다리고 있을까? 사실, 세계에는 여러 다른 선물을 가져다주는 존재가 있다. 그들에 대해 알아보자!

해설 ⑤ around the world는 '세계에'라는 뜻이다.

[12-14]

> 이탈리아에서 어린이들은 라 베파나에 대한 이야기를 듣는다. 그녀는 낡은 옷을 입고 빗자루를 타고 날아다닌다. 그녀는 1월 5일 밤에 어린이들의 집에 온다. 산타클로스처럼, 라 베파나는 굴뚝으로 내려온다. 그녀는 착한 아이들에게 장난감, 사탕, 그리고 과일을 준다. 그러나 나쁜 아이들은 마늘, 양파, 그리고 석탄을 받는다.

12 해석
① 그녀는 어디에서 왔나요?
② 그녀는 무엇을 입나요?
③ 그녀는 언제 오나요?
④ 그녀는 무엇을 먹는 것을 좋아하나요?
⑤ 그녀는 어떻게 아이들의 집에 들어가나요?
해설 ④ 라 베파나가 좋아하는 음식에 대해 언급된 내용은 없다.

13 해설 (A) 이야기/뉴스: La Befana에 관한 이야기가 적절하다.
(B) ~에서/~로: 아이들의 집으로 오는 것이므로 come to가 적절하다.
(C) 주다/받다: 아이들이 받으므로 get이 적절하다.

14 해석
① 그것은 피자와 같은 맛이 난다. (전치사)
② 그들은 쌍둥이 같다. (전치사)
③ 그는 아이처럼 행동한다. (전치사)
④ 우리는 영어 수업을 좋아한다. (동사)
⑤ John은 그의 아빠처럼 생겼다. (전치사)
해설 ④ like는 동사로 쓰였을 때 '좋아하다'라는 뜻이고 전치사로 쓰였을 때 '~처럼, ~와 같은'이라는 뜻이다. 본문의 like는 전치사로 쓰였다.

[15-16]

> 같은 날 밤 푸에르토리코에서는 아이들이 그들의 침대 밑에 풀 상자를 놓고서 잠을 잔다. 그날 밤 동안, 세 명의 왕이 낙타를 타고 그들을 방문한다. 배고픈 낙타들은 풀을 먹고 배가 부르다고 느낀다. 그것은 왕들을 행복하게 한다. 그들은 "이 아이들은 참 친절하구나!"라고 생각한다. 그리고 왕들은 아이들을 위해 그 상자에 그들의 선물을 넣는다.

15 해설
① 아이들은 풀을 준비한다.
② 아이들은 상자를 침대 밑에 놓는다.
③ 세 명의 왕은 밤 동안 아이들을 찾아온다.
⑤ 세 명의 왕이 주는 선물에 대해 언급된 내용은 없다.

16 해석 ① 슬픈 ② 행복한 ③ 지루한 ④ 인기 있는 ⑤ 걱정되는
해설 ② 세 명의 왕이 '이 아이들은 참 친절하구나.'라고 말하며 아이들에게 선물을 준 것으로 보아 행복하다고 느꼈음을 알 수 있다.

[17-18]

핀란드의 아이들을 위해서는 요울루푸키가 있다. 그의 이름은 "크리스마스 염소"를 뜻한다. 크리스마스 이브에 요울루푸키는 모든 집에 가서 앞문을 두드린다. 각 가정은 그를 그들의 집으로 맞이한다. 그는 "여기 착한 아이들이 있나요?"라고 묻는다. 그리고 그는 그들에게 선물을 준다.

17 (해설) ⑤ give는 수여동사로 목적어 2개를 필요로 하는 동사이다. 「수여동사+간접목적어+직접목적어」어순으로 쓰였으므로 전치사 to가 빠져야 한다.

18 (해설)
① 핀란드에 크리스마스가 없다는 내용은 언급되지 않았다.
③ 요울루푸키는 앞문으로 들어간다.
④ 요울루푸키는 크리스마스 이브에 온다.
⑤ 나쁜 아이들에게 벌을 준다는 내용은 언급되지 않았다.

[19-20]

새해 전날에 일본 사람들은 행운의 신, 호테이오쇼를 기다린다. 산타클로스처럼, 그는 큰 선물 가방을 들고 다닌다. 착한 아이들을 찾기 위해서 그는 그의 뒤통수에 있는 눈을 사용한다. 참 놀랍다!

19 (해설)
① 그는 새해 전날 온다.
② 그는 일본에서 행운의 신이다.
③ 그는 산타클로스처럼 빨간색 옷을 입는다.
④ 그는 큰 선물 가방을 가지고 다닌다.
⑤ 그는 뒤통수에 눈이 있다.
(해설) ③ 호테이오쇼가 산타처럼 빨간 옷을 입는다는 내용은 없다.

20 (해설) ③ 목적을 나타내는 '~하기 위해서'라는 의미의 to부정사가 와야 한다.

서술형 평가 p.65

01 This pond made us young!   **02** (1) What a great cook (your mom is)! (2) How expensive the skirt is! 또는 What an expensive skirt it is!   **03** isn't it   **04** 예시 답안 (1) Why don't you try writing a letter to your friend (2) Why don't you practice every day   **05** (1) His name means "Christmas Goat." (2) What an amazing story (it is)!

01 (해설)

A: 봐! 연못이 있어. 우리는 물을 마실 수 있어.
B: 내 얼굴이 변하고 있어!
A: 우와! 이 연못이 우리를 젊게 만들었어!

(해설) '…가 ~하게 하다'라는 의미는 「make+목적어+형용사」

구문으로 나타내며 목적어는 we의 목적격인 us가 와야 한다.

02 (해설)
(1) 너희 엄마는 요리를 잘 하신다.
→ (그녀는) 정말 훌륭한 요리사구나!
(2) 이 치마는 100달러이다.
→ 정말 비싼 치마구나!
(해설) What으로 시작하는 감탄문의 어순은 「What+a(n)+형용사+명사(+주어+동사)!」이며, How로 시작하는 감탄문은 「How+형용사(+주어+동사)!」이다.

03 (해설)
A: 수학 시험은 다음 주 수요일이야, 그렇지 않니?
B: 아니, 그렇지 않아. 그것은 다음 주 금요일이야.
(해설) 부가의문문은 본 문장이 긍정문이면 동사를 부정형으로 쓰고, 주어는 본 문장의 주어를 대명사로 바꿔 쓴다.

04 (해설)
(1) 나는 친구와 문제가 있어.
(2) 나는 노래와 춤을 잘 하고 싶어.
(해설) 상대방에게 무언가를 권유할 때 '~하는 게 어때?'라는 뜻으로 「Why don't you+동사원형~?」 구문을 쓸 수 있다.

05 (해설)
여러분은 요울루푸키의 이야기를 아나요?
요울루푸키는 핀란드의 선물 주는 존재입니다. 그의 이름은 "크리스마스 염소"를 의미합니다. 요울루푸키는 크리스마스 이브에 와요. 그는 모든 집에 방문하고 앞문을 두드려요. 그리고 나서 그는 "착한 아이들이 있나요?"라고 물어요. 그리고 나서 그는 착한 아이들에게 선물을 줘요. 정말 놀라운 이야기예요!

(해설) (1) '~을 의미하다'라는 뜻의 동사 mean을 써서 표현한다.
(2) What으로 시작하는 감탄문은 「What+a(n)+형용사+명사(+주어+동사)! 어순으로 쓴다.

Review Test 2 p.66

01 ⑤ **02** ④ **03** ④ **04** ④ **05** ⑤ **06** ② **07** ④ **08** ③
09 ⑤ **10** ③ **11** (전 세계의) 다른 선물 주는 존재들 **12** ④
13 ④ **14** ⑤ **15** ② **16** What kind children (they are)!
17 ③ **18** ② **19** ② **20** 정말 놀랍다!

01 (해설) ① 긴장한 ② 슬픈 ③ 기쁜 ④ 쾌활한 ⑤ 비 오는
(해설) ⑤는 날씨를 표현하는 단어이고 나머지는 모두 감정을 표현하는 단어이다.

02 (해설)
누군가를 따뜻하고 친절한 방식으로 맞이하기

① 입다 ② 들고 다니다 ③ 두드리다 ④ 환영하다 ⑤ 가져오다
해설 ④ 누군가를 따뜻하고 친절하게 맞이하는 것은 '환영하다'이다.

03 해석
> • 학생들은 방학을 기다린다.
> • Finn은 그의 여동생을 위해 케이크를 만들었다.

해설 ④ wait for: ~을 기다리다
수여동사 make는 전치사 for와 같이 쓴다.

04 해석
> A: 나는 좋은 영화를 보고 싶어.
> B: _____

① 너는 〈인사이드 아웃〉을 봤니?
② 같이 극장에 가자.
③ 영화 동아리에 가입하는 게 어때?
④ 그 영화는 프랑스 것이야, 그렇지 않니?
⑤ 영화 후기를 읽어보는 게 어때?
해설 ④ 좋은 영화를 보고 싶다는 말에 확인을 요청하는 대답은 어색하다.

05 해석
① A: 나는 피곤해.
  B: 나는 네가 집에서 쉬어야 한다고 생각해.
② A: 이 컵은 너의 것이야, 그렇지 않니?
  B: 응, 맞아.
③ A: 요가를 하는 게 어때?
  B: 좋은 생각이야.
④ A: 박물관은 열었어, 그렇지 않니?
  B: 아니, 그렇지 않아. 그것은 8시에 열어.
⑤ A: 이 책은 어린이를 위한 것이 아니야, 그렇지?
  B: 고맙지만 난 그것을 읽을 수 없어.

[06-07]
> A: 나는 달에 관한 옛날 이야기를 들었어. 어떤 사람들은 토끼가 달에 산다고 믿어.
> B: 아, 내 생각에는 나도 그 이야기를 아는 것 같아. 그건 중국의 전통 이야기야, 그렇지 않니?
> A: 아니, 그렇지 않아. 그건 한국의 이야기야. 하지만 나는 중국 사람들도 달 토끼에 관한 이야기를 한다고 들었어.
> B: 그렇구나. 그럼 토끼는 달에서 무엇을 하니?
> A: 사람들은 토끼가 거기에서 떡을 만든다고 믿어. 흥미롭지, 그렇지 않니?
> B: 응, 그래. 아마 우리는 오늘 밤에 달을 유심히 봐야겠다!

06 해설 ② 한국에 전해 내려오는 달 토끼 이야기를 하고 있다.

07 해설 ④ 빈칸에는 부가의문문 isn't it?에 대한 대답이 와야 한다. 흐름상 질문에 부정으로 답을 하고 있으므로 No, it isn't가 알맞다.

08 해석
> 크리스마스는 나를 _____ 하게 한다.

① 기쁜 ② 행복한 ③ 선물 ④ 신난 ⑤ 쾌활한
해설 ③ '…가 ~하게 하다'라는 의미는 「make+목적어+형용사」 구문으로 나타낼 수 있다. 명사 gifts는 빈칸에 올 수 없다.

09 해석
① 참 아름다운 꽃들이구나!
② 운동은 나를 건강하게 만든다.
③ 날씨가 참 멋지구나!
④ 롤러코스터는 그를 긴장하게 만든다.
⑤ 참 맛있는 쿠키들이구나!
해설 ⑤ What으로 시작하는 감탄문의 어순은 「What+a(n)+형용사+명사(+주어+동사)!」이며 뒤의 명사가 복수일 때 a(n)은 생략한다.

[10-11]
> 겨울 방학이 오면 많은 어린이들이 선물을 기다린다. 그건 그들을 신나게 한다. 하지만 그들 모두가 산타클로스를 기다리고 있을까? 사실, 세계에는 여러 다른 선물을 가져다주는 존재가 있다. 그들에 대해 알아보자!

10 해설 ③ '~을 …하게 하다'라는 의미는 「make+목적어+형용사」 어순으로 쓰므로 they는 목적격인 them이 되어야 한다.

11 해설 대명사가 가리키는 것은 보통 바로 앞에 위치한다. 여기서 them은 앞에서 언급한 other gift givers를 가리킨다.

[12-13]
> 이탈리아에서 어린이들은 라 베파나에 대한 이야기를 듣는다. 그녀는 낡은 옷을 입고 빗자루를 타고 날아다닌다. 그녀는 1월 5일 밤에 어린이들의 집에 온다. 산타클로스처럼, 라 베파나는 굴뚝으로 내려온다. 그녀는 착한 아이들에게 장난감, 사탕, 그리고 과일을 준다. 그러나 나쁜 아이들은 마늘, 양파, 그리고 석탄을 받는다.

12 해설 ④ chimneys는 '굴뚝'이라는 뜻이다.

13 해설
① 이탈리아의 선물을 주는 존재이다.
② 낡은 옷을 입는다고 했다.
③ 1월 5일 밤에 온다.
⑤ 착한 아이들에게 사탕을 준다.

[14-16]
> 같은 날 밤 푸에르토리코에서는 아이들이 그들의 침대 밑에 풀 상자를 놓고서 잠을 잔다. 그날 밤 동안, 세 명의 왕이 낙타를 타고 그들을 방문한다. (배고픈 낙타들은 풀을 먹고 배가 부르다고 느낀다.) 그것은 왕들을 행복하게 한다. 그들은 "이 아이들은 참 친절하구나!"라고 생각한다. 그리고 왕들은 아이들을 위해 그 상자에 그들의 선물을 넣는다.

14 해석
① 나는 기차를 타고 왔다.
② 너의 차는 탁자 위에 있다.
③ 나의 고양이가 침대 위로 뛰었다.
④ Kurt는 벽에 사진을 걸었다.
⑤ Blaine은 금요일에 날 만날 것을 약속했다.
해설 ⑤ 시간 앞에 전치사 on을 써서 '~에'라는 의미가 된다.

15 해석 배고픈 낙타들은 풀을 먹고 배가 부르다고 느낀다.
해설 ② 세 명의 왕과 낙타들이 아이들을 방문한 후 일어나는 일이며, 이것이 왕들을 행복하게 하므로 그 사이에 오는 것이 알맞다.

16 해설 What으로 시작하는 감탄문의 어순은 「What+a(n)+형용사+명사(+주어+동사)!」이며 뒤의 명사가 복수일 때 a(n)은 생략한다.

[17-18]

핀란드의 아이들을 위해서는 요울루푸키가 있다. 그의 이름은 "크리스마스 염소"를 뜻한다. 크리스마스 이브에 요울루푸키는 모든 집에 가서 앞문을 두드린다. 각 가정은 그를 그들의 집으로 맞이한다. 그는 "여기 착한 아이들이 있나요?"라고 묻는다. 그리고 그는 그들에게 선물을 준다.

17 해설 ③ (A) 의미하다/만든다: 이름이 의미하는 것이 적절하다.
(B) 그러나/그리고: 집을 찾아가서 문을 두드린다는 뜻이므로 등위접속사 and를 쓴다.
(C) 주다/받다: 요울루푸키가 선물을 주므로 gives를 쓴다.

18 해석 ① 그래서 ② 그러고 나서 ③ ~할 때 ④ 왜냐하면
⑤ 그러나
해설 ② 요울루푸키가 아이들을 방문해서 선물을 주는 과정에 대해 말하고 있으므로 '그러고 나서'가 들어가야 자연스럽다.

[19-20]

새해 전날에 일본 사람들은 행운의 신, 호테이오쇼를 기다린다. 산타클로스처럼, 그는 큰 선물 가방을 들고 다닌다. 착한 아이들을 찾기 위해서 그는 그의 뒤통수에 있는 눈을 사용한다. 참 놀랍다!

19 해설 ② 글의 흐름상 큰 가방을 '가지고 다니다(carries)'와 눈을 '사용한다(uses)'가 오는 것이 적절하다.

20 해설 감탄문은 감탄, 느낌을 나타내는 말로 '참 ~하구나!'로 해석할 수 있다.

서술형 평가 p.69

01 (1) What a beautiful city (it is)! 또는 How beautiful the city is! (2) What great players (they are)! 또는 How great the players are! **02** (1) isn't it (2) is she
03 That's a good idea. / That sounds good./ I'm sorry but it will make me sleepy, too. **04** (1) makes Yumi

joyful. (2) Science magazines make Sam bored.
05 made he → made him / you going → you go

01 해석 (1) 정말 아름다운 도시이구나!
(2) 정말 훌륭한 선수들이구나!
해설 What으로 시작하는 감탄문은 「What+a(n)+형용사+명사(+주어+동사)!」 어순으로 쓰며, 뒤의 명사가 복수일 때 a(n)은 생략한다. How로 시작하는 감탄문은 「How+형용사/부사+주어+동사!」 어순으로 쓴다.

02 해석
(1) A: 이 셔츠는 할인 중이에요, 그렇지 않아요?
    B: 네, 그래요. 당신은 30퍼센트 할인을 받을 수 있어요.
(2) A: Katie는 16살이 아니야, 그렇지?
    B: 아니, 그녀는 아니야. 그녀는 15살이야.
해설 부가의문문은 문장의 끝에 짧게 덧붙이며, 본 문장의 동사가 be동사 긍정문일 때는 「isn't/aren't+주어의 대명사?」의 어순으로 쓰고 본 문장이 be동사 부정문일 때는 「is/are+주어의 대명사?」를 쓴다.

03 해석

A: 나는 많은 책을 읽고 싶어. 그런데 나는 읽기 시작할 때 잠이 들어버려.
B: 오디오북을 들어보는 건 어때?
A: _____

해설 권유나 제안하는 말에 대해 긍정적으로 응답할 때는 That's a good idea, That sounds good 등으로, 거절할 때는 I'm sorry but ~ 등으로 말할 수 있다.

04 해석
(1) 초콜릿은 유미를 기쁘게 만든다.
(2) 과학 잡지는 Sam을 지루하게 만든다.
해설 '~을 …하게 하다'라는 의미는 「make+목적어+형용사」 어순으로 쓴다.

05 해석

옛날 옛날에, 물고기가 한 마리 있었어요. 그의 이름은 Flynn이었고 그는 상어를 무서워했어요. 그들은 그를 긴장하게 만들었어요. 어느 날, Flynn의 아빠가 "학교를 가보는 게 어떠니?"라고 말했어요. 그래서 그는 학교에 갔고 상어, 돌고래, 거북이들과 친구가 되었어요! Flynn은 행복했어요.

해설 '…가 ~하게 하다'라는 의미는 「make+목적어+형용사」 구문으로 나타낼 수 있다. 목적어는 he의 목적격인 him을 써야 한다. 상대방에게 조언할 때 '~하는 게 어때?'라는 뜻으로 「Why don't you+동사원형~?」 구문을 쓰므로 going이 아닌 go를 쓴다.

Lesson 8 The Best Way to Win

8 The Best Way to Win

Check up
p.72

01 끝나다 **02** 예, 예시 **03** 쉬다 **04** 거북 **05** 옛날 옛적에 **06** cross **07** fair **08** solve **09** upset **10** behind

Word Test
p.73

01 (1) thirsty (2) lazy (3) race **02** ③ **03** (1) choose (2) lesson (3) carefully (4) suddenly **04** ④ **05** (1) pass by (2) asked for

01 해석
(1) 목마른: 무언가를 마시고 싶은
(2) 게으른: 열심히 일하지 않거나 활동적이지 않은
(3) 경주: 가장 빠른 주자를 알아내기 위한 경쟁

02 해석
• 나는 오늘 시험에 준비가 되지 않았다.
• 큰 놀이터가 우리 집 옆에 있다.
해설 be ready for: ~에 준비가 되다 next to: ~ 옆에

03 해석
(1) 너는 엄마를 위한 선물을 골랐니?
(2) 그 실수는 나에게 중요한 교훈을 가르쳐 주었다.
(3) 그는 항상 다른 사람들의 말을 주의 깊게 듣는다.
(4) 자동차가 도로 중앙에서 갑자기 멈췄다.

04 해석
• 우리는 우리의 아름다운 정원을 자랑스러워 한다.
• 그들은 루돌프의 빨간 코를 놀렸다.
해설 be proud of: ~을 자랑스러워 하다 make fun of: ~을 놀리다

05 해설
(1) pass by: 지나가다
(2) ask for: 요청하다

Reading
p.74

Once upon a time / made fun of / Let's find out / much faster than / fell asleep / kept walking / surprised / its lesson
goes on / proud and lazy / agreed / did his best / stopped running / behind / winner

can't win / asked for / agreed / suddenly / on the other side / right next to / On the other side / won the race became friends / in the shortest time / as a team / carried / on his back / carried / did it better together

Reading Test
p.78

01 ④ **02** ③ **03** 거북이는 지나갔고 계속 걸었다 **04** ③
05 ① **06** (C)-(B)-(A)-(D) **07** ⑤ **08** ③

[01-04]

옛날 옛적에, 토끼와 거북이가 있었다. 토끼는 자신의 빠르기를 매우 자랑스러워 했고 거북이를 놀렸다. 거북이가 "네가 정말로 나보다 낫니? 한번 알아보자."라고 대답했다. 그래서 그들은 경주를 하기로 결정했다.
처음에는, 토끼가 거북이보다 훨씬 더 빠르게 달렸다. 그가 훨씬 멀리 앞섰기 때문에, 토끼는 나무 아래에서 쉬기로 결정했다. 하지만 그는 잠이 들고 말았다. 거북이는 지나갔고 계속 걸었다. 토끼가 마침내 깼을 때, 그는 놀랐다. 거북이가 이미 결승선에 있었다!
이것은 유명한 이야기이고, 우리는 모두 그것의 교훈을 안다.
하지만 이야기는 계속된다. 토끼는 속이 상했고, 그는 주의 깊게 생각하기 시작했다. "내가 너무 자만하고 게을렀던 걸까?" 대답은 그렇다였다. 토끼는 다시 경주를 하기를 원했고, 거북이는 동의했다.
이번에는, 토끼는 최선을 다했다. 그는 달리는 것을 결코 멈추지 않았다. (그가 결승선을 지날 때, 토끼는 그의 뒤를 돌아보았다.) 거북이는 여전히 멀리 있었다. 토끼가 이번 경주의 우승자였다.

01 해석
① 휴식을 좀 취하기로
② 산책을 하기로
③ 경주 경기를 보기로
⑤ 달리기 수업을 듣기로
해설 ④ 앞 문장에서 거북이가 누가 더 나은지 알아보자고 하였기 때문에 그들은 경주를 하기로 결정했다는 것을 알 수 있다.

02 해설 ③ 거북이가 토끼를 놀렸다는 언급은 없다.

03 해설 pass by는 '지나가다'라는 뜻이고 「keep+v-ing」은 '계속 ~하다'라는 뜻이다.

04 해석 그가 결승선을 지날 때, 토끼는 그의 뒤를 돌아보았다.
해설 ③ 토끼가 뒤를 돌아보았을 때 거북이가 아직 멀리 있었다는 내용으로 연결되는 것이 자연스럽다.

그러나 이야기는 거기서 끝나지 않는다. 이제 거북이는 "경주가 이와 같을 때 나는 이길 수 없어."라고 생각했다. 그래서 그는 다른 장소를 골랐고 또 다른 경주를 요청했다. 토끼는 동의했다.

다시, 토끼는 매우 빠르게 달렸지만, 그는 갑자기 커다란 강에 이르렀다. 결승선은 건너편에 있었다. 그가 무엇을 할 수 있었을까? (C) 곧, 거북이가 그의 바로 옆에 도착했다. (B) 토끼는 거기에 그저 서 있었지만, 거북이는 물 속으로 들어가 강을 헤엄쳐 건넜다. (A) 반대편에서, 그는 결승선까지 계속 걸어갔다. (D) 이번에는, 거북이가 경주를 이겼다.

05 해설 ① 주어인 the story가 3인칭 단수이므로 부정문은 doesn't end로 써야 한다.

06 해설 강이라는 큰 장애물을 만난 토끼가 어쩔 줄 모르는 사이에 거북이가 토끼 옆에 도착하였다. 거북이는 강으로 뛰어들어 헤엄쳐 건넌 후, 반대편에 있는 결승전까지 계속 가서 경주에서 이겼다는 흐름이 자연스럽다.

[07-08]

이 모든 경주 후에, 토끼와 거북이는 친구가 되었다. 이제 그들은 다르게 생각하기 시작했다. "우리는 어떻게 이 긴 경주를 가장 짧은 시간 안에 끝낼 수 있을까?"

그들은 팀으로 일하기로 결정했다. 경주의 초반에, 토끼가 거북이를 들고 옮겼다. 강에서, 거북이는 토끼를 그의 등에 업은 채 수영했다. 건너편에서, 토끼는 다시 거북이를 들고 옮겼다. 그들은 경주를 매우 빨리 끝냈다. 그들은 함께 더 잘 해냈기 때문에 행복했!

07 해설 ⑤ 둘이 팀으로 일해서 더 빨리 경주를 끝냈다는 내용이다.

08 해설
(A) 소요시간을 나타낼 때 '~안에'라는 의미로 전치사 in을 쓴다.
(B) '~로, ~로서'의 의미는 전치사 as를 써서 나타낸다.
(C) '(접촉하여) ~위에'라는 의미는 전치사 on을 써서 나타낸다.

Review Test 1
p.80

01 ② **02** kindness **03** ⑤ **04** behind **05** ④ **06** ②,
⑤ **07** ③ **08** ① **09** ② **10** Rabbit ran much faster than Turtle. **11** ⓐ to race ⓑ running **12** proud, lazy
13 ⑤ **14** ③ **15** ②

01 해설 ② example은 '예, 예시'라는 뜻이다.

02 해설

행복한 : 행복 = 친절한 : 친절

해설 주어진 happy와 happiness가 형용사와 명사 관계이므로 형용사인 kind의 명사형인 kindness가 빈칸에 알맞다.

03 해설
• 내 남동생은 안경을 찾을 수 없었다. 그래서 그는 내 도움을 요청했다.
• 나는 다음 경기를 위한 준비가 되어 있다.

해설 ask for: 요청하다   be ready for: ~에 준비가 된

04 해설

Helen, Josh 그리고 나는 한 줄에 있다. Helen은 내 앞에 서 있고, Josh는 내 뒤에 있다.

해설 '~뒤에'라는 의미는 전치사 behind를 써서 나타낸다.

05 해설
① 우리는 언젠가 프랑스를 방문하길 바란다. (명사적 용법)
② 여기에 나와 함께 머무르기를 원하니? (명사적 용법)
③ 그는 나에게 새 배낭을 사주겠다고 약속했다. (명사적 용법)
④ 나는 이메일을 쓰기 위해 컴퓨터를 켰다. (부사적 용법)
⑤ 그들은 정원에 장미를 기를 것을 계획하고 있다. (명사적 용법)
해설 ④는 '~하기 위해서'라는 의미의 to부정사의 부사적 용법으로 쓰였고, 나머지는 동사의 목적어 역할을 하는 to부정사의 명사적 용법으로 쓰였다.

06 해설

나는 어제 바빴다. 오늘 나는 어제보다 훨씬 더 바쁘다.

해설 ②, ⑤ 비교급을 강조하는 부사에는 much, far, a lot 등이 있다.

07 해설 ③ 주어가 3인칭 단수일 때 일반동사 과거형 부정문은 동사원형 앞에 didn't를 붙여서 만든다. '최선을 다하다'는 do one's best로 쓴다.

08 해설
① 그 남자는 전화 통화하는 것을 멈췄다.
② 내 영어 실력은 내 중국어 실력보다 더 나쁘다.
③ 날씨가 추웠기 때문에 나는 따뜻한 코트를 입었다.
④ 경주가 끝난 후, 우리는 배고프다고 느끼기 시작했다.
⑤ 그는 문을 열고 방 안으로 들어갔다.
해설 ① stop은 목적어로 동명사가 와야 하므로 stopped talking이 되어야 한다.

[09-10]

옛날 옛적에, 토끼와 거북이가 있었다. 토끼는 자신의 빠르기를 매우 자랑스러워 했고 거북이를 놀렸다. 거북이가 "네가 정말로 나보다 낫니? 한번 알아보자."라고 대답했다. 그래서 그들은 경주를 하기로 결정했다.

처음에는, 토끼가 거북이보다 훨씬 더 빠르게 달렸다. 그가 훨씬 멀리 앞섰기 때문에, 토끼는 나무 아래에서 쉬기로 결정했다. 하지만 그는 잠이 들고 말았다. 거북이는 지나갔고 계속 걸었다. 토끼가 마침내 깼을 때, 그는 놀랐다. 거북이가 이미 결승선에 있었다!

이것은 유명한 이야기이고, 우리는 모두 그것의 교훈을 안다.

09 〔해석〕

① 토끼는 무엇을 자랑스러워 했는가?

② 토끼와 거북이는 어디서 경주를 했는가?

③ 토끼는 왜 쉬기로 결정했는가?

④ 잠에서 깼을 때 토끼는 기분이 어땠는가?

⑤ 누가 경주의 승자였는가?

〔해설〕 ② 경주를 한 장소는 언급되지 않았다.

10 〔해설〕 비교급 문장은 「비교급+than」으로 쓰고, 비교급을 강조하는 부사는 비교급 형태 바로 앞에 쓴다.

[11-12]

> 하지만 이야기는 계속된다. 토끼는 속이 상했고, 그는 주의 깊게 생각하기 시작했다. "내가 너무 자만하고 게을렀던 걸까?" 대답은 그렇다였다. 토끼는 다시 경주를 하기를 원했고, 거북이는 동의했다.
> 이번에는, 토끼는 최선을 다했다. 그는 달리는 것을 결코 멈추지 않았다. 그가 결승선을 지날 때, 토끼는 그의 뒤를 돌아보았다. 거북이는 여전히 멀리 있었다. 토끼가 이번 경주의 우승자였다.

11 〔해설〕 ⓐ 동사 want의 목적어로 to부정사가 와야 하므로 to race로 쓴다.

ⓑ 동사 stop의 목적어로 동명사를 써서 '~하는 것을 멈추다'라는 의미를 나타내므로 running으로 쓴다.

12 〔해석〕

> 토끼는 너무 자만하고 게을렀다.

〔해설〕 (A)의 The answer는 바로 앞에서 토끼가 자신에게 던진 질문에 대한 대답을 의미하므로 그 질문에 대한 긍정(yes)에 해당하는 말이 온다.

13 〔해석〕

> 다시, 토끼는 매우 빠르게 달렸지만, 그는 갑자기 커다란 강에 이르렀다. 결승선은 건너편에 있었다. 그가 무엇을 할 수 있었을까? 곧, 거북이가 그의 바로 옆에 도착했다. 토끼는 거기에 그저 서 있었지만, 거북이는 물 속으로 들어가 강을 헤엄쳐 건넜다. 반대편에서, 그는 결승선까지 계속 걸어갔다. 이번에는, 거북이가 경주를 이겼다.

〔해설〕 ⓐ,ⓑ,ⓒ,ⓓ는 모두 토끼를 가리키고, ⓔ만 거북이를 가리킨다.

[14-15]

> 이 모든 경주 후에, 토끼와 거북이는 친구가 되었다. 이제 그들은 다르게 생각하기 시작했다. "우리는 어떻게 이 긴 경주를 가장 짧은 시간 안에 끝낼 수 있을까?"
> 그들은 팀으로 일하기로 결정했다. 경주의 초반에, 토끼가 거북이를 들고 옮겼다. 강에서, 거북이는 토끼를 그의 등에 업은 채 수영했다. 건너편에서, 토끼는 다시 거북이를 들고 옮겼다. 그들은 경주를 매우 빨리 끝냈다. 그들은 함께 더 잘 해

> 냈기 때문에 행복했다!

14 〔해설〕 ③ 토끼와 거북이가 팀으로 함께 경주했기 때문에, 땅에서는 토끼가 거북이를 들고 옮겼다. 따라서 둘 중 하나가 앞섰다는 것은 내용과 일치하지 않는다.

15 〔해설〕 ② short의 최상급은 shortest이다.

서술형 평가 p.82

01 (1) Turtle (2) fell asleep (3) did his best (4) Turtle (5) as a team   **02** How can we find out the answer in 10 minutes?   **03** Robert was proud of his grades and made fun of his brother.   **04** rest → to rest, wake up → woke up   **05** faster, won

01 〔해설〕

(1) 첫 번째 경주의 승자는 거북이였다.

(2) 첫 번째 경주에서 토끼는 경주 중에 잠들어 버렸다.

(3) 두 번째 경주에서 토끼는 최선을 다했다.

(4) 세 번째 경주의 승자는 거북이였다.

(5) 네 번째 경주에서 그들은 팀을 이뤄 경주했다.

02 〔해설〕 의문사가 있는 의문문에서 조동사가 있는 경우 문장의 어순은 「의문사+조동사+주어+동사원형~?」으로 쓴다. '(~시간) 안에'를 나타낼 때는 전치사 in을 쓴다.

03 〔해설〕 be proud of는 '~을 자랑스러워 하다'라는 의미이고, make fun of는 '~을 놀리다'라는 의미이다.

04 〔해석〕

> Mike는 시험을 위해 밤늦도록 공부했다. 그는 피곤했고, 15분 동안 쉬기로 결정했다. 그러나 그는 잠이 들었다. 그가 잠에서 깼을 때, 그는 놀랐다. 벌써 아침이었고 학교에 갈 시간이었다!

〔해설〕 decide의 목적어로는 to부정사가 오므로 to rest가 되어야 한다. When이 이끄는 부사절의 시제는 주절의 시제가 과거이므로 이에 맞게 과거형인 woke up으로 고쳐야 한다.

05 〔해석〕

> A: 토끼가 거북이보다 빨리 뛰었니?
> B: 응, 그랬어. 그는 경주를 이겼어.

〔해설〕 그림에 맞게 첫 번째 빈칸에는 fast의 비교급 형태인 faster를 쓰고, 두 번째 빈칸에는 win의 과거형 won을 쓴다.

Review Test 2 p.83

01 ③ **02** ⑤ **03** ⑤ **04** ③ **05** next to **06** ④

07 much[a lot, far] more expensive than **08** ⑤ **09** ④

10 ③ **11** ④ **12** ② **13** ⓐ swam ⓑ walking **14** How can we finish this long race in the shortest time? **15** ②

01 【해설】 ③ cross는 '건너다'라는 뜻이다.

02 【해석】 ① 경주 ② 이기다 ③ 공평한 ④ 출발 ⑤ 여배우
【해설】 ①, ②, ③, ④는 모두 경주에 관련된 단어이다.

03 【해석】
> Julie는 과학 시험에서의 나쁜 점수에 대해 <u>기분이 좋지 않았다.</u>

① 자랑스러운 ② 기쁜 ③ 놀란 ④ 신난 ⑤ 속상한
【해설】 ⑤ unhappy는 '기분이 나쁜, 불만족스러운'이라는 뜻을 나타내므로 upset이 유사한 의미이다.

04 【해석】
> • 벨이 울리자 그들은 도망쳤다.
> • Sam은 우리 집에서 멀리 떨어져 산다. 그의 집에서 우리 집까지는 약 30킬로미터이다.

【해설】 ③ run away: 도망치다 far away: 멀리 떨어진

05 【해설】 '~옆에'라는 의미는 next to를 써서 나타낸다.

06 【해석】
> 아이들은 해변에서 모래성을 만드는 것을 _____.

① 계속했다 ② 끝냈다 ③ 즐겼다 ④ 계획했다 ⑤ 멈췄다
【해설】 ④ 빈칸 바로 뒤 단어의 형태가 making으로 동명사이므로 빈칸에는 목적어로 동명사를 쓰는 동사가 와야 한다. plan은 to부정사를 목적어로 쓰는 동사이다.

07 【해설】 expensive의 비교급 형태는 more expensive이다. 비교급을 강조할 때는 비교급 앞에 much, far, a lot 등을 붙인다.

08 【해석】
① 그는 넥타이를 메고 싶어하지 않는다.
② 우리 형은 우리 아버지보다 키가 크다.
③ Eddison씨를 돕기 위해서 내가 무엇을 할 수 있을까?
④ 정오였지만, Sam은 계속 잤다.
⑤ 그 소식을 들으면 그는 놀랄 것이다.
【해설】 ⑤ When이 이끄는 부사절에서는 현재형 동사를 써서 미래를 나타내므로 He'll be surprised when he hears the news.가 올바른 문장이다.

[09-10]
> 옛날 옛적에, 토끼와 거북이가 있었다. 토끼는 자신의 빠르기를 매우 자랑스러워 했고 거북이를 놀렸다. 거북이가 "네가 정말로 나보다 낫니? 한번 알아보자."라고 대답했다. 그래서 그들은 경주를 하기로 결정했다.
> 처음에는, 토끼가 거북이보다 훨씬 더 빠르게 달렸다. 그가 훨씬 멀리 앞섰기 때문에, 토끼는 나무 아래에서 쉬기로 결정했다. 하지만 그는 잠이 들고 말았다. (거북이는 지나갔고 계속 걸었다.) 토끼가 마침내 깼을 때, 그는 놀랐다. 거북이가 이미 결승선에 있었다!

> 이것은 유명한 이야기이고, 우리는 모두 그것의 교훈을 안다.

09 【해석】 거북이는 지나갔고 계속 걸었다.
【해설】 ④ 거북이는 토끼가 잠든 이후 그 옆을 지나간 것이기 때문에 토끼가 잠들었다는 내용 다음에 오는 것이 적절하다.

10 【해석】
① 연습이 완벽을 만든다.
② 집보다 좋은 곳은 없다.
③ 천천히 꾸준히 하면 경주에서 이긴다.
④ 백지장도 맞들면 낫다.
⑤ 일찍 일어나는 새가 벌레를 잡는다.
【해설】 ③ 느리지만 게으름을 피우지 않고 계속 걸어서 경주에서 이긴 거북이의 이야기에서 얻을 수 있는 교훈은 '천천히 하더라도 꾸준히 하면 경주에서 이긴다'는 것이다.

[11-13]
> 그러나 이야기는 거기서 끝나지 않는다. 이제 거북이는 "경주가 이와 같을 때 나는 이길 수 없어."라고 생각했다. 그래서 그는 다른 장소를 골랐고 또 다른 경주를 요청했다. 토끼는 동의했다.
> 다시, 토끼는 매우 빠르게 달렸지만, 그는 갑자기 커다란 강에 이르렀다. 결승선은 건너편에 있었다. 그가 무엇을 할 수 있었을까? 곧, 거북이가 그의 바로 옆에 도착했다. 토끼는 거기에 그저 서 있었지만, 거북이는 물 속으로 들어가 강을 헤엄쳐 건넜다. 반대편에서, 그는 결승선까지 계속 걸어갔다. 이번에는, 거북이가 경주를 이겼다.

11 【해설】 ④ '~할 때'라는 의미의 시간을 나타내는 접속사 when이 알맞다.

12 【해설】 ① 거북이가 경주를 요청했다.
③ 경주 장소에는 강이 있었다.
④ 거북이가 토끼의 약을 올렸다는 내용은 없다.
⑤ 거북이 혼자 경주를 끝냈다.

13 【해설】 ⓐ: 주어는 모두 Turtle이고 등위접속사 and가 두 개의 동사를 연결하고 있다. got과 문법적으로 대등한 형태인 과거형을 써서 swam이 와야 한다.
ⓑ: keep의 목적어로 동명사가 와야 하므로 walking이 되어야 한다.

[14-15]
> 이 모든 경주 후에, 토끼와 거북이는 친구가 되었다. 이제 그들은 다르게 생각하기 시작했다. "우리는 어떻게 이 긴 경주를 가장 짧은 시간 안에 끝낼 수 있을까?"
> 그들은 팀으로 일하기로 결정했다. 경주의 초반에, 토끼가 거북이를 들고 옮겼다. 강에서, 거북이는 토끼를 그의 등에 업은 채 수영했다. 건너편에서, 토끼는 다시 거북이를 들고 옮겼다. 그들은 경주를 매우 빨리 끝냈다. 그들은 <u>함께 더 잘 해냈기</u> 때문에 행복했다!

해설 의문사가 있는 의문문에서 조동사가 있는 경우 문장의 어순은 「의문사+조동사+주어+동사원형~?」으로 쓴다. '(시간) 안에'를 나타낼 때는 전치사 in을 쓴다.

15 해석
① 경주가 매우 어려웠기
② 함께 더 잘 해냈기
③ 토끼가 강을 건널 수 있었기
④ 더 이상 경주가 없었기
⑤ 그들이 서로 경주하는 걸 즐겼기
해설 ② 위 글은 토끼와 거북이가 팀을 이뤄 함께 경주를 했고, 빨리 끝냈다는 내용이다.

서술형 평가   p.85

01 (1) much faster than   (2) slower than   (3) the winner of the race   **02** decided to eat   **03** kept waiting for
04 When I sat down next to Mark, the bus arrived. 또는 The bus arrived when I sat down next to Mark.
05 (1) on   (2) under   (3) behind

01 해석
(1) Jack은 Ben보다 훨씬 빨리 달렸다.
(2) Charlie는 매우 빨리 달렸지만, Jack보다 느렸다.
(3) Jack이 경주의 승자였다.
해설 (1) fast의 비교급은 faster이며, 비교급 문장은 「비교급 +than」으로 쓴다. much는 비교급을 강조할 때 쓴다.
(2) 형용사 slow의 비교급은 slower이다.
(3) '~의 승자'는 winner of~로 나타낸다.

02 해석 그들은 저녁으로 파스타를 먹기로 결정했다.
해설 decide는 목적어로 to부정사를 쓴다.

03 해석 우리는 버스 정류장에서 계속 버스를 기다렸다.
해설 keep은 목적어로 동명사를 쓴다.

04 해설 '~할 때'는 when절인 「when+주어+동사~」로 표현한다. '~의 옆에'는 next to를 쓰고, '도착하다'는 arrive이다.

05 해석
(1) 책은 탁자 위에 있다.
(2) 고양이는 탁자 아래에 있다.
(3) 의자는 탁자 뒤에 있다.
해설 (1) '~위에'는 전치사 on으로 표현한다.
(2) '~아래에'는 전치사 under로 표현한다.
(3) '~뒤에'는 전치사 behind로 표현한다.

2학기 중간고사 1회   p.88

01 ④   **02** ③   **03** ④   **04** ③   **05** off, up   **06** ⑤   **07** ③
08 ③   **09** (C)-(B)-(A)-(D)   **10** ④   **11** ④   **12** ①
13 When I called Eddie, he was not at home.
14 I took out my camera to take some pictures.   **15** ④
16 ⑤   **17** ⑤   **18** ②   **19** ⑤   **20** ③   **21** emotions
22 ④   **23** ②   **24** (A) to express   (B) to show
25 Painting a picture was like making a song

01 해설 ④ object는 '물건, 물체'라는 뜻이다.

02 해석

피아노	바이올린	플루트	기타

① 대학교 ② 모양 ③ 악기 ④ 한계 ⑤ 마을
해설 ③ 이 단어들은 모두 악기 종류이며 악기는 영어로 instrument이다.

03 해석
• 내 남동생은 8살이다. 그는 초등학교 2학년이다.
• 나는 시험을 매우 잘 봐서 좋은 성적을 받았다.

① 점수 ② 꽃병 ③ 상 ④ 학년, 성적 ⑤ 단계, 무대
해설 ④ grade: 학년, 성적, 등급

04 해석

Jennifer와 나는 어젯밤에 _____ 영화를 보았다.

① 무서운 ② 놀라운 ③ 흥미 ④ 진지한 ⑤ 재미있는
해설 ③ 빈칸에는 명사 '영화'를 꾸미는 형용사가 들어가야 한다.

05 해석
• 그는 그의 코트를 벗어서 소파 위에 놓았다.
• Grace가 자란 후에 그녀는 뉴욕으로 이사했다.

해설 take off: ~을 벗다   grow up: 자라다, 성장하다

06 해석
A: 이 책에 _____?
B: 나는 그것이 조금 지루하다고 생각해.

① 대한 너의 의견이 뭐니
② 대해 어떻게 생각하니
③ 대해 어떻게 느끼니
④ 대해 어떻게 생각하니
⑤ 어디에서 빌리니
해설 ⑤ Where do you borrow ~?는 의견을 묻는 질문으로 적절하지 않다.

07 해석
① A: 나는 이 그림이 매우 좋아.
　 B: 나도 그래. 색깔이 멋있어.
② A: 너는 이 시에 대해 어떻게 생각하니?

B: 나의 생각으로는 그것은 어려워.
③ A: 너는 미래에 무엇이 되고 싶니?
  B: 너는 패션모델이 되고 싶어, 그렇지?
④ A: 나는 내일 연극에 대해 긴장돼.
  B: 모든 것은 괜찮을 거야.
⑤ A: 시험에 대해 걱정하지 마. 너는 잘할 거야.
  B: 고마워. 너는 매우 착하구나.
해설 ③ 미래에 무엇이 되고 싶은지 묻는 말에 '너는 패션모델이 되고 싶지'라고 되묻는 답은 어색하다.

08 해설 ③ '너는 ~하면 안 된다'라고 금지를 나타낼 때는 「You must not+동사원형」을 써서 표현한다.

09 해석

(C) 지나야, 너는 미래에 무엇이 되고 싶니?
→ (B) 저는 비행기 조종사가 되고 싶어요.
→ (A) 그거 좋구나. 왜 비행기 조종사가 되고 싶니?
→ (D) 저는 아멜리아 에어하트처럼 비행기를 조종하고 싶어요. 그녀는 저의 본보기예요.

해설 먼저 장래희망을 묻고, 그에 대해 답한다. 이어서 그 장래희망을 갖고 있는 이유를 묻고 답하는 내용이 이어지는 것이 자연스럽다.

10 해석

A: Jake, 이것 봐. 빅토리아 미술관에 지금 세 개의 미술 전시회가 있어.
B: 잘됐다. 거기 가 보는 게 어때?
A: 그래. 너는 어느 것이 보고 싶어?
B: 나는 모네에게 흥미가 있어. 그의 그림들을 보고 싶어.
A: 하지만 나는 지난달에 그의 전시회를 다녀왔어. 피카소는 어때?
B: 글쎄, 나는 피카소를 잘 이해하지 못하겠어.
A: 그럼 이건 어떻게 생각해, 스튜어트 데이비스?
B: 나는 그의 그림이 흥미로워 보인다고 생각해. 그의 전시회에 가자.

해설 ① 세 개의 전시회가 열리고 있다.
② 모네의 전시회가 인기가 많다는 내용은 없다.
③ A는 모네의 전시회를 다녀왔다.
⑤ A와 B는 전시회에 갈 것이다.

11 해설 나의 머리카락은 Emily의 머리카락보다 더 길다.
해설 ④ long의 비교급 표현은 longer이다.

12 해설 나는 William이 정직하다고 믿는다.
해설 ① 동사 believe는 목적어로 접속사 that이 이끄는 that 절을 쓸 수 있다.

13 해설

나는 Eddie에게 전화했다. 그는 그때 집에 없었다.
→ 내가 Eddie에게 전화했을 때, 그는 집에 없었다.

해설 접속사 when이 이끄는 부사절은 「when+주어+동사~」 어순이며 '~할 때'라는 의미를 나타낸다. when절이 주절의 앞에 올 때, 절 끝에 쉼표를 쓴다.

14 해석 나는 내 카메라를 꺼냈다. 나는 사진을 좀 찍고 싶었다.
→ 나는 사진을 좀 찍기 위해 내 카메라를 꺼냈다.
해설 to부정사는 「to+동사원형」의 형태로, 목적을 나타내는 부사적 용법일 때는 '~하기 위해서'라는 의미이다.

15 해석
① 그녀는 우리 학교에서 가장 빠른 주자이다.
② 나는 편지를 부치기 위해서 우체국에 갔다.
③ 나의 아버지는 내가 공부를 열심히 해야 한다고 말씀하신다.
④ 우리가 내일 만날 때, 우리는 공원에 갈 것이다.
⑤ 피자가 닭고기보다 훨씬 더 맛있었다.
해설 ④ when절은 미래의 시간을 의미하더라도 현재시제로 나타낸다.

[16-17]

판이 FC의 이야기가 청소년 축구 선수권 대회 이후 태국을 놀라게 했다. 그 팀이 결승까지 간 건 아니었지만, 그들은 여전히 승자이다. 그들은 판이섬의 수상 마을 출신이다. 그곳에는 땅이 전혀 없다. 그렇다면 그들은 어떻게 축구 연습을 했을까? 판이 FC의 선수 나타퐁과의 인터뷰에 답이 있다.

16 해설 ⑤ 판이 FC가 어떤 방법으로 축구를 했는지 언급되지 않았다.

17 해설 ⑤ '~이 없다'는 There is not~로 쓴다. any는 부정문에서 '전혀 ~가 아닌'이라는 뜻이다.

[18-19]

기자: 우선, 당신의 팀에 대해 이야기해 주겠어요? 어떻게 판이 FC가 시작되었죠?
나타퐁: 제 친구들과 저는 텔레비전으로 축구 경기 보는 것을 좋아했지만, 그것을 할 수는 없었죠. 보트 경주가 우리 마을에서 가장 인기 있는 스포츠였어요. 그런데 어느 날, 한 친구가 "축구팀을 만들자!"라고 말했어요. 우리는 신나서 해 보기로 결정했죠.
기: 그렇지만 땅이 없잖아요. 그게 어떻게 가능했죠?
나: 많은 사람들이 그건 불가능하다고 말했어요. 그렇지만 우리는 생각이 있었어요! 우선, 우리는 낡은 고기잡이배 몇 척을 함께 묶었어요. 그리고 나서 그것들 맨 위에 오래된 나무를 두었고요. 이게 우리의 경기장이 되었어요.
기: 흥미롭군요! 경기장은 어땠나요?
나: 문제가 좀 있었죠. 경기장이 많이 움직였고 못들이 좀 있었어요. 또한 경기장은 젖어 있었고 미끄러워서, 신발 없이 운동을 했어요.

18 해석
① 경기장이 어디에 있나요?
② 경기장은 어땠나요?

③ 경기장은 얼마나 컸나요?

④ 당신은 경기장을 어떻게 만들었나요?

⑤ 경기장을 언제 만들었나요?

[해설] ② 질문에 대한 답으로 경기장의 상태를 설명하고 있으므로 경기장이 어땠는지 묻는 질문이 가장 알맞다.

19 [해설] ⑤ (A) love는 목적어로 동명사 또는 to부정사인 「to+동사원형」을 쓸 수 있다.

(B) 대명사는 앞에서 언급한 것을 가리키며 여기서는 old fishing boats이므로 복수인 them을 써야 한다.

(C) 동사 moved를 꾸며주는 것은 부사로 쓰이는 a lot이다. a lot of는 '많은'이라는 뜻으로 명사 앞에 쓴다.

[20-22]

> 바실리는 착한 소년이었다. 그는 음악과 미술을 사랑했다. (B) 어느 날, 그는 물감 한 상자를 받았다. (D) 그가 색깔을 섞기 시작했을 때, 바실리는 어떤 이상한 소리를 들었다. (A) "색깔들이 소리를 내고 있어!"라고 그는 소리쳤다. (C) 그리고 나서 그는 색깔들이 내는 소리를 그리려고 했다.
>
> 바실리는 자랐고, 법학을 공부하기 위해 그는 대학에 갔다. 그런데 그가 서른 살이었을 때, 오페라가 그의 인생을 바꾸었다. 그는 그 음악에서 강렬한 감정을 느꼈다. 그러더니 그 감정은 그의 눈앞에서 색채가 되었다! 그는 그 색채를 캔버스 위에 표현하고 싶었다. 그래서 바실리 칸딘스키는 자기만의 방식으로 그림을 그리기 시작했다.

20 [해설] (B) 바실리는 물감을 한 상자 받았고, (D) 물감 색을 섞자 소리를 들었다. (A) 색깔이 소리를 낸다고 소리쳤고 (C) 그 소리를 그리려고 했다.

21 [해설] 대명사는 보통 바로 앞에 언급된 것을 가리킨다. they 앞에서 말한 복수명사는 emotions이다.

22 [해설] go to college: 대학에 가다 in his own way: 그만의 방식으로

[23-25]

> 칸딘스키는 실제 사물을 그리려고 하지 않았다. 대신에, 그는 다채로운 색으로 감정을 표현했다. 그는 따뜻하고 신나는 느낌을 표현하기 위해서 노란색을 사용하였고, 깊고 진지한 감정을 드러내기 위해서는 파란색을 사용하였다. 그에게 각각의 색깔은 서로 다른 감정을 드러내고 있었다.
>
> 그는 또한 악기의 소리를 표현하기 위해서 색깔을 사용하였다. 노란색은 트럼펫, 파란색은 첼로였다. 이러한 방식으로, 그는 색깔과 음악을 연결하였다. 그림을 그리는 것은 그에게 노래를 만드는 것과 같았다.

23 [해설] ② serious는 '진지한'이라는 뜻이다.

24 [해설] '~하기 위해'라는 뜻의 목적을 나타내는 to부정사의 부사적 용법을 나타내야 한다.

25 [해설] 동명사는 '~하는 것'이라고 해석할 수 있으며 주어나 전치

사의 목적어로 쓰일 수 있다. like는 전치사로 쓰여 '~와 같은'이라는 의미를 나타낸다.

2학기 중간고사 2회 <small>p.92</small>

01 ① **02** ⑤ **03** ② **04** play **05** ③ **06** ③ **07** must not speak **08** ② **09** ⑤ **10** ④ **11** ⑤ **12** when she saw me **13** ⑤ **14** ② **15** ⓐ to buy ⓑ to pay ⓒ cheaper **16** ① **17** ⑤ **18** ② **19** ④ **20** ② **21** opera, changed **22** ③ **23** ④ **24** ④ **25** both your eyes and ears to understand

01 [해설] ① slippery는 '미끄러운'이라는 뜻이다.

02 [해석]

> 물로 덮인, 마르지 않은

① 경험 ② 경기장 ③ 맨 위 ④ 녹다 ⑤ 젖은

[해설] ⑤ 물로 덮이고, 마르지 않은 것은 젖었다는 뜻이다.

03 [해석]

> 나는 우리 부모님에게 편지를 <u>보냈다</u>.

① 발견했다 ② 받았다 ③ 따라갔다 ④ 가입했다 ⑤ 만졌다

[해설] ② send는 '보내다'라는 의미로 이와 반대되는 것은 '받다'는 의미의 receive이다.

04 [해석]

> • 내 친구들과 나는 매 토요일에 축구를 한다.
> • 연극에서 그의 역할은 로미오였다.

[해설] play는 동사로 '(운동 경기를) 하다'라는 의미가 있고, 명사로 '연극'이라는 의미가 있다.

05 [해석]

> A: 나는 오늘 나의 오디션이 걱정돼.
> B: <u>기운 내! 너는 잘할 거야.</u>

① 나는 그렇게 생각하지 않아.

② 알겠어, 그렇게 하지 않을게.

④ 나는 오디션이 매우 어려웠다고 생각해.

⑤ 슬퍼하지 마. 나도 실수를 했는걸.

[해설] ③ 오디션을 걱정하는 말에 격려의 말을 해주는 것이 가장 적절하다.

06 [해석]

> A: 나의 새 안경에 대해 어떻게 생각해?
> B: <u>나는 그것이 매우 멋져 보인다고 생각해.</u>

① 아니, 나는 안경을 쓰지 않아.

② 나는 내 선글라스가 좋지 않아.

④ 나는 오늘 상태가 별로 좋지 않아.

⑤ 나에게 물 한잔을 줘.

해설 ③ 새로 산 안경에 대해 물었고 이에 대한 답으로 좋아 보인다는 내용이 가장 적절하다.

07 해설 '~하면 안 된다'고 금지하는 말은 「must not+동사원형」을 써서 표현한다.

08 해석

> 이 그림을 봐. 너는 이것에 대해 어떻게 생각하니?
> → (B) 나는 그것이 아름답다고 생각해. 나는 저 꽃들이 마음에 들어.
> → (C) 그래, 그것들은 꽃병 안에서 멋져 보여. 나는 그 그림의 색깔들도 굉장히 좋아.
> → (A) 나도 그래. 내 생각엔 노란색이 멋진 것 같아.
> → (D) 맞아. 그건 따뜻해 보여.

해설 ② 그림에 대한 생각을 말한 후 꽃이 좋다고 하자 동의하였고 그림의 색깔을 언급했다. 이에 동의하며 노란색이 멋지다고 했고 색깔에 대한 느낌을 말했다.

09 해석

> 자, 여러분! 여기는 시립 미술관입니다. 지금은 오전 열 시입니다. 여러분은 이곳을 두 시간 동안 둘러볼 수 있습니다. 박물관에는 몇 가지 규칙이 있습니다. 첫째, 여러분은 크게 이야기해서는 안 됩니다. 둘째, 그림들을 만져서는 안 됩니다. 마지막으로, 여러분은 안에서 먹거나 마셔서는 안 됩니다. 우리는 정오에 메인 갤러리에서 다시 만난 다음에, 한 시간 동안 점심을 먹을 겁니다. 알겠나요? 이제 가 봅시다.

해설 ⑤ 점심 식사 이후 일정으로 언급된 내용은 없다.

10 해석

> A: Mike, 너 걱정스러워 보여. 무슨 문제라도 있니?
> B: 학교 연극이 이번 금요일에 있어. 난 많은 사람들 앞에서 처음으로 연기를 할 거야.
> A: 연극에서 너의 역할이 뭐니?
> B: 나는 주인공의 아빠를 연기해.
> A: 그거 재밌네. 그럼 너는 너희 아빠 옷을 입어야겠다.
> B: 맞아. 아, 나는 정말 긴장돼.
> A: 걱정하지 마. 너는 할 수 있어. 더 연습하면, 무대에서 잘할 수 있을 거야.

① 나는 신이 나 ② 너는 정말 친절하구나
③ 너는 더 잘할 수 있어 ④ 나는 정말 긴장돼
⑤ 우리는 열심히 연습해야 해
해설 ④ 빈칸 다음에 격려하는 말이 오는 것으로 보아 빈칸에는 걱정이나 초조를 나타내는 말이 오는 것이 알맞다.

11 해석
① 그녀는 버스를 잡기 위해 빠르게 뛰었다.
② 나는 잠을 자기 위해 불을 껐다.
③ Peter는 Mary에게 전화를 하기 위해 전화기를 들었다.
④ 그는 그의 손을 씻기 위해 화장실에 갔다.

⑤ 나의 부모님은 나를 캠프에 보내기로 결정하셨다.
해설 ⑤는 decide의 목적어로, to부정사의 명사적 용법으로 쓰였다. 나머지는 모두 목적을 나타내는 부사적 용법으로 쓰였다.

12 해석 나를 보았을 때 그녀는 밝게 웃었다.
해설 when은 때를 나타내는 접속사로 '~할 때'라는 의미이다. when이 이끄는 부사절은 「when+주어+동사」의 어순이다.

13 해설 ⑤ expensive의 최상급 표현은 the most expensive이다.

14 해석
① 나는 시험이 내일이라는 것을 안다.
② 나의 책가방은 너의 것보다 훨씬 무겁다.
③ 이것은 도시에서 가장 높은 산이다.
④ 내가 집에 도착했을 때 아버지는 잠들어 계셨다.
⑤ 너 Steve가 지난밤에 돌아왔다는 것 들었니?
해설 ② 비교급을 강조하는 표현으로 very는 알맞지 않다. much, a lot, far등을 쓸 수 있다.

15 해석

> Amy와 나는 새 신발을 사기 위해 쇼핑을 갔다. 나는 하얀색 운동화를 골랐다. 내가 계산을 하기 위해 계산대에 갔을 때, Amy가 내 이름을 불렀다. 그녀는 검은색 운동화가 흰색 운동화보다 더 저렴하다고 했다. 그래서 나는 대신에 검은색을 샀다.

해설 ⓐ, ⓑ: '~하기 위해서'라는 의미는 「to+동사원형」의 형태의 목적을 나타내는 부사적 용법의 to부정사로 나타낼 수 있다.
ⓒ: cheap의 비교급 표현은 cheaper이다.

[16-17]

> 기자: 우선, 당신의 팀에 대해 이야기해 주겠어요? 어떻게 판이 FC가 시작되었죠?
> 나타퐁: 제 친구들과 저는 텔레비전으로 축구 경기 보는 것을 좋아했지만, 그것을 할 수는 없었죠. 보트 경주가 우리 마을에서 가장 인기 있는 스포츠였어요. 그런데 어느 날, 한 친구가 "축구팀을 만들자!"라고 말했어요. 우리는 신나서 해 보기로 결정했죠.
> 기: 그렇지만 땅이 없잖아요. 그게 어떻게 가능했죠?
> 나: 많은 사람들이 그건 불가능하다고 말했어요. 그렇지만 우리는 생각이 있었어요! 우선, 우리는 낡은 고기잡이배 몇 척을 함께 묶었어요. 그리고 나서 그것들 맨 위에 오래된 나무를 두었고요. 이게 우리의 경기장이 되었어요.
> 기: 흥미롭군요! 경기장은 어땠나요?
> 나: 문제가 좀 있었죠. 경기장이 많이 움직였고 못들이 좀 있었어요. 또한 경기장은 젖어 있었고 미끄러워서, 신발 없이 운동을 했어요.

16 해석
① 그것을 시도해보기로 결정했다
② 새 텔레비전을 샀다
③ 경기를 보았다

④ 보트 경주를 즐겼다

⑤ 그와 함께 낚시를 갔다

[해설] ① 앞에서 축구팀을 만들자는 제안을 친구가 했고 그것으로 판이 FC가 시작되었으므로 '시도하기로 결정했다'가 알맞다.

17 [해설] ⑤ 경기장의 문제를 이야기하고 있으므로 같은 내용을 연결하는 등위접속사 and가 와야 한다.

[18-19]

기: 이제 준결승전 이야기를 해 보죠. 당신의 팀은 정말 대단했어요!

나: 감사합니다. 그날은 비가 많이 왔어요. 우리 신발은 젖고 무거워졌어요. 다른 팀 선수들은 우리보다 더 빨리 달렸어요. 그래서 우리는 우리의 경기장에서처럼 신발을 벗었어요. 결국 우리는 졌지만, 행복했어요. 우리는 최선을 다했거든요.

기: 우리 독자들에게 마지막으로 전하고 싶은 말이 있나요?

나: 많은 사람들이 우리는 할 수 없을 거라 말했어요. 그렇지만 우리는 포기하지 않았어요. 당신의 꿈을 따르세요! 우리는 꿈이 실현될 거라고 믿어요.

18 [해설] ② In the end는 '결국'이라는 뜻이다.

19 [해설] ④ 접속사 that은 동사 think, believe 등의 목적어 역할을 하는 절을 이끌 수 있다. that절은 「that+주어+동사」 어순으로 쓴다.

[20-22]

바실리는 착한 소년이었다. 그는 음악과 미술을 사랑했다. 어느 날, 그는 물감 한 상자를 받았다. 그가 색깔을 섞기 시작했을 때, 바실리는 어떤 이상한 소리를 들었다. "색깔들이 소리를 내고 있어!"라고 그는 소리쳤다. (그러고 나서 그는 색깔들이 내는 소리를 그리려고 했다.)

바실리는 자랐고, 법학을 공부하기 위해 그는 대학에 갔다. 그런데 그가 서른 살이었을 때, 오페라가 그의 인생을 바꾸었다. 그는 그 음악에서 강렬한 감정을 느꼈다. 그러더니 그 감정은 그의 눈앞에서 색채가 되었다! 그는 그 색채를 캔버스 위에 표현하고 싶었다. 그래서 바실리 칸딘스키는 자기만의 방식으로 그림을 그리기 시작했다.

20 [해석] 그러고 나서 그는 색깔들이 내는 소리를 그리려고 했다.

[해설] ② 바실리는 색깔들이 소리를 낸다고 느꼈고 그것을 그림으로 그렸다는 흐름이 자연스러우므로 소리를 냈다고 외치는 내용 다음에 나오는 것이 알맞다.

21 [해석] Q. 바실리가 30살일 때 무슨 일이 일어났는가?

→ 그는 오페라를 보았고, 그것이 그의 인생을 바꾸었다.

22 [해석]

① Julie는 아름다운 꽃들을 그리고 있다. (동사)

② 나의 여동생은 벽에 그림 그리기를 좋아한다. (동사)

③ 물감이 마르면 너는 사진을 찍을 수 있다. (명사)

④ 동물을 그리는 것은 나에게 가장 어렵다. (동사)

⑤ 너는 왜 이것을 검은색과 흰색으로 칠하고 싶니? (동사)

[해설] ③ paint는 동사로 쓰였을 때 '그리다, 칠하다'라는 뜻이고, 명사로 쓰였을 때 '물감'이라는 뜻이다.

[23-25]

칸딘스키는 실제 사물을 그리려고 하지 않았다. 그 대신, 그는 다채로운 색으로 감정을 표현했다. 그는 따뜻하고 신나는 느낌을 표현하기 위해서 노란색을 사용하였고, 깊고 진지한 감정을 드러내기 위해서는 파란색을 사용하였다. 그에게 각각의 색깔은 서로 다른 감정을 드러내고 있었다.

그는 또한 악기의 소리를 표현하기 위해서 색깔을 사용하였다. 노란색은 트럼펫, 파란색은 첼로였다. 이러한 방식으로, 그는 색깔과 음악을 연결하였다. 그림을 그리는 것은 그에게 노래를 만드는 것과 같았다.

여기 칸딘스키의 그림 몇 점이 있다. 그 그림들은 색깔과 형태 그 이상이다. 음악과 감정의 개념이 어디에나 있다. 여러분은 그의 예술을 이해하기 위해서 눈과 귀를 둘 다 사용해야 한다. 그의 그림을 보아라. 무엇을 느끼는가?

23 [해석] ① 사물 ② 색깔 ③ 소리 ④ 느낌 ⑤ 경험

[해설] ④ 앞에서 칸딘스키가 색깔로 감정을 나타냈다고 말했으므로 이와 같은 의미인 feelings가 알맞다.

24 [해설] ④ 칸딘스키가 곡을 만들었다는 내용은 없다.

25 [해설] both A and B는 'A와 B 둘 다'라는 뜻을 나타내고, to 부정사의 부사적 용법을 이용하여 '~하기 위해서'의 의미를 나타낸다.

2학기 기말고사 1회   p.96

01 ④ **02** ② **03** ③ **04** ② **05** front **06** ④ **07** ⑤
08 aren't you **09** ⑤ **10** ③ **11** ⑤ **12** My bad grade made me upset. **13** ⑤ **14** How **15** ④ **16** ② **17** ⑤
18 ④ **19** ④ **20** ⓐ knocks ⓑ To find **21** ② **22** ④
23 ① **24** ④ **25** ⓐ Rabbit ⓑ Turtle

01 [해설] ④ thunder는 '천둥'이라는 뜻이다.

02 [해석]

① 소리가 큰 – 소리가 크게

② 사랑 – 사랑스러운

③ 다른 – 다르게

④ 빠른 – 빠르게

⑤ 조심하는 – 조심스럽게

[해설] ②는 명사와 형용사 관계이고, 나머지는 형용사와 부사 관계이다.

03 [해석] ① 게 ② 염소 ③ 석탄 ④ 거북이 ⑤ 낙타

[해설] ③을 제외한 나머지는 모두 동물의 종류이다.

04 해석

- 너의 친구들을 놀리지 말아라.
- 아름다운 노래는 나를 행복하게 한다.

해설 make fun of: ~을 놀리다
「make+목적어+형용사」: ~을 …하게 하다

05 해석

행복한 : 속상한 = 뒤에 : 앞에

해설 반의어 관계이므로 빈칸에는 behind의 반의어인 front가
들어가야 한다.

06 해석

이것이 인천으로의 마지막 열차가 아니죠, 그렇죠?

해설 상대방에게 내용을 확인하거나 동의를 구할 때 부가의문문
을 쓴다. 본 문장의 동사가 isn't으로 부정이므로 부가의문문에
는 긍정형을 써서 is, 주어가 This이므로 대명사인 it을 써서 is
it으로 나타낸다.

07 해석

A: 나와 함께 쇼핑을 가는 게 어떠니?
B: 나도 그러고 싶지만, 나는 이 일을 6시까지 끝내야
해.

① 너는 어디로 쇼핑을 하러 갔니?
② 아니, 그것은 네가 아니었어. 그것은 Helen이었어.
③ 왜냐하면 나는 어제 쇼핑몰에 갔어.
④ 너는 오늘 저녁에 무엇을 하고 싶니?
해설 ⑤ 쇼핑을 함께 가자고 제안했으므로 이에 대한 답으로 가
고 싶지만 안 된다고 하는 것이 가장 적절하다.

08 해설 상대방에게 내용을 확인하거나 동의를 구할 때 부가의문문
을 쓴다. 본 문장의 동사가 be동사 현재 긍정형인 are이므로 부
가의문문에는 부정형인 aren't, 주어는 you가 대명사이므로 그
대로 써서 나타낸다.

09 해석

A: 너 뭘 읽고 있니?
B: 나는 Alice King의 새로운 책을 읽고 있어. 그녀는 내
가 가장 좋아하는 작가야.
A: 나는 그녀가 이번 주 토요일에 도서 축제에 와서 그녀
의 책에 관해 이야기할 것이라고 들었어. 너는 거기
에 갈 예정이니?
B: 응, 맞아. 너도 나랑 같이 가는 게 어때?
A: 미안하지만 나는 이미 그날 계획이 있어. 나는 시립
도서관에서 자원봉사를 할 예정이야.
B: 아, 그렇구나.

해설 ⑤ A는 토요일에 시립 도서관에서 자원봉사를 할 예정이
다.

10 해석

A: 너는 신데렐라 이야기를 알고 있지, 그렇지?
B: 당연하죠, 아빠.
A: 음, 실은 신데렐라 이야기는 한 가지만 있는 게 아니
야. 세계에는 많은 신데렐라 이야기들이 있단다.
B: 저는 그것을 몰랐어요. 그 이야기들은 다 다른가요?
A: 일부분은 다르지. 예를 들어, 중국에서 온 이야기에
서는 물고기가 소녀를 도와줘서 소녀는 파티에 갈 수
있게 돼.
B: 오, 그것 참 흥미롭네요.

① 또한 ② 그러면 ③ 예를 들어 ④ 결국 ⑤ 다시
해설 ③ 세계의 신데렐라 이야기에서 다른 부분의 예를 말하고
있으므로 For example이 가장 적절하다.

11 해설 ⑤ 감탄문의 어순은 What으로 시작할 때는
「What+a(n)+형용사+명사(+주어+동사)!」이며, How로 시작
하는 감탄문은 「How+형용사(+주어+동사)!」이다.

12 해설 '…가 ~하게 하다'라는 의미의 「make+목적어+형용사」
구문을 이용한다.

13 해석

Jackson은 그의 형에게 생일카드를 쓰는 것을 끝내지 않
았다.

해설 ⑤ finish는 목적어로 동명사를 쓴다.

14 해석

- 너는 이 문제를 어떻게 풀었니?
- 정말 재미있는 영화였어!

해설 How는 의문사로 쓰였을 때 '어떻게'라는 의미이고 감탄문
을 나타낼 때도 쓸 수 있다.

15 해석

① 이것은 참 높은 탑이구나!
② 내가 너의 연필을 빌릴 수 있니?
③ 나는 마라톤에서 뛰기로 결심했다.
④ Jason은 지금 도서관에 있지, 그렇지 않니?
⑤ 해바라기는 장미보다 더 아름답다.
해설 ④ 본 문장의 동사가 is이므로, 부가의문문은 isn't he가
되어야 한다.

[16-17]

겨울 방학이 오면 많은 어린이들이 선물을 기다린다. 그건
그들을 신나게 한다. 하지만 그들 모두가 산타클로스를 기다
리고 있을까? 사실, 세계에는 여러 다른 선물을 가져다주는
존재가 있다. 그들에 대해 알아보자!
이탈리아에서 어린이들은 라 베파나에 대한 이야기를 듣
는다. 그녀는 낡은 옷을 입고 빗자루를 타고 날아다닌다. 그
녀는 1월 5일 밤에 어린이들의 집에 온다. 산타클로스처럼,

라 베파나는 굴뚝으로 내려온다. 그녀는 착한 아이들에게 장난감, 사탕, 그리고 과일을 준다. 그러나 나쁜 아이들은 마늘, 양파, 그리고 석탄을 받는다.

16 해석 ① 휴가 ② 선물을 주는 존재들 ③ 좋은 선물 ④ 착한 아이들 ⑤ 계절
해설 ② 선물을 기다리는 아이들과 산타클로스에 대해 말했으므로 빈칸에는 '선물을 주는 존재들'이 들어가야 알맞다.

17 해설 (A) 슬픈/신난: 아이들은 선물로 인해 신이 난다. (B) ~처럼/~을 위해: like는 전치사로 쓰여 '~처럼'이라는 뜻이다. (C) 더 좋은/나쁜: 나쁜 아이들이 선물로 마늘, 양파 그리고 석탄을 받는다.

18 해석
같은 날 밤 푸에르토리코에서는 아이들이 그들의 침대 밑에 풀 상자를 놓고서 잠을 잔다. (D) 그날 밤 동안, 세 명의 왕이 낙타를 타고 그들을 방문한다. (A) 배고픈 낙타들은 풀을 먹고 배가 부르다고 느낀다. (C) 그것은 왕들을 행복하게 한다. (B) 그들은 "이 아이들은 참 친절하구나!"라고 생각한다. 그리고 왕들은 아이들을 위해 그 상자에 그들의 선물을 넣는다.

해설 ④ (D) 밤 동안 세 명의 왕이 낙타를 타고 아이들을 방문한다. (A) 낙타는 준비된 풀을 먹고 (C) 왕들은 이로 인해 행복하다고 느낀다. (B) 아이들이 친절하다고 느끼고 선물을 놓고 간다.

[19-20]
핀란드의 아이들을 위해서는 요울루푸키가 있다. 그의 이름은 "크리스마스 염소"를 뜻한다. 크리스마스 이브에 요울루푸키는 모든 집에 가서 앞문을 두드린다. 각 가정은 그를 그들의 집으로 맞이한다. 그는 "여기 착한 아이들이 있나요?"라고 묻는다. 그리고 그는 그들에게 선물을 준다.
새해 전날에 일본 사람들은 행운의 신, 호테이오쇼를 기다린다. 산타클로스처럼, 그는 큰 선물 가방을 들고 다닌다. 착한 아이들을 찾기 위해서 그는 그의 뒤통수에 있는 눈을 사용한다. 참 놀랍다!

19 해설 ④ 호테이오쇼가 어떻게 아이들의 집에 들어가는지에 대한 내용은 없다.

20 해설 ⓐ 등위접속사 and는 앞과 뒤를 문법적으로 대등하게 연결하므로 주어 Joulupukki에 맞게 knocks가 된다. ⓑ '~하기 위해서'라는 의미는 부사적 용법의 to부정사를 사용한다.

[21-22]
옛날 옛적에, 토끼와 거북이가 있었다. 토끼는 자신의 빠르기를 매우 자랑스러워 했고 거북이를 놀렸다. 거북이가 "네가 정말로 나보다 낫니? 한번 알아보자."라고 대답했다. 그래서 그들은 경주를 하기로 결정했다.

처음에는, 토끼가 거북이보다 훨씬 더 빠르게 달렸다. 그가 훨씬 멀리 앞섰기 때문에, 토끼는 나무 아래에서 쉬기로 결정했다. 하지만 그는 잠이 들고 말았다. 거북이는 지나갔고 계속 걸었다. 토끼가 마침내 깼을 때, 그는 놀랐다. 거북이가 이미 결승선에 있었다!
이것은 유명한 이야기이고, 우리는 모두 그것의 교훈을 안다.

21 해설 ② ahead는 '앞에'라는 뜻이다.

22 해설 ④ '~보다 더 낫다'라는 의미는 good의 비교급을 써서 better than으로 표현할 수 있다.

[23-25]
하지만 이야기는 계속된다. 토끼는 속이 상했고, 그는 주의 깊게 생각하기 시작했다. "내가 너무 자만하고 게을렀던 걸까?" 대답은 그렇다였다. 토끼는 다시 경주를 하기를 원했고, 거북이는 동의했다.
이번에는, 토끼는 최선을 다했다. 그는 달리는 것을 결코 멈추지 않았다. 그가 결승선을 지날 때, 토끼는 그의 뒤를 돌아보았다. 거북이는 여전히 멀리 있었다. 토끼가 이번 경주의 우승자였다.
그러나 이야기는 거기서 끝나지 않는다. 이제 거북이는 "경주가 이와 같을 때 나는 이길 수 없어."라고 생각했다. 그래서 그는 다른 장소를 골랐고 또 다른 경주를 요청했다. 토끼는 동의했다.
다시, 토끼는 매우 빠르게 달렸지만, 그는 갑자기 커다란 강에 이르렀다. (결승선은 건너편에 있었다.) 그가 무엇을 할 수 있었을까? 곧, 거북이가 그의 바로 옆에 도착했다. 토끼는 거기에 그저 서 있었지만, 거북이는 물 속으로 들어가 강을 헤엄쳐 건넜다. 반대편에서, 그는 결승선까지 계속 걸어갔다. 이번에는, 거북이가 경주를 이겼다.

23 해설 ⓐ begin의 목적어로는 동명사와 to부정사를 둘 다 쓸 수 있다. 동사 think가 동명사 형태가 아니므로 to부정사 형태인 to think가 되어야 한다.
(B) '~옆에'라는 의미는 next to이다.

24 해석 결승선은 건너편에 있었다.
해설 ④ 강이 있었고 그 건너편에 결승선이 있다는 뜻이므로 강에 도착한 다음에 나와야 자연스럽다.

25 해설 ⓐ 토끼가 그의 뒤를 돌아봤다는 뜻으로 him은 토끼(Rabbit)를 가리킨다. ⓑ 거북이가 강을 건너 경주를 계속 했으므로 he는 거북이(Turtle)를 가리킨다.

01 ② **02** ③ **03** ② **04** did **05** For[for] **06** ④ **07** ⑤ **08** ③ **09** ② **10** (A)-(C)-(D)-(B) **11** ② **12** ④ **13** What a wonderful **14** ③ **15** Chinese is much more difficult than Japanese **16** ② **17** ② **18** ③ **19** How kind these children are! **20** ⑤ **21** ③ **22** ⑤ **23** ④ **24** was the winner of **25** 그들은 팀으로 일했다. (또는 "그들은 도와가며 함께 경주를 했다." 등)

01 해설 ② full은 '배부른, 가득한'이라는 뜻이다.

02 해석

> 이 책은 매우 지루하다. 나는 그것을 읽을 때 항상 잠에 든다.

해설 ③ fall asleep: 잠들다

03 해설

> 한쪽에서 다른 쪽으로 가는 것

① 쉬다 ② 건너다 ③ 가져오다 ④ 지나가다 ⑤ 두드리다
해설 ② cross(건너다)에 대한 풀이이다.

04 해석

> • 나는 테니스 경기에서 졌지만 최선을 다했다.
> • Charlie는 지난밤에 그의 과학 숙제를 했다.

해설 do one's best: 최선을 다하다
do one's homework: 숙제를 하다

05 해석

> • 채소는 건강에 좋다. 예를 들어, 당근은 눈에 좋다.
> • 너는 내일 축제를 기다리고 있니?

해설 For example: 예를 들어   wait for: ~을 기다리다

06 해석

> • 밖에 비가 오지, 그렇지 않니?
> • Bill은 튀르키예 출신이 아니야, 그렇니?

해설 ④ 부가의문문의 동사는 본 문장이 긍정문이면 부정형, 부정문이면 긍정형으로 쓴다.

07 해석
> ① A: 너는 누나가 한 명 있어, 맞지?
>   B: 아니. 나는 형이 하나 있어.
> ② A: 이 이야기는 매우 지루해.
>   B: 나도 알아. 그것은 날 졸리게 만들었어.
> ③ A: 이 장미들을 봐.
>   B: 우와. 정말 아름다운 장미구나!
> ④ A: Tim의 친구들은 친절해, 그렇지 않니?
>   B: 응, 그래. 그들은 매우 친절해.
> ⑤ A: 너의 방을 청소하는 게 어떠니?

> B: 왜냐하면 나는 어제 바빴기 때문이야.

해설 ⑤ 방을 청소하라고 제안한 말에 이유를 말하는 because를 써서 답하는 것은 어색하다.

08 해석

> A: 수지야, 너 괜찮니?
> B: 나는 조금 피곤해.
> A: 너는 휴식을 조금 취하는 게 어때?

① 내가 휴식을 좀 취해도 될까?
② 너는 휴식을 취하면 안 돼.
④ 너는 왜 휴식을 취하고 있니?
⑤ 너는 휴식을 취할 예정이야.
해설 ③ 권유하는 표현으로 Why don't you~? 또는 How about~?을 쓸 수 있다.

09 해석

> A: 이 책은 어려워.
> B: 그 이야기로 된 영화가 있어. 그것을 먼저 보는 게 어때?
> A: 그거 좋은 생각이다. 시도해 볼게.

① 미안하지만, 너는 그럴 수 없어.
③ 왜냐하면 나는 이미 그것을 보았어.
④ 나는 그것이 더 흥미로웠다고 생각해.
⑤ 서점에 가보는 것은 어때?
해설 ② 책이 어렵다는 고민에 영화를 먼저 보라고 제안했으므로 이를 받아들이는 말이 나와야 알맞다.

10 해석

> A: 나는 달에 관한 옛날 이야기를 들었어. 어떤 사람들은 토끼가 달에 산다고 믿어.
> → (A) 아, 내 생각에는 나도 그 이야기를 아는 것 같아. 그건 중국의 전통 이야기야, 그렇지 않니?
> → (C) 아니, 그렇지 않아. 그건 한국의 이야기야. 하지만 나는 중국 사람들도 달 토끼에 관한 이야기를 한다고 들었어.
> → (D) 그렇구나. 그럼 토끼는 달에서 무엇을 하니?
> → (B) 사람들은 토끼가 거기에서 떡을 만든다고 믿어. 흥미롭지, 그렇지 않니?
> B: 응, 그래. 아마 우리는 오늘 밤에 달을 유심히 봐야겠다!

해설 (A) 토끼가 달에 사는 이야기를 안다고 하며 중국 이야기라고 말하자 (C) 한국의 이야기라고 정정했다. 중국에도 그런 이야기가 있다고 했고 (D) 이야기 속 토끼는 무엇을 하는지 물었다. (B) 토끼는 달에서 떡을 만든다고 답했다.

11 해석

> 그 소식은 그를 _____하게 만들었다.

① 속상한 ② 행복하게 ③ 신난 ④ 걱정하는 ⑤ 슬픈
해설 ② '…가 ~하게 하다'라는 의미는 「make+목적어+형용사」

구문으로 나타낼 수 있다. happily는 부사이므로 들어갈 수 없다.

12 해석

> 그녀는 포도를 먹는 것을 _____.

① 매우 좋아했다 ② 계속했다 ③ 시작했다 ④ 희망했다
⑤ 마쳤다

해설 ④ 빈칸에는 동명사(eating)를 목적어로 쓰는 동사가 와야 한다. hope는 목적어로 to부정사를 쓴다.

13 해석 이것은 매우 멋진 노래이다.
해설 What으로 시작하는 감탄문의 어순은 「What+a(n)+형용사+명사(+주어+동사)!」이다.

14 해석
① 정말 지루한 책이었지!
② Josh는 그의 여자친구를 기쁘게 했다.
③ 나는 베이징으로 여행할 것을 계획 중이다.
④ 오늘은 어제보다 훨씬 춥다.
⑤ 다이아몬드는 세상에서 가장 단단한 돌인가요?
해설 ③ plan의 목적어로 to부정사의 명사적 용법이 쓰였다. 「to+동사원형」으로 쓴다.

15 해설 difficult의 비교급 표현은 more difficult이다. 비교급을 강조하는 말로 much를 쓸 수 있으며 비교급 표현 앞에 쓴다.

[16-17]

> 겨울 방학이 오면 많은 어린이들이 선물을 기다린다. 그건 그들을 신나게 한다. (하지만 그들 모두가 산타클로스를 기다리고 있을까?) 사실, 세계에는 여러 다른 선물을 가져다주는 존재가 있다. 그들에 대해 알아보자!
> 이탈리아에서 어린이들은 라 베파나에 대한 이야기를 듣는다. 그녀는 낡은 옷을 입고 빗자루를 타고 날아다닌다. 그녀는 1월 5일 밤에 어린이들의 집에 온다. 산타클로스처럼, 라 베파나는 굴뚝으로 내려온다. 그녀는 착한 아이들에게 장난감, 사탕, 그리고 과일을 준다. 그러나 나쁜 아이들은 마늘, 양파, 그리고 석탄을 받는다.

16 해설 하지만 그들 모두가 산타클로스를 기다리고 있을까?
해설 ② 산타클로스 외에도 다른 선물을 가져다주는 존재가 있다고 말하는 내용 전에 나오는 것이 자연스럽다.

17 해설 ② 라 베파나의 나이에 대한 내용은 없다.

[18-19]

> 같은 날 밤 푸에르토리코에서는 아이들이 그들의 침대 밑에 풀 상자를 놓고서 잠을 잔다. 그날 밤 동안, 세 명의 왕이 낙타를 타고 그들을 방문한다. 배고픈 낙타들은 풀을 먹고 배가 부르다고 느낀다. 그것은 왕들을 행복하게 한다. 그들은 "이 아이들은 정말 친절하구나!"라고 생각한다. 그리고 왕들은 아이들을 위해 그 상자에 그들의 선물을 넣는다.

18 해설 ③ 아이들이 놓는 풀은 낙타들이 먹는다고 했다.

19 해설 How로 시작하는 감탄문의 어순은 「How+형용사+주어+동사!」이다.

[20-21]

> 핀란드의 아이들을 위해서는 요울루푸키가 있다. 그의 이름은 "크리스마스 염소"를 뜻한다. 크리스마스 이브에 요울루푸키는 모든 집에 가서 앞문을 두드린다. 각 가정은 그를 그들의 집으로 맞이한다. 그는 "여기 착한 아이들이 있나요?"라고 묻는다. 그리고 그는 그들에게 선물을 준다.
> 새해 전날에 일본 사람들은 행운의 신, 호테이오쇼를 기다린다. 산타클로스처럼, 그는 큰 선물 가방을 들고 다닌다. 착한 아이들을 찾기 위해서 그는 그의 뒤통수에 있는 눈을 사용한다. 참 놀랍다!

20 해설 ⑤ 호테이오쇼가 무엇을 타고 오는지에 대한 내용은 없다.

21 해설 ③ 날짜, 특정한 날을 나타낼 때는 앞에 전치사 on을 쓴다.

22 해석

> 옛날 옛적에, 토끼와 거북이가 있었다. 토끼는 자신의 빠르기를 매우 자랑스러워 했고 거북이를 놀렸다. 거북이가 "네가 정말로 나보다 낫니? 한번 알아보자."라고 대답했다. 그래서 그들은 경주를 하기로 결정했다.

해설 ⑤ 토끼가 자신이 빠르다는 것을 자랑스러워하며 거북이를 놀렸다고 했다.

[23-24]

> 하지만 이야기는 계속된다. 토끼는 속이 상했고, 그는 주의 깊게 생각하기 시작했다. "내가 너무 자만하고 게을렀던 걸까?" 대답은 그렇다였다. 토끼는 다시 경주를 하기를 원했고, 거북이는 동의했다.
> 이번에는, 토끼는 최선을 다했다. 그는 달리는 것을 결코 멈추지 않았다. 그가 결승선을 지날 때, 토끼는 그의 뒤를 돌아보았다. 거북이는 여전히 멀리 있었다. 토끼가 이번 경주의 우승자였다.
> 그러나 이야기는 거기서 끝나지 않는다. 이제 거북이는 "경주가 이와 같을 때 나는 이길 수 없어."라고 생각했다. 그래서 그는 다른 장소를 골랐고 또 다른 경주를 요청했다. 토끼는 동의했다.
> 다시, 토끼는 매우 빠르게 달렸지만, 그는 갑자기 커다란 강에 이르렀다. 결승선은 건너편에 있었다. 그가 무엇을 할 수 있었을까? 곧, 거북이가 그의 바로 옆에 도착했다. 토끼는 거기에 그저 서 있었지만, 거북이는 물 속으로 들어가 강을 헤엄쳐 건넜다. 반대편에서, 그는 결승선까지 계속 걸어갔다. 이번에는, 거북이가 경주를 이겼다.

23 해설 (A) 끝마쳤다/멈췄다: 토끼는 쉬지 않고 달려 경주에서 이겼다. (B) 지다/이기다: 거북이는 본인이 진 이유를 생각해보며 이렇게는 이길 수 없다고 생각했다. (C) ~밖으로/~안으로: 거

북이는 강에 도착해서 물에 들어가 헤엄쳤다.

24 해설 ⓐ는 '거북이가 경주를 이겼다'라는 의미이므로 '거북이는 경주의 승자였다'라고 표현할 수도 있다.

25 해석

이 모든 경주 후에, 토끼와 거북이는 친구가 되었다. 이제 그들은 다르게 생각하기 시작했다. "우리는 어떻게 이 긴 경주를 가장 짧은 시간 안에 끝낼 수 있을까?"

그들은 팀으로 일하기로 결정했다. 경주의 초반에, 토끼가 거북이를 들고 옮겼다. 강에서, 거북이는 토끼를 그의 등에 업은 채 수영했다. 건너편에서, 토끼는 다시 거북이를 들고 옮겼다. 그들은 경주를 매우 빨리 끝냈다. 그들은 함께 더 잘 해냈기 때문에 행복했다!

해석 Q. 토끼와 거북이는 어떻게 가장 짧은 시간 안에 경주를 끝냈나요?

해설 토끼와 거북이는 서로를 도와 팀으로 일했다.

제 **1**회 듣기평가
p.104

01 ①	02 ④	03 ③	04 ⑤	05 ③	06 ③	07 ③	08 ②
09 ①	10 ④	11 ⑤	12 ④	13 ⑤	14 ③	15 ①	16 ③
17 ②	18 ④	19 ⑤	20 ③				

01 대본

W Hi, I'm looking for a T-shirt.

M Okay. The T-shirts are over here. Have a look.

W I like this black T-shirt.

M Good choice. That is our best seller.

W Yes, these fish are so cute. I will take it.

대본 해석

여자 안녕하세요, 티셔츠를 찾고 있는데요.

남자 알겠습니다. 티셔츠들은 이쪽에 있어요. 한번 보세요.

여자 이 검은색 티셔츠가 마음에 드네요.

남자 좋은 선택이에요. 그건 저희의 제일 잘 나가는 상품입니다.

여자 네, 저 물고기들이 참 귀엽네요. 이걸로 할게요.

해설 ① 여자는 물고기들이 그려진 검은색 티셔츠를 사기로 했다.

02 대본

M I am a large animal. I have four legs. I can run fast. I am a good hunter. I have golden fur. I'm a member of the cat family. What am I?

대본 해석

남자 나는 큰 동물입니다. 나는 네 개의 다리가 있어요. 나는 빨리 달릴 수 있습니다. 나는 좋은 사냥꾼이에요. 나는 금빛 털을 갖고 있어요. 나는 고양이과의 일원입니다. 나는 무엇일까요?

해설 ④ 사자에 대한 설명이다.

03 대본

W This is Jessica with the weekly weather report. After the long rain, we will finally see the sun tomorrow. But it will start raining again on Tuesday and last for a week. So enjoy tomorrow's nice weather as much as you can.

대본 해석

여자 주간 일기 예보의 Jessica입니다. 긴 장마 끝에, 마침내 내일 해를 보겠습니다. 하지만 화요일에 다시 비가 오기 시작할 것이며, 이 비는 1주일간 계속 되겠습니다. 그러니, 내일의 화창한 날씨를 최대한 만끽하세요.

해설 ③ 긴 장마가 끝나고 내일은 날씨가 맑다고 했다.

04 대본

M What are you doing with the computer?

W I'm booking movie tickets for tonight.

M That sounds interesting. Who are you going with?

W Sarah. Why don't you join us?

M Thanks but I can't. I must do my homework.

05 대본

W Good afternoon, everyone. Today, I'd like to introduce our book club, Reading Leaders. We meet in the library every Monday afternoon and read books together. The club members write one book review every month. Feel free to visit the club office to join our club. Thank you.

대본 해석

여자 안녕하세요, 여러분. 오늘, 저는 저희 독서 동아리 〈책 읽는 리더들〉을 소개하고 싶습니다. 저희는 매주 월요일 오후 도서관에서 만나 함께 책을 읽습니다. 동아리 회원들은 매달 한 편의 독후감을 씁니다. 저희 동아리에 가입하시려면 동아리 사무실에 편하게 방문해 주세요. 감사합니다.

해설 ③ 동아리의 회원 수는 언급하지 않았다.

06 대본

[Cellphone rings]

W Hello?

M Lucy, did you finish your history homework?

W No. I don't know how to start it.

M I agree. I'm going to see our history teacher and ask him about it.

W Oh, that's a good idea. Can I come with you?

M Sure. It's 2:20 now. Let's meet in front of the teacher's office at 2:40.

W Great. See you then.

대본 해석

[휴대 전화가 울린다]

여자 여보세요?

남자 Lucy, 너 역사 숙제 다 했니?

여자 아니. 어떻게 시작해야 할지 모르겠어.

남자 동의해. 난 역사 선생님을 만나서 그것에 관해 물어보려고 해.

여자 오, 그거 좋은 생각이다. 나도 너랑 같이 가도 돼?

남자 물론. 지금 2시 20분이야. 2시 40분에 교무실 앞에서 만나자.

여자 좋아. 그때 보자.

해설 ③ 두 사람은 2시 40분에 만나기로 했다.

07 대본

W Mike, look at these pictures.

M They are fantastic! Where did you get them?

W I took them during my summer vacation.

M Wow, I can't believe it. They look like professional pictures.

W Thank you. I want to be a photographer in the future.

대본 해석

여자 Mike, 이 사진들 좀 봐.

남자 그것들 멋진데! 어디서 났어?

여자 여름 방학 동안 내가 찍은 것들이야.

남자 와, 믿을 수 없다. 그것들은 전문사진 같아 보여.

여자 고마워. 난 미래에 사진 작가가 되고 싶어.

해설 ③ 여자는 자신의 사진을 남자에게 보여주며 나중에 사진 작가가 되고 싶다고 말했다.

08 대본

W David, what time is it now?

M It's 10 o'clock, Mom.

W You promised to come home by 9. But you're late again. I'm very upset.

M I'm sorry. I'll never be late again.

W You said that before. But you already broke that promise three times.

대본 해석

여자 David, 지금 몇 시니?

남자 10시네요, 엄마.

여자 너는 9시까지 집에 돌아온다고 약속했어. 그런데 또 늦었구나. 나는 매우 화가 나는구나.

남자 죄송해요. 다시는 절대 늦지 않을게요.

여자 너는 예전에도 그렇게 말했어. 하지만 넌 벌써 세 번이나 그 약속을 어겼어.

해설 ② 여자는 아들이 약속을 어긴 것에 대해 화가 난다고 말했다.

09 대본

W It's time for dinner, everybody!

M Wow, what is this smell?

W It's *bulgogi*, your favorite.

M Oh, that's great. I can't wait to eat!

W Okay. But where is your dad? We should have dinner all together.

M I think he is still in his room. I'll go and get him.

대본 해석

여자 저녁식사 시간이에요, 다들!

남자 와! 이게 무슨 냄새죠?

여자 네가 제일 좋아하는 불고기야.

남자 오, 좋아요. 얼른 먹고 싶어요!

여자 그래. 그런데 아빠는 어디 계시니? 모두 함께 저녁을 먹어야지.

남자 아직 아빠 방에 계신 것 같아요. 제가 가서 모셔올게요.

해설 ① 대화 직후 남자는 아빠 방에 가서 아빠를 모셔올 것이다.

10 대본

[Phone rings]

M Hello. This is *Travel World*. How can I help you?

W Hi. I'd like to book a trip to Europe.

M Okay. How long are you going to travel?

W For a week.

M I see. We have a lot of programs for Europe. Did you look at them?

W No, I don't know much about them.

M Then I will send our brochure to you. Can you give me your email address?

W Oh, thank you. My email address is anna@kmail.com.

대본 해석

[전화가 울린다]

남자 안녕하세요. Travel World입니다. 무엇을 도와드릴까요?

여자 안녕하세요. 저는 유럽여행을 예약하고 싶은데요.

남자 네. 얼마나 오래 여행할 예정이신가요?

여자 일주일이요.

남자 알겠습니다. 저희는 많은 유럽 프로그램을 보유하고 있습니다. 프로그램들을 보셨나요?

여자 아니요. 저는 그것들에 대해 잘 몰라요.

남자 그러면 제가 저희 안내 책자를 보내 드릴게요. 이메일 주소를 알려 주시겠어요?

여자 아, 감사합니다. 제 이메일 주소는 anna@kmail.com이에요.

해설 ④ 두 사람은 여행 상품 예약에 관해 이야기하고 있다.

11 대본

M May I take your order?

W Yes. I want a cheeseburger.

M Oh, I'm sorry. Cheeseburgers are sold out today.

W Hmm… Just a second. [pause] Then I'd like to order fried chicken.

M Okay. And anything else?

W No, thanks.

대본 해석

남자 주문하시겠어요?

여자 네. 치즈버거 하나 주세요.

남자 아, 죄송합니다. 치즈버거는 오늘 품절입니다.

여자 음… 잠시만요. (잠시 후) 그러면 저는 프라이드 치킨을 주문하겠습니다.

남자 네. 다른 건요?

여자 괜찮아요, 고맙습니다.

해설 ⑤ 여자는 프라이드 치킨을 주문했다.

12 대본

W Dad, I'm home.

M I thought you went to an amusement park with your friends. Why are you back so early?

W When we arrived there, it started to rain.

M That's too bad.

W Yeah. We couldn't ride anything.

대본 해석

여자 아빠, 저 왔어요.

남자 친구들이랑 놀이공원에 갔다고 생각했는데. 왜 이렇게 일찍 왔니?

여자 우리가 그곳에 도착했을 때, 비가 오기 시작했어요.

남자 안타깝구나.

여자 네. 우리는 아무것도 탈 수 없었어요.

해설 ④ 여자는 비가 와서 집에 일찍 돌아왔다.

13 대본

M Hi. Can I look around?

W Sure. Are you looking for anything?

M Not really. I'm just looking for nice flowers for a hospital room.

W Are you going to visit someone in the hospital?

M Yes. I'm going to visit my aunt there.

W Okay. How about this flower basket, then?

M It's beautiful. I'll take it.

대본 해석

남자 안녕하세요. 좀 둘러봐도 되나요?

여자 물론입니다. 찾으시는 게 있으세요?

남자 딱히 없습니다. 그냥 병실에 좋은 꽃을 찾고 있어요.

여자 병문안을 갈 예정이신가요?

남자 네. 이모 병문안을 가려고 합니다.

여자 알겠습니다. 그러면 이 꽃 바구니는 어떠세요?

남자 그거 예쁘네요. 이걸로 할게요.

해설 ⑤ 꽃을 고르고 추천해주는 것으로 보아 꽃집에서 일어나는 대화이다.

14 대본

W I failed the math exam again. I'm so stressed.

M I know you did your best. You can do better next time.

W Well, I'm not sure. Can you study with me?

M Sure. Let's study together after school.

W Thank you. You're very kind.

대본 해석

여자 나 수학시험 또 떨어졌어. 정말 스트레스 받아.

남자 네가 최선을 다 했다는 걸 알아. 다음엔 더 잘할 수 있어.

여자 글쎄, 잘 모르겠어. 나랑 같이 공부할 수 있니?

남자 물론이지. 방과 후에 같이 공부하자.

여자 고마워. 너는 정말 친절하구나.

해설 ③ 여자는 남자에게 수학 공부를 같이 하자고 했다.

15 대본

M There's a big soccer match tonight.

W What game is it?

M My favorite team, Real Madrid, is going to play in the Champions League.

W Oh, I'm a fan of that team, too!

M Really? Then why don't you come to my house and watch it with me?

W Great! I'd love to!

남자 그것 놀랍네요.

해설 ② 새 영화와 그것을 촬영할 때의 이야기를 하는 것으로 보아 여자는 영화 감독임을 알 수 있다.

18 대본

M Emily, do you have any plans tomorrow?

W No, nothing special.

M Then do you want to go to Gyeongbokgung Palace with me? It is open at night tomorrow.

W Really? That will be very nice. But can we get the tickets?

M Well, I already bought them online.

W That's great. Let's go.

대본 해석

남자 Emily, 너 내일 무슨 계획 있니?

여자 아니, 특별히 없어.

남자 그러면 너 나랑 경복궁에 갈래? 거기는 내일 야간 개장을 해.

여자 정말? 그것 정말 멋지겠다. 그런데 우리가 입장권을 구할 수 있을까?

남자 음, 내가 이미 인터넷으로 표를 샀어.

여자 잘됐네. 가보자.

해설 ④ 두 사람은 내일 경복궁 야간 개장에 가기로 했다.

19 대본

[Telephone rings]

M Hi, this is room 409. Can I book one more night?

W Hi. Wait a second please. [pause] Yes, you can stay longer.

M How much will it cost?

W It will be the same price. It's 50 dollars a night.

M That'll be great. And can you send up some extra towels, please?

대본 해석

남자 안녕하세요. 409호인데요. 하룻밤을 더 예약할 수 있을까요?

여자 안녕하세요. 잠시만 기다려 주세요. (잠시 후) 네, 더 숙박하실 수 있습니다.

남자 가격이 얼마인가요?

여자 요금은 같습니다. 하룻밤에 50달러에요.

남자 잘됐네요. 그리고 여분 수건 좀 올려 보내주실 수 있나요?

해설 ① 네, 더 큰 방에 묵을 수 있습니다.
② 어제보다 더 비쌉니다.
③ 걱정 마세요. 이 방에는 트윈 베드가 있어요.
④ 죄송하지만, 저희는 샴푸가 없습니다.
⑤ 물론이죠. 바로 보내겠습니다.

해설 ⑤ 수건을 더 갖다 달라는 남자의 요청에 여자가 수락하는 대답이 자연스럽다.

20 대본

M Laura, I heard that you are going to have a party this weekend.

대본 해석

남자 오늘 밤에 큰 축구 경기가 있어.

여자 무슨 경기인데?

남자 내가 제일 좋아하는 레알 마드리드 팀이 챔피언스 리그에서 경기를 할 예정이야.

여자 오, 나도 그 팀 팬이야!

남자 정말? 그럼 우리 집에 와서 나랑 같이 경기 보는게 어때?

여자 그래! 좋아.

해설 ① 남자는 여자에게 함께 축구 경기를 시청할 것을 제안했다.

16 대본

M Excuse me, I'm looking for the police station.

W Go straight two blocks and turn right. Then walk about three minutes and you'll see a bank on your left. The police station is next to that.

M Go straight two blocks, turn right, and it will be on my left?

W That's right. It's also across from the toy shop.

M Great. Thanks!

대본 해석

남자 실례합니다. 경찰서를 찾고 있는데요.

여자 두 블록 직진하셔서 오른쪽으로 도세요. 그러고 나서 3분 정도 걸어 가시면 왼쪽 편에 은행이 보일 거예요. 경찰서는 그 옆입니다.

남자 두 블록 곧장 가서 오른쪽으로 돌고, 그 후에 왼쪽이죠?

여자 맞습니다. 장난감 가게 맞은편이기도 해요.

남자 알겠습니다. 감사합니다!

해설 ③ 현 위치에서 직진 두 블록, 우회전 후 왼쪽에 있는 건물 중 장난감 가게 맞은편이라고 했다.

17 대본

M Good morning, Ms. George. Thank you for joining us.

W Good morning. I'm really happy to be here today.

M First of all, can you tell us about your new movie?

W Sure. This movie is about a friendship between a boy and his pet.

M That sounds interesting. What was difficult when you filmed this movie?

W Training the dog was very hard. But he played his part well.

M That's amazing.

대본 해석

남자 안녕하세요, George씨. 오늘 자리해 주셔서 감사합니다.

여자 안녕하세요. 오늘 여기 오게 되어 매우 기쁩니다.

남자 먼저, 이번 새 영화에 대해 말씀해 주시겠어요?

여자 물론입니다. 이 영화는 한 소년과 그의 애완견의 우정에 관한 것입니다.

남자 흥미롭네요. 이 영화를 촬영할 때 무엇이 힘들었나요?

여자 개를 훈련하는 것이 매우 힘들었습니다. 하지만 그 개가 자신의 역할을 잘 해줬어요.

W Yes, my birthday is coming!

M What are you planning for the party?

W Well, I'm going to bake my own birthday cake myself.

M Really? Can you do that?

대본 해석

남자 Laura, 너 이번 주말에 파티 할 거라고 들었어.

여자 응, 내 생일이 다가오잖아!

남자 파티를 위해 뭘 계획하고 있니?

여자 음, 나 내 생일 케이크를 직접 구울 예정이야.

남자 정말? 너 그거 할 수 있어?

해석 ① 생일 축하해! 이건 널 위한 거야.
② 모든 치즈케이크가 팔렸어.
③ 응, 나 엄마한테 배웠어.
④ 넌 생일에 외식할 수 있어.
⑤ 나는 오늘 밤에 파티를 열 계획이야.

해설 ③ 케이크를 구울 줄 아냐고 묻는 남자의 질문에 엄마에게서 배웠다는 대답이 자연스럽다.

제 2 회 듣기평가
p.106

01 ②	02 ④	03 ②	04 ⑤	05 ②	06 ④	07 ①	08 ⑤
09 ②	10 ②	11 ⑤	12 ④	13 ⑤	14 ③	15 ①	16 ②
17 ③	18 ⑤	19 ③	20 ③

01 대본

W Hi, may I help you?

M Hi. I'm looking for a chair for my living room.

W I see. What kind of chair do you have in mind? We have many different kinds of chairs.

M I need a comfortable one. I want to rest my back and arms on it.

W Then how about this one? It's very soft.

M It's great. I will take it.

대본 해석

여자 안녕하세요. 도와드릴까요?

남자 안녕하세요. 저는 거실에 둘 의자를 찾고 있습니다.

여자 알겠습니다. 어떤 종류의 의자를 생각하시나요? 저희는 다양한 종류의 의자가 있습니다.

남자 저는 편안한 것이 필요해요. 그것에서 등과 팔을 기대 쉬고 싶어요.

여자 그럼 이건 어떠세요? 매우 푹신해요.

남자 좋습니다. 그걸로 할게요.

해설 ② 남자는 등과 팔을 편히 두고 쉴 수 있는 의자를 사기로 했다.

02 대본

M People usually watch this for fun. Actors, a director, and a large staff work on this. This often needs special effects like computer graphics. People often go to the theater and watch this on a big screen.

대본 해석

남자 사람들은 보통 이것을 재미를 위해 봅니다. 배우, 감독, 그리고 많은 제작진들이 이것을 위해 일을 합니다. 이것은 종종 컴퓨터 그래픽과 같은 특수 효과를 필요로 합니다. 사람들은 자주 극장에 가서 이것을 큰 화면으로 봅니다.

해설 ④ 사람들이 재미로 관람하고, 배우, 감독, 직원들이 만들며, 특수 효과로 촬영될 수도 있는 것은 영화이다.

03 대본

W Are you planning a picnic this weekend? I have some good news for you. It will be cloudy on Friday, but soon after that it will get clear. On Saturday and Sunday, it is going to be sunny and nice, so enjoy a spring picnic.

대본 해석

여자 이번 주말의 나들이를 계획하고 계시나요? 여러분을 위한 좋은 소식입니다. 금요일에는 날씨가 흐리겠으나, 그 후 곧 맑아질 것입니다. 토요일과 일요일에는 날씨가 화창하고 좋을 예정이니 봄 소풍을 즐기시기 바랍니다.

해설 ② 금요일에 잠시 흐렸다가 개인 날씨는 주말까지 계속된다고 했다.

04 대본

M Do you have an extra pen?

W Wait. I have one more. Here you are.

M Thank you. I lost my pencil case again.

W Again? You always lose your things.

M I know. It is really stressful for me.

W I think you should take better care of your belongings.

대본 해석

남자 펜 남는 거 있어?

여자 기다려봐. 하나 더 있네. 여기 있어.

남자 고마워. 나 또 필통 잃어버렸어.

여자 또? 너 항상 물건을 잃어버리더라.

남자 알아. 나한테도 엄청 스트레스야.

여자 내 생각에 넌 네 물건들을 더 잘 챙겨야 해.

해설 ⑤ 여자는 남자에게 소지품을 잘 챙기라고 조언하고 있다.

05 대본

M Good afternoon, everyone. Today, let me talk about my favorite book, *The Harry Potter* series. I first read this book in elementary school. It was very interesting, so I couldn't stop reading it. The author of this series is Joanne Rowling. The main characters are Harry, Ron, and Hermione. I hope you can read this amazing book someday.

대본 해석

남자 안녕하세요, 여러분. 오늘, 저는 제가 가장 좋아하는 책 〈해리 포터〉 시리즈에 대해 이야기하겠습니다. 저는 이 책을 초등학교 때 처음 읽었습니다. 너무 재밌어서 읽는 것을 멈출 수 없었습니다. 이 시리즈의 작가는 조앤 롤링입니다. 주인공들은 해리, 론, 헤르미온느 입니다. 저는 여러분이 이 굉장한 책을 언젠가 읽기를 바랍니다.

해설 ② 해리 포터 시리즈가 언제 출간 되었는지는 언급하지 않았다.

06 대본

[Cellphone rings]

M Hello, is this Kate Goodman?

W Yes, that's me. Who is this, please?

M I'm a delivery man. Will you be at home this afternoon? I have to deliver a package to your address.

W Oh, I'll be back at home after 3.

M Then I'll come by at 4:30.

W That sounds fine. I'll be waiting for you.

대본 해석

[휴대 전화가 울린다]

남자 여보세요, Kate Goodman씨 입니까?

여자 네 그게 저인데요. 누구시죠?

남자 택배기사입니다. 오늘 오후에 집에 계시나요? 제가 그쪽 주소로 소포를 배달해야 해서요.

여자 아, 저는 오후 3시 이후에 집에 돌아옵니다.

남자 그럼 4시 30분에 가겠습니다.

여자 좋습니다. 기다리고 있을게요.

해설 ④ 남자는 4시 30분에 여자의 집을 방문할 예정이다.

07 대본

W Wow, these are beautiful flowers.

M I grew all of these plants myself.

W That's great. Look at this tomato! You also grow vegetables.

M Right. When I saw them for the first time, I was so excited. I want to be a gardener in the future.

W That's a good idea. I'm sure you will be great at making gardens.

대본 해석

여자 와, 정말 예쁜 꽃들이다.

남자 이 식물들 내가 직접 다 길렀어.

여자 정말 멋지다. 이 토마토 봐! 너 채소도 기르는구나.

남자 맞아. 내가 처음으로 이걸 봤을 때, 나 너무 신이 났어. 나 나중에 정원사가 되고 싶어.

여자 좋은 생각이야. 너 분명 정원들을 만드는 걸 매우 잘 할거야.

해설 ① 화초를 기르는데 재주가 있는 남자는 정원사가 되고 싶다고 말했다.

08 대본

M Carol, I'm so sorry. I broke your cup.

W What? Which cup?

M The red one. I know it was your birthday gift. Please forgive me.

W Oh, don't worry about it. It was an old cup anyway.

M I'm so relieved to hear that.

대본 해석

남자 Carol, 정말 미안해. 내가 네 컵을 깼어.

여자 뭐? 어느 컵?

남자 빨간 것. 그거 네 생일선물이었던 거 알아. 용서해줘.

여자 아, 신경 쓰지마. 그거 어차피 오래된 컵이었어.

남자 그렇게 말해줘서 기분이 낫다.

해설 ⑤ 여자가 컵 깬 것을 용서해줘서 남자는 안도하고 있다.

09 대본

W I'd like to return this hat.

M Is there any problem with it?

W No, I just changed my mind.

M Okay. When did you buy it?

W Yesterday. Can I get a refund?

M Of course. Do you have the receipt?

W Oh, no. I forgot to bring it. I will go and get it right now. Please wait a minute.

대본 해석

여자 이 모자 환불 받고 싶어요.

남자 모자에 무슨 문제가 있나요?

여자 아니요, 그냥 마음이 바뀌었어요.

남자 알겠습니다. 언제 사셨나요?

여자 어제요. 환불을 받을 수 있나요?

남자 물론입니다. 영수증 있으세요?

여자 아, 아니요. 그걸 가져오는 걸 깜빡 했어요. 영수증 가지고 바로 돌아올게요. 기다려 주세요.

해설 ② 대화 직후 여자는 영수증을 가져올 것이다.

10 대본

W I'm hungry. Let's have dinner.

M I'm hungry, too. How about sandwiches?

W I had a sandwich yesterday. I feel like eating some Chinese food.

M Well, Chinese food is too heavy for me. Can we eat sushi?

W Sure! I know a great Japanese restaurant. Let's go there.

대본 해석

여자 나 배고파. 저녁 먹자.

남자 나도 배고파. 샌드위치 어때?

여자 나 어제 샌드위치 먹었어. 나 중국 음식이 좀 먹고 싶은데.

남자 음, 중국 음식은 나에게 너무 무거워. 우리 초밥 먹을 수 있을까?

여자 물론이지! 나 멋진 일식 식당을 알아. 그곳에 가자.

해설 ② 두 사람은 저녁에 무엇을 먹을지 이야기하고 있다.

11 대본

W Hello. Can I help you?

M I'd like to visit this temple tomorrow. How can I get there?

W You can take a taxi in front of our hotel. Or, you can take the subway.

M Is there any subway station around this hotel?

W Yes, there's one just around the corner. It takes about five minutes on foot.

M Okay. Then I will take the subway. Thank you.

대본 해석

여자 안녕하세요. 도와드릴까요?

남자 저 이 사원을 내일 방문하고 싶은데요. 어떻게 갈 수 있나요?

여자 저희 호텔 앞에서 택시를 타시면 됩니다. 또는, 지하철을 타셔도 됩니다.

남자 이 호텔 근처에 지하철역이 있나요?

여자 네, 모퉁이를 돌면 바로 하나 있어요. 걸어서 5분 정도 걸립니다.

남자 알겠습니다. 그러면 지하철을 타겠어요. 감사합니다.

해설 ⑤ 남자는 지하철을 타고 사원에 가기로 했다.

12 대본

W Robbie, can I borrow your notebook? I didn't go to school yesterday.

M I know. What happened?

W I caught a bad cold. I stayed at home all day long.

M That's too bad. Are you alright now?

W I'm getting better. Thank you.

대본 해석

여자 Robbie, 내가 너의 공책 좀 빌릴 수 있을까? 나 어제 학교에 못 갔어.

남자 알아. 무슨 일 있었니?

여자 나 독감에 걸렸어. 하루 종일 집에 있었어.

남자 안타깝구나. 이제 괜찮니?

여자 낫고 있어. 고마워.

해설 ④ 여자는 독감에 걸려서 결석했다.

13 대본

W Can I change this into small bills?

M Sure. How do you want it?

W I just need one-dollar bills.

M Okay. Do you need anything else?

W Yes. I'd like to open an account.

M Okay. Please give me your ID.

대본 해석

여자 이 지폐를 잔돈으로 바꿀 수 있나요?

남자 물론입니다. 어떻게 드릴까요?

여자 그냥 1달러짜리 지폐들이 필요합니다.

남자 알겠습니다. 더 필요한 것 있으세요?

여자 네. 계좌를 하나 개설하고 싶어요.

남자 네. 신분증 주세요.

해설 ⑤ 지폐를 잔돈으로 바꾸고 계좌를 개설하는 것으로 보아 은행

원과 고객 사이의 대화이다.

14 대본

[Cellphone rings]

W Hello?

M Mina, are you still in the café?

W Yes, I am. What's the matter?

M I can't find my wallet. I think I left it at the café.

W I don't see it around the table here.

M Hmm… can you ask the staff about it?

W Okay, I will.

대본 해석

[휴대 전화가 울린다]

여자 여보세요?

남자 미나야, 너 아직 카페에 있니?

여자 응, 있어. 무슨 일이야?

남자 내 지갑을 못 찾겠네. 카페에 두고 온 거 같아.

여자 여기 테이블 주위에는 안 보여.

남자 음… 직원에게 지갑에 대해 물어봐 줄래?

여자 알았어, 그렇게.

해설 ③ 남자는 여자에게 카페 직원에게 지갑에 대해 물어봐 달라고 부탁했다.

15 대본

M I'm thirsty. I should drink some soda.

W Again? You already drank a can this morning.

M Yes. But I want to drink more. It's my favorite drink.

W Why do you like soda so much?

M I don't know. But I just can't stop drinking it.

W That's really bad. It's not healthy at all. Why don't you drink water instead?

대본 해석

남자 목이 마르다. 탄산음료를 마셔야겠어.

여자 또? 너 오늘 아침에 이미 한 캔 마셨잖아.

남자 응. 그렇지만 더 마시고 싶어. 그건 내가 제일 좋아하는 음료거든.

여자 왜 너는 탄산음료를 그렇게 좋아하니?

남자 모르겠어. 하지만 그냥 마시는걸 멈출 수가 없어.

여자 그거 정말 나쁜 거야. 그건 건강에 전혀 좋지 않아. 그 대신 물을 마시는 게 어때?

해설 ① 여자는 남자에게 콜라 대신 물을 마실 것을 제안했다.

16 대본

W Excuse me. I'd like to go to the Westside Mall. How can I get there?

M Go straight two blocks and then turn right.

W Okay. And then?

M Then walk down Seventh Street, and you will see a building on your left. That's the mall.

W It's much easier than I thought. Thank you.

여자 실례합니다. Westside Mall에 가려고 하는데요. 어떻게 가
야 하나요?

남자 두 블록을 직진하셔서 우회전 하세요.

여자 알겠습니다. 그러고 나서는요?

남자 그리고 Seventh Street을 따라 걸으시면 왼쪽에 건물이 하
나 보일 겁니다. 그거예요.

여자 생각했던 것보다 훨씬 쉽네요. 감사합니다.

남자 천만에요.

해설 ② 두 블록을 직진 후 우회전 해서 왼쪽 건물이라고 했다.

17 대본

M What can I do for you?

W My printer doesn't work.

M Let me check. *[pause]* You're out of ink.

W Oh, I see. How much is it to get a new ink?

M It's 10 dollars for the ink and 10 dollars for the fee to
put it in.

W I guess there's no other way. I need it now.

M Okay. It will take about 10 minutes.

대본 해석

남자 무엇을 도와드릴까요?

여자 제 프린터가 작동하지 않아요.

남자 확인해 볼게요. (잠시 후) 잉크가 다 떨어졌네요.

여자 아, 그렇군요. 새 잉크를 넣으려면 비용이 얼마가 들까요?

남자 잉크가 10달러이고 잉크를 넣는 비용이 10달러예요.

여자 다른 방법은 없을 것 같네요. 지금 필요해서요.

남자 알겠습니다. 10분 정도 걸릴 거예요.

해설 ③ 작동하지 않는 인쇄기를 수리하는 것으로 보아 남자의 직업
은 수리기사이다.

18 대본

W *Number One*

M Good job! You were the best player today!

W Thank you. I did my best.

W *Number Two*

M How many people did you invite tonight?

W About 15. Do we have enough chairs?

W *Number Three*

M What is your favorite Korean food?

W I like *gimbap* the most. How about you?

W *Number Four*

M Is the chocolate cake available now?

W I'm sorry. It's sold out.

W *Number Five*

M We're late. Hurry up.

W I'm sorry but I already have plans.

여자 *1번*

남자 잘했어! 네가 오늘 가장 훌륭한 선수였어!

여자 고마워. 난 최선을 다했어.

여자 *2번*

남자 오늘밤 몇 명이나 초대했나요?

여자 15명 정도요. 우리 충분한 의자가 있나요?

여자 *3번*

남자 네가 가장 좋아하는 한식은 뭐니?

여자 난 김밥이 제일 좋아. 너는?

여자 *4번*

남자 초콜릿 케이크 지금 구매 가능한가요?

여자 죄송합니다. 다 팔렸습니다.

여자 *5번*

남자 우리 늦었어. 서둘러.

여자 미안하지만 나는 이미 계획이 있어.

해설 ⑤ 늦었으니 서두르라는 말에 대한 응답으로 이미 계획이 있다
는 대답은 어색하다.

19 대본

W Oh, what is this picture? Is this your family?

M Yes. We took that picture last weekend.

W It looks nice. Is this your father?

M No, that's my uncle.

W I see. And this is your sister, isn't it?

대본 해석

여자 오, 이 사진 뭐야? 이게 너의 가족이니?

남자 응. 우리는 지난 주말에 그 사진을 찍었지.

여자 멋지다. 이분이 너희 아빠셔?

남자 아니, 우리 삼촌이야.

여자 그렇구나. 이건 너의 여동생이지, 그렇지?

해설 ① 지난 일요일은 비 오는 날이었어.

② 너도 알다시피, 나는 우리 엄마를 사랑해.

③ 응, 그녀는 나의 여동생 Jina야.

④ 물론. 우리 가족을 소개할게.

⑤ 이리와, 여기서 사진 찍자.

해설 ③ 사진을 보고 여동생이냐고 물은 질문에 대해 여동생이 맞다
는 응답이 오는 것이 적절하다.

20 대본

W Nick, do you want to play badminton this afternoon at
the playground?

M I'd love to. Did you check the weather?

W No, is it going to rain?

M Wait a second. Let me check that first.

W Okay. What does the weather forecast say?

대본 해석

여자 Nick, 우리 오후에 놀이터에서 배드민턴 칠래?

남자 좋아. 너 날씨는 확인했어?

여자 아니, 비 올 건가?

남자 잠깐만. 내가 먼저 확인해볼게.

여자 응. 날씨 예보에서 뭐래?

[해석] ① 아니, 너는 뉴스를 봐야 해.

② 나는 비를 좋아하지 않아. 내 신발이 젖어.

③ 조금 흐릴거래. 그래서 괜찮아.

④ 음, 대신 농구는 어때?

⑤ 안타깝지만 오늘 오후에 나는 안될 것 같아.

[해설] ③ 날씨가 어떠냐고 물었으므로 그에 대한 응답으로는 '조금 흐릴거래. 그래서 괜찮아.'가 적절하다.

부록 Lesson 5

Words 영영사전 p.110

1. wet　**2**. do one's best　**3**. give up　**4**. field　**5**. follow

Words 확인하기 p.111

1. 경험, 경험하다　**2**. 걱정하다　**3**. 떨어뜨리다　**4**. 결승전, 마지막의　**5**. 여전히　**6**. 실수　**7**. 관심, 흥미　**8**. 마을　**9**. 가능한　**10**. 묶다　**11**. 경기장　**12**. 못, 손톱　**13**. 젖은　**14**. 미끄러운　**15**. 준결승전　**16**. 벗다　**17**. 지다　**18**. 최선을 다하다　**19**. give up　**20**. follow　**21**. role model　**22**. act　**23**. stage　**24**. nervous　**25**. without　**26**. discover　**27**. take care of　**28**. future　**29**. photographer　**30**. brave　**31**. chef　**32**. be interested in　**33**. prize　**34**. come true　**35**. career　**36**. be proud of

Script 확인하기 p.112

Listen & Talk 1

A Get Ready

take pictures

1. 너는 미래에 무엇이 되고 싶니

B Listen and Write

sounds / role model / give up / follow

2. 저는 비행기 조종사가 되고 싶어요　**3**. 그녀는 매우 용감했어요

C Listen and Speak

interested in / want to / should

4. 재밌겠더라　**5**. 나는 미래에 요리사가 되고 싶거든　**6**. 너는 어떠니　**7**. 너는 네 학업계획을 짤 수 있어

Listen & Talk 2

A Get Ready

give a speech / Don't worry

8. 넌 잘할 거야

B Listen and Choose

feel bad / make mistakes / worried about

9. 우리 팀이 졌어　**10**. 넌 다음에 더 잘할 거야

C Listen and Speak

in front of / nervous / can do

11. 무슨 문제라도 있니　**12**. 무대에서 잘할 거야

Reading 확인하기 p.114

make it to / floating village / practice soccer /
First of all / watching soccer / the most popular / got
excited /
had an idea / our field
1. 그들은 여전히 승자이다 **2.** 그것을 할 수는 없었죠 **3.** 축
구팀을 만들자 **4.** 그것을 해 보기로 결정했죠 **5.** 많은 사람들
이 그건 불가능하다고 말했어요 **6.** 우리는 낡은 고기잡이배 몇
척을 함께 묶었어요
moved a lot / wet and slippery /
Let's talk about / rained a lot / faster than / took off /
did our best /
give up / come true
7. 못들이 좀 있었어요 **8.** 우리는 신발 없이 운동을 했어요
9. 우리의 신발은 젖고 무거워졌어요 **10.** 우리의 경기장에서처
럼 **11.** 여러분의 꿈을 따르세요

교과서 구석구석 확인하기 p.116

After You Read
the best / won the final game / amazing / give up /
break the rules
1. 정말 잘 뛰었어 **2.** 최선을 다했어 **3.** 공정하게 경기를 했어
Think & Write
flew / experiences / want to / work hard
4. 그녀가 용감하고 강인했다고 생각한다 **5.** 나의 꿈을 따르기
위해 **6.** 절대 포기하지 않을 것이다
Do It Yourself A
going to / How about you / speech class / sign up
7. 나는 거기서 로봇 수업을 들을 거야 **8.** 나는 기자가 되고 싶
어 **9.** 그거 좋다
Do It Yourself C
during / the hottest / cooler than
10. 로스앤젤레스보다 덥습니다 **11.** 새크라멘토는 가장 시원
한 도시일 것입니다

부록 Lesson 6

Words 영영사전 p.118

1. everywhere **2.** receive **3.** express **4.** shape
5. emotion

Words 확인하기 p.119

1. 녹다 **2.** 소리치다 **3.** 연결시키다 **4.** 뒤에 **5.** 따뜻한
6. 심각한 **7.** 물체 **8.** 표현하다 **9.** 큰 소리로 **10.** 규칙
11. 섞다 **12.** 이상한 **13.** 법 **14.** 자라다 **15.** 감정
16. 모양 **17.** 나르다 **18.** 어디에나 **19.** create **20.** scary
21. vase **22.** photograph **23.** print **24.** stay
25. leave **26.** backpack **27.** inside **28.** field trip
29. touch **30.** gallery **31.** canvas **32.** take a picture
33. make a sound **34.** museum **35.** painting **36.** in
this way

Script 확인하기 p.120

Listen & Talk 1
A Get Ready
strange / are melting
1. 너는 이 그림에 대해 어떻게 생각하니
B Listen and Choose
Look at / look wonderful / looks warm
2. 나는 그것이 아름답다고 생각해 **3.** 나도 그래
C Listen and Speak
right now / Which one / interested in / last month /
Let's go
4. 빅토리아 미술관에 3개의 미술 전시회가 있어 **5.** 나는 피카
소를 잘 이해하지 못하겠어

Listen & Talk 2
A Get Ready
Stay behind
6. 그림들을 만지면 안 됩니다
B Listen and Find
next to / right there / leave / inside / first
7. 천만에요 **8.** 미술관 카페 옆에서
C Listen and Speak
look around / for / must not / at noon / for an hour
9. 박물관에는 몇 가지 규칙이 있습니다 **10.** 큰 소리로 이야기
해서는 안 됩니다

Reading 확인하기 p.122

received / started mixing / he shouted / tried to /
grew up / when / felt strong emotions / in his own
way /
real objects / with different colors / to express /
different emotion /

1. 그는 음악과 미술을 사랑했다 2. 어떤 이상한 소리를 들었다 3. 법학을 공부하기 위해 그는 대학에 갔다 4. 그는 그 색채를 캔버스 위에 표현하고 싶었다 5. 깊고 진지한 감정을 드러내기 위해

also / musical instruments / In this way /
Here are / more than / everywhere / Look at / feel /
6. 그에게 그림을 그리는 것은 노래를 만드는 것과 같았다
7. 여러분은 그의 예술을 이해하기 위해서 눈과 귀를 둘 다 사용해야 한다

교과서 구석구석 확인하기　　p.124

After You Read
tried to paint / shapes / colorful / to show / in this painting
1. 나는 그가 음악을 표현하고 싶어했다고 생각해
Think & Write
painted / can see / Another
2. 한 여인이 그녀의 등에 아기를 업고 있다 3. 이 그림을 볼 때, 나는 슬프지만 따뜻하다고 느낀다
Do It Yourself
scary / looks like / Then / I see
4. 너는 이 사진에 대해 어떻게 생각하니 5. 그것을 다시 한번 봐

부록 Lesson 7

Words 영영사전　　p.126

1. look for 2. bring 3. grass 4. chimney 5. knock

Words 확인하기　　p.127

1. 의미하다 2. 가져오다 3. 마늘 4. 찾다 5. 나뭇잎
6. ~동안 7. 선물 8. 인기 있는 9. 굴뚝 10. 풀 11. 알다
12. 빗자루 13. 석탄 14. 자원봉사자, 자원 봉사하다
15. 시도하다 16. 잠들다 17. 신화 18. 예를 들어
19. front 20. traditional 21. nervous 22. welcome
23. knock 24. festival 25. camel 26. amazing
27. boring 28. goat 29. luck 30. actually 31. cheerful
32. rice cake 33. lovely 34. marry 35. wait for
36. scary

Script 확인하기　　p.128

Listen & Talk 1
A Get Ready
difficult / Why don't you
1. 그거 좋은 생각이다
B Listen and Match
reading / favorite / already / volunteer / library
2. 나는 Alice King의 새로운 책을 읽고 있어 3. 너는 거기에 갈 예정이니 4. 너도 나랑 같이 가는 게 어때
C Listen and Speak
borrow / popular / look like / why don't you
5. 〈마지막 잎새〉는 어떠니 6. 그건 제가 가장 좋아하는 책이에요

Listen & Talk 2
B Listen and Choose
believe that / traditional / it isn't / Maybe / carefully
7. 내 생각에는 나도 그 이야기를 아는 것 같아 8. 그렇지 않니
9. 응, 그래
C Listen and Speak
right / Of course / helps / What about / lives happily
10. 세계에는 많은 신데렐라 이야기들이 있어 11. 그리고 왕은 그 신발로 소녀를 찾지

Reading 확인하기　　p.130

winter holidays / wait for / Actually / gift givers / learn about
old clothes / broomstick / Like / chimneys / garlic / onions / coal /
the same night / grass / go to sleep / on camels / makes / How kind
1. 그건 그들을 신나게 한다 2. 하지만 그들 모두가 산타클로스를 기다리고 있을까 3. 그녀는 1월 5일 밤에 어린이들의 집에 온다 4. 그녀는 착한 아이들에게 장난감, 사탕, 그리고 과일을 준다 5. 배고픈 낙타들은 풀을 먹고 배가 부르다고 느낀다 6. 그리고 왕들은 아이들을 위해 그 상자에 그들의 선물을 넣는다

there is / means / Goat / knocks / front door / asks / gives / presents
good luck / carries / To find / back / head
7. 각 가정은 그를 그들의 집으로 맞이한다 8. 여기 착한 아이들이 있나요 9. 정말 놀라운 일이다

교과서 구석구석 확인하기

After You Read A

nice children / eyes / ride / visit / knocks / Bad children

1. 그녀에게서 마늘, 양파, 그리고 석탄을 받는다

After You Read D

are from / small / one by one

2. 그들은 산타클로스처럼 생겼지만 **3.** 그들은 착한 아이들에게 사탕을 주고 나쁜 아이들에게 감자를 준다

Think & Write

myth / came from / king / also / thunder

4. 정말 놀라워요

Do It Yourself

new book / trip / isn't it / interesting / buy / tomorrow

5. 나는 충분한 돈이 없어 **6.** 그것을 도서관에서 빌리는 건 어때

부록 Lesson 8

Words 영영사전

1. quickly **2.** cross **3.** lazy **4.** race **5.** make fun of

Words 확인하기

1. 떨어져 **2.** 계속하다 **3.** ~옆에 **4.** 멀리 **5.** 길, 방법 **6.** 예시, 예 **7.** 해결하다 **8.** 자랑스러운, 자만하는 **9.** 속도 **10.** 빠르게 **11.** 쉬다 **12.** 게으른 **13.** ~를 놀리다 **14.** 경주 **15.** 잠이 든 **16.** ~옆을 지나가다 **17.** 갑자기 **18.** 선택하다, 고르다 **19.** upset **20.** fair **21.** carefully **22.** do one's best **23.** back **24.** ahead **25.** carry **26.** ask for **27.** stand **28.** arrive **29.** cross **30.** turtle **31.** finish line **32.** across **33.** find out **34.** as **35.** once upon a time **36.** agree

Reading 확인하기

Way / proud of / made fun of / better than / find out / much faster than / rest / fell asleep / When / woke up / surprised / finish line /
famous / lesson

1. 옛날 옛적에, 토끼와 거북이가 있었다 **2.** 그들은 경주를 하기로 결정했다 **3.** 그가 훨씬 멀리 앞섰기 때문에 **4.** 거북이는 지나갔고 계속 걸었다

goes on / upset / lazy / agreed / did his best / crossed / behind / winner /

5. 그는 주의 깊게 생각하기 시작했다 **6.** 토끼는 다시 경주를 하기를 원했고 **7.** 그는 달리는 것을 결코 멈추지 않았다 **8.** 거북이는 여전히 멀리 떨어져 있었다

end / thought / chose / another / very fast / suddenly / came to / Soon / right next to / kept walking / won

9. 경주가 이와 같을 때 나는 이길 수 없어 **10.** 결승선은 건너편에 있었다 **11.** 거북이는 물 속으로 들어가 강을 헤엄쳐 건넜다

became friends / finish / the shortest time / as / carried / On the other side / quickly

12. 그들은 다르게 생각하기 시작했다 **13.** 거북이는 토끼를 그의 등에 업은 채 수영했다 **14.** 함께 더 잘 해냈기 때문에

Memo

Memo

Memo

Memo

지은이

김성곤	서울대학교 영어영문학과
서성기	가톨릭대학교 영어영문학과
이석영	상도중학교
최동석	인천국제고등학교
강용구	공주대학교 영어교육과
김성애	부산대학교 영어교육과
최인철	경북대학교 영어교육과
양빈나	㈜NE능률 교과서개발연구소
조유람	㈜NE능률 교과서개발연구소

MIDDLE SCHOOL ENGLISH 1-2
내신평정 평가문제집

펴 낸 이	주민홍
펴 낸 곳	서울특별시 마포구 월드컵북로 396(상암동) 누리꿈스퀘어 비즈니스타워 10층
	㈜NE능률 (우편번호 03925)
펴 낸 날	2018년 1월 10일 초판 제1쇄 발행
	2024년 6월 15일 제13쇄
전　　화	02-2014-7114
팩　　스	02-3142-0356
홈 페 이 지	www.neungyule.com
등 록 번 호	제 1-68호
I S B N	979-11-253-1969-6
정　　가	9,000원

NE 능률

고객센터

교재 내용 문의 : contact.nebooks.co.kr (별도의 가입 절차 없이 작성 가능)

제품 구매, 교환, 불량, 반품 문의 : 02-2014-7114

☎ 전화 문의는 본사 업무시간 중에만 가능합니다.

NE능률 교재 MAP

아래 교재 MAP을 참고하여 본인의 현재 혹은 목표 수준에 따라 교재를 선택하세요.
NE능률 교재들과 함께 영어실력을 쑥쑥~ 올려보세요!
MP3 등 교재 부가 학습 서비스 및 자세한 교재 정보는 www.nebooks.co.kr에서 확인하세요.

교과서/
내신

중1

중학영어1 자습서 [김성곤_2015 개정]
중학영어1 평가문제집 1학기 [김성곤_2015 개정]
중학영어1 평가문제집 2학기 [김성곤_2015 개정]
중학영어1 자습서 [양현권_2015 개정]
중학영어1 평가문제집 1학기 [양현권_2015 개정]
중학영어1 평가문제집 2학기 [양현권_2015 개정]

중2

중학영어2 자습서 [김성곤_2015개정]
중학영어2 평가문제집 1학기 [김성곤_2015개정]
중학영어2 평가문제집 2학기 [김성곤_2015개정]
중학영어2 자습서 [양현권_2015 개정]
중학영어2 평가문제집 1학기 [양현권_2015 개정]
중학영어2 평가문제집 2학기 [양현권_2015 개정]

중2-3

생활 일본어 자습서 [2015 개정]
생활 중국어 자습서 [2015 개정]

중3

중학영어3 자습서 [김성곤_2015 개정]
중학영어3 평가문제집 1학기 [김성곤_2015 개정]
중학영어3 평가문제집 2학기 [김성곤_2015 개정]
중학영어3 자습서 [양현권_2015 개정]
중학영어3 평가문제집 1학기 [양현권_2015 개정]
중학영어3 평가문제집 2학기 [양현권_2015 개정]

고1

영어 자습서 [김성곤_2015 개정]
영어 평가문제집 [김성곤_2015 개정]
내신100신 기출예상문제집_영어1학기 [김성곤_2015]
내신100신 기출예상문제집_영어2학기 [김성곤_2015]
영어 자습서 [양현권_2015 개정]
영어 평가문제집 [양현권_2015 개정]

고1-2

영어 I 자습서 [2015 개정]
영어 I 평가문제집 [2015 개정]
내신100신 기출예상문제집_영어 I [2015 개정]
실용 영어 자습서 [2015 개정]
실용 영어 평가문제집 [2015 개정]
일본어 I 자습서 [2015 개정]
중국어 I 자습서 [2015 개정]

고2

영어 독해와 작문 자습서 [2015 개정]
영어 독해와 작문 평가문제집 [2015 개정]
영어 회화 자습서 [2015 개정]

고2-3

영어 II 자습서 [2015 개정]
영어 II 평가문제집 [2015 개정]
내신100신 기출예상문제집_영어II [2015 개정]

고3

고등영단어의 과학적 암기비결

Got A Book For Vocabulary?

"The Original and The Best"

Here is the **No.1 vocabulary book** in Korea, recognized by more teachers and used by more students than any other vocabulary book ever made. **Get yours today!** You won't regret it!

어원학습분야 **1위**

Korea's NO. 1 Vocabulary Book